ご生誕“糸島市”、東征ご出陣“唐津湾”

神武天皇実在論

筑波大学名誉教授
中川八洋
Nakagawa Yatsuhiro

ヒカルランド

本書を、
神武天皇のご生誕地を
本邦初めて仮比定されました
故・中山《なかやま》平次郎《へいじろう》先生の墓前に
捧げます。

まえがき

〝金色の自由〟が世界に光輝いたエリザベス女王〝国葬〟

王制に優る政治制度を人類は知らない。王制と貴族制が中核の封建体制が、生命・財産のみならず、〝美徳ある自由〟を擁護する政治制度の淵源である。このことを、英国は、マグナ・カルタの十三世紀以来、世界に証明してきた。2022年9月19日のエリザベス女王陛下〝崩御〟に伴う荘厳かつ華麗なる国葬もまた、〝美と高貴と自由の政治〟は王制という黄金の泉から流れ出ることを明らかにした。

とりわけ、ウェストミンスター寺院での国葬後に、砲車上のエリザベス女王陛下の御柩《おんひつぎ》(御舟)を王立海軍Royal Navy水兵百四十二名が白色のロープで引き、その後ろを新国王ほか王族が徒歩で付き従う、その威風堂々たる葬列行進(四千人、二・四km)は圧巻であった。

(備考)ウェストミンスター宮殿〝柩四日間安置〟へのイギリス一般国民弔問は25万人に達し、平均24時間待ちだったと報道された。なお、1989年1月の昭和天皇崩御の場合は、玉体は宮殿正殿の間に三日間安置され、一般日本人34万人は長和殿に掲げられた御真影に拝礼した。

国家の政治は機能する部分だけでは全体主義的な暗黒の政治となり、自由や道徳と両立する美しき政治は望めない。国民の感性に訴える**神秘**と**威厳**と**演劇**的な要素とが加わって初めて、美徳ある〝自由、生命、財産を擁護する〞正しき政治が可能となると喝破したのは、バジョット『英国憲政論』。エリザベス女王陛下〝国葬〞は、バジョット理論を、端的に証明した。

しかも、王制の元首に限り民衆は自発的に尊崇するので、政治への信頼は自然的に形成される。このように王制の元首は中世的・古代的であればあるほど、民衆を糾合《きゅうごう》する不可思議な力を発揮する。封建時代かそれ以前の王制こそ、現代でも未来でも、最高の政治制度を提供する。

世襲の原理を最高位の〝法〞として王制奉戴の日本国と英国が、美徳ある自由を世界一に享受する

王制と貴族制と民衆参加制（デモクラシー）が鼎立《ていりつ》する（三権分立ではなく）〝三制度分立〞を提唱したのはエドマンド・バーク。たしかに、王制と貴族制から「美徳ある自由」「法の支配を伴う自由」「礼節に満ちる高貴な自由」が流れ出る。デモクラシーからは、このような〝高雅に光輝く自由〞は万が一にも発生しない。

王制を祖先が奉戴したごとく子孫もまた奉戴し続ける、〝世襲〞を最高位の〝法〞とする王制奉戴国である日本国と英国は、自由とは古来からの祖先から相続した〝特定民族に固有な国

民の権利〟であり、暗黒の全体主義に暗転するデモクラシーからではないとする叡智を、デカルト的理性に毒されずに、相続している。たしかに、自由社会における王制の至高性は、一時的な各世代の意思を排除して、〝祖先と現世代と未生の子孫〟という〝永遠の三位一体〟を顕現する。これこそ、不滅の〝世襲の原理〟の清華。日本と英国は、まさに聖なる〝世襲の王位〟と美徳の〝世襲の忠誠〟とが、未来永劫に次世代に相続される、歴史と伝統ある国家。

一方、人類史上初めて〝王殺し／貴族殺し〟を提唱した、動物と人間の区別ができない重度の精神分裂病のルソーは、〝法無き〟〝道徳無き〟〝歴史無き〟〝神無き〟未開の野蛮人社会への人類の大退化を逆さに「幸福だ」と狂妄し、『人間不平等起源論』を書いた。バーク『フランス革命の省察』は、美徳と法の淵源たる王制を守るべく、ルソー批判とルソー元凶の野蛮への回帰で〝ジェノサイド祭り〟フランス革命を論難した世界最高の偉大な古典。

が、日本では、ルソーを継承して天皇制を廃止し、日本国をしてレーニン型の血塗られた暗黒体制に改造せんとする共産革命勢力が大正時代に入るや、大繁茂した。それから百年以上が経つ今も、凶悪なSDGsや残忍な「男女共同参画社会」など、共産革命運動は、燃え盛り大暴走中。日本国と日本国民から〝美徳〟〝法〟〝民族の歴史・慣習〟〝民族の伝統宗教〟を剥奪せんとする、津田左右吉《つだそうきち》に始まる〝歴史捏造集団〟古代史学界は、この一つ。

真正の日本国民は、「神武天皇ほか古代天皇を次々に殺害して歴史の闇へと葬る、津田左右吉を教祖とする〝嘘歴史〟捏造教団」から正しい古代史を奪い返し、神武天皇ほか古代天皇が真実の光の下に燦然《さんぜん》と輝くべく、カルト〝嘘歴史〟捏造教団の古代史学界を殲滅するのだ。

真実の歴史に迫真することは、国土領土を守る精神の培養土壌

本書が、真実の古代史に迫っていた内藤湖南《ないとうこなん》／笠井新也《かさいしんや》／中山平次郎《なかやまへいじろう》、那珂通世《なかみちよ》を中核に据えてそれを敷衍《ふえん》し、捏造歴史に葬られた神武《じんむ》天皇と神功《じんぐう》皇后の実在（史実性）を明らかにしたのは、日本国の美徳と法と高貴の源泉たる天皇制度を守らんとする祖国への忠誠が原点にある。真正の日本国民は、日本国の歴史を真善美で包み続ける〝世襲の義務〟を負うており、虚偽や捏造を日本の歴史から粉砕的に一掃しなければならない。子孫に相続していかねばならない日本国の美しき四季に彩られる国土は守り抜かねばならない。祖国防衛の自己犠牲の精神を涵養《かんよう》する真実の民族史は、昇る太陽に煌煌《こうこう》と照らされねばならない。

日本武尊《やまとたけるのみこと》の御製「大和《やまと》は　国のまほろば　たたなづく　青垣《あおがき》　山隠《やまごも》れる　大和しうるはし」を口遊《くちずさ》むとき、祖国日本の由緒正しい偉大な歴史とこの美しい国土をお創り頂いた神武天皇を奉戴した二千年前の祖先の光栄と感激が我が身を包み、日本国の歴史と国土を守り抜く私の魂があらたまる。

目次

まえがき　〝金色の自由〟が世界に光輝いたエリザベス女王〝国葬〟……2

第Ⅰ部　糸島市にご生誕の〝日本国の国父〟神武天皇

第一章　神武天皇「筑紫ひむか海兵隊」ご出陣は、唐津湾東端《現・志登神社》……11
第二章　〝実在〟天照大神の高天原は、糸島市「平原、三雲、井原」一帯……45
第三章　邪馬台国《九州》説を粉砕した〝知の勇者〟内藤湖南／笠井新也……71
第四章　大和朝廷《古代天皇》〝抹殺〟を狙う〝虚構の大妄想〟邪馬台国《九州》説……109
第五章　皇紀二千六百年《1940年》式典は、スターリン命令の天皇制廃止……129

第Ⅱ部　〝天才軍略家〟神功皇后の新羅ご親征、〝その皇子〟応神天皇の平壊攻撃

第一章　〝東洋のクレオパトラ〟神功皇后の新羅ご親征は〝史実〟……157
第二章　津田左右吉は、神功皇后〝紙上ギロチン処刑教〟の狂祖……181
第三章　「万世一系」爆殺を狙う、神功皇后〝抹殺〟と応神天皇「初代天皇」説……209
第四章　神功皇后〝抹殺〟は、マリー・アントワネット「ギロチン処刑」紙上再現……229

第Ⅲ部　神武天皇と大和朝廷をテロる詭弁と譏謗《ざんぼう》

第一章　坂本太郎博士の復権は、史実〝神武天皇実在〟復活への第一歩……249

第二章　〝赤い人格破綻〟津田左右吉の〝凶悪マジック手口〟……271
第三章　〝古代天皇テロル教の元祖〟津田左右吉の大罪……293
第四章　昭和天皇「処刑」と日本国「死滅」を祈祷する林房雄『神武天皇実在論』……313
第五章　弥生時代〝抹殺〟は、天照大神／神武天皇〝抹殺〟の舞台装置……341
補　遺　正語「天皇」「大和朝廷」復権！　共産党語「大王」「ヤマト王権」撲滅！……365
あとがき　津田／井上／直木ら赤い曲学の〝殲滅〟に、剣を抜く最後のチャンス……400

第I部

糸島市にご生誕の〝日本国の国父〟神武天皇

神武天皇（紀元前30～紀元後20年、推定）月岡芳年『大日本名将鑑』より

第一章

神武天皇「筑紫ひむか海兵隊」ご出陣は、唐津湾東端《現・志登神社》

第一次「東大阪市日下《くさか》に上陸」

第二次「大和川遡行→橿原」

国家は、どう誕生するのか。人類史を紐解くと、大まかに三タイプがある。

A、自然発生&自然発展――ローマ帝国、古代ギリシャのアテネ、古代エジプト、英国その他。

B、英雄による帝国創建――**始皇帝**による秦（支那帝国）、**ムハンメド**のイスラム帝国、**チンギス・カン**の蒙古帝国、**アレクサンドロス大王**の東方征服、**ナポレオン**構想の全ヨーロッパ帝国（スペイン、イタリア、ドイツ、スウェーデン、ロシア、英国を併呑する予定だった。志半ばで瓦解）、**ヒトラー**のドイツ千年王国（英国からボルガ川までの大帝国を構想、米国主導の軍事反撃で消滅）。

C、本国からの移住による分国的独立――（レバノン沿岸の貿易国家から移住したフェニキヤ人の）カルタゴ、（英国の移住者が分離独立した）米国／カナダ／豪州。

日本国は、世界史の標準に従えば、日本列島に自然的に誕生しその後は順調に発展したAタイプ。が、日本人だけに許される超ミクロ的な観察では、Cタイプ。理由は、日本列島の国家統一を成し遂げ日本国を創られた大和朝廷は、福岡県の西部に自然的に発生した小国「伊都国いつくくに　斎く国」の武装集団の、奈良盆地南半を軍事的制圧した「移住」だからである。

この意味で、「伊都国を英国、大和朝廷の日本国を米国」に譬《たと》えても、さほどピントはずれではない。『魏志倭人伝』は、三世紀半ばの伊都国が大和朝廷を代理して、九州北部を統監しているとする。これが事実なら、大和朝廷と伊都国との関係は、第一次世界大戦時の「分国」

米国と「本国」英国との関係に少し似ている。

第一節　筑紫《つくし》ひむか三代
――福岡県糸島市の「伊都国」こそ〝聖なる皇室の起源〟

（1）神武天皇の曽祖父「ににぎ尊」／祖父「ひこほほでみ尊」／父「うがやふきあへず尊」御三方を指す「日向（ひむか）三代」の故地は、次の『古事記』の記述から一定以上の正確さで推定できる。「**久士布流**（くじふる）山」を、朝日が昇る東に見える地点だからだ。

「（皇孫ににぎ尊は）筑紫の日向（ひむか）の高千穂の**久士布流**（くじふる、くしふる）多気（嶽、山、たけ）に天降りまさしめき」「ここは**韓国**（からくに）に向ひ、……朝日の直刺す国、夕日の日照る国なり。故、ここは、いと吉（よ）き地（ところ）」（記129頁、注1）。

＊『日本書紀』にも、「**くしひ**（くしふる）の**二上**（山）の天の浮橋…」との文言がある（紀140頁、注1）。

朝鮮半島の向かい側の「国」は、「なのつくに　奴国《な》」と「いつくくに」の二つ。両者のうち「くじふるたけ　久士布流多気」を朝日が昇る方向に見るのは、「いつくくに」。すなわち、かつて「いつくくに」と言った、今は福岡県糸島市が、古代日本の「筑紫ひむか」である。

この『古事記』記述は、「くじふる山」を眺めたときの表現。この眺めた位置を「筑紫ひむか」の中で確定しよう。この作業として、早朝、JR筑肥線に福岡市「姪浜」駅から乗り、各駅で降りて「くじふる山」の方角を眺めて比較する。「JR筑前深江」駅に降り立ったとき、何となく「ここからの描写か」と感じる。なお、「深江」は、二千年前、深く入り込んだ入江。良港があった（図1）。今では陸地。その面影はない。

上記引用文は、奈良県・橿原の神武天皇が、晩年、少年時代を過ごした郷里の思い出話しとすれば、父君「うがやふきあへず尊」の館《やかた》Cは、「筑前深江」駅の周辺と思われる。「うがやふきあへず尊」の妻の実家が、現在の志登神社Aあたり（JR筑肥線「波多江」駅から北へ数分）だとすれば、神武天皇は父に連れられ、母方の祖父母や時には里帰り中の母に会うべく、「筑前深江」と「波多江」間十㎞強を丸木舟で往来されただろう（時速六㎞なら片道二時間）。

二千年前の唐津湾は、現在のJR筑肥線のすぐ北側（図1）。江戸時代にかなり干拓したので、地形は今とは全く異なる。唐津湾の東端は、志登神社が建立されている処で、浜辺ではなく、水深がある岸壁。丸木舟なら数十艘が係留できる広さ。糸島市の北側は、その名の通り、ほとんど島の「島」。この島が**細長い首**で南側の平野部とつながっていた。

だから二千年前の日本人は、この細長い首の場所を「笠沙　きのこの柄の付け根」と呼んだ。古事記はこれを記録している。つまり、志登神社の西側はすぐ海で、東側に一・二㎞行くと今津湾。これまた海。神武天皇の母の実家Ａ（丸木舟造船所）は、今の志登神社が建つ所。「ににぎ尊」の館Ｂは、「ＪＲ波多江」駅と志登神社の中間地点あたりと推定できる。弥生時代の語彙「かささ」は消えたが、二千年前の言葉「ふかえ（深江）」「はたえ（波多江）」「しま（島→志摩）」「おど（小戸）」は、今に残る。「いつくくに（斎く国）→支那人の表記《伊都国》→日本語訓み《いと》→（糸島の）《糸》」も、魏志倭人伝のお蔭で今に残ることがわかる。

話を戻す。「ＪＲ筑前深江」駅から「ＪＲ波多江」駅にかけた唐津湾の海岸一帯も、そして「くじふる山」とその周りの景色も、韓半島の真向かい。高祖山（たかす山、標高４１６㍍）に登れば、壱岐島が見える。高祖山と「くじふる山」（４１９㍍）は双子の山。『日本書紀』が記す**二上**（ふたがみ）**山**とは、これ。「くじふる山」の南東に、今もその名が残る「日向（ひむか）峠」があり、今では福岡市と糸島市を結ぶ高速道路が走っている。「くじふる山」は、今は、この名を呼ぶ者がいなくなり、いつしか「高祖山」に括《くく》られている。が、江戸時代の黒田藩では「く**し**ふる山」と呼び、「高祖山」とはっきり区別した。黒田藩の漢字表記は「槵触山」。

なお、「高千穂」には、《高い尖った山》の意味はない。「山」の枕詞だからだ。語源は、秋、

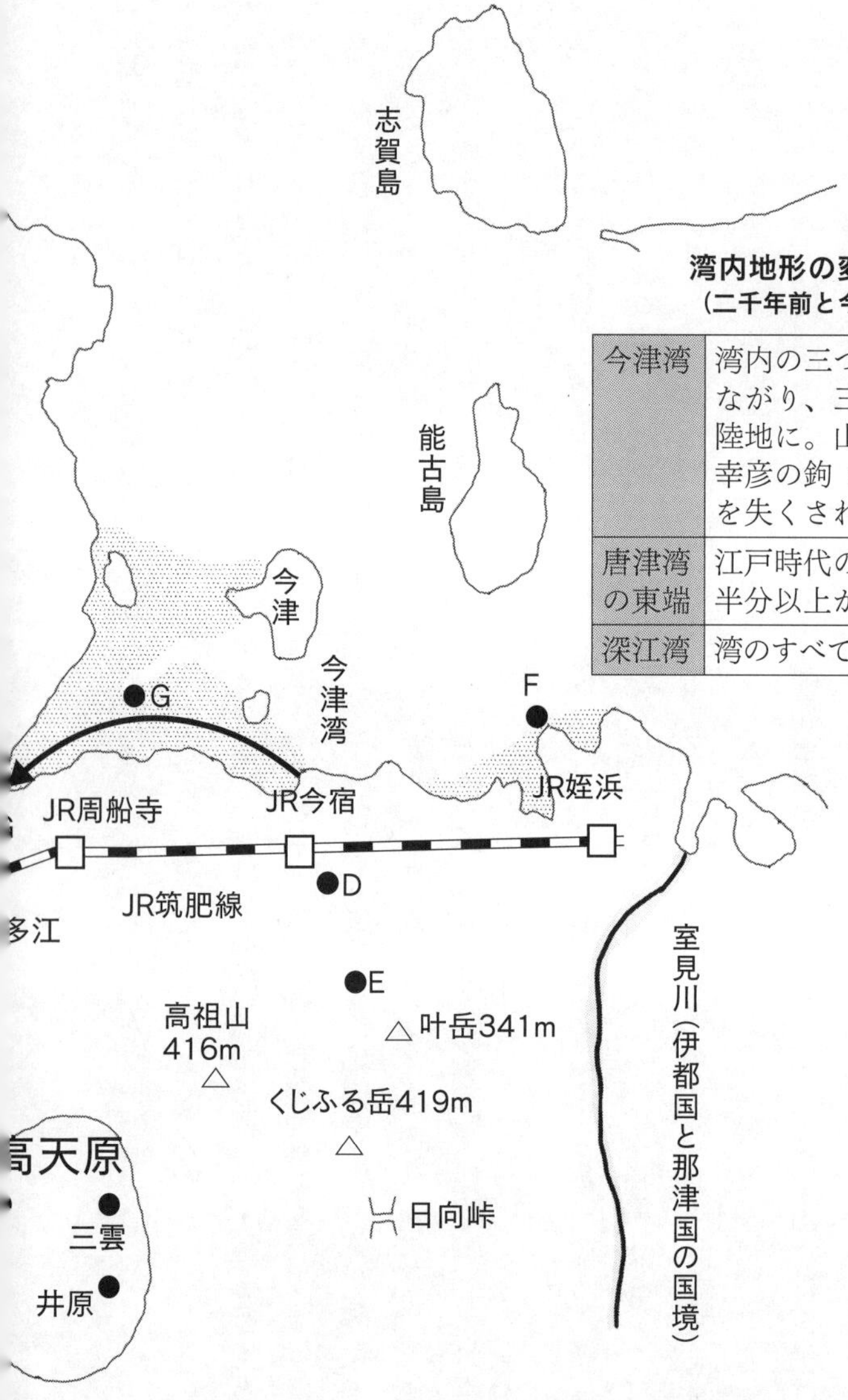

湾内地形の変化
（二千年前と今）

今津湾	湾内の三つの島はつながり、三分の二が陸地に。山幸彦が海幸彦の鉤（つりばり）を失くされた箇所。
唐津湾の東端	江戸時代の干拓で、半分以上が陸地に。
深江湾	湾のすべてが陸地に。

図１；二千年前の糸島市と「ひむか三代」の館

A	神武天皇の御母の実家「丸木舟造船所」。現・志登神社。
B	ににぎ尊の館。現・JR「波多江」駅あたり。
C	うがやふきあへず尊の館。現・JR「深江」駅あたり。
D	「この花咲くや姫」の実家。現・JR「今宿」駅の南側。
E	ひこほほでみ尊の館、及びその製鉄工房。現・今宿上ノ原あたり。
F	伊都国“王族”の禊の浜辺。現・小戸大神宮。
G	この花咲くや姫のお嫁入りルート。

稲刈りした稲穂が田んぼに高く積み上げられている光景。ところが、古代史関係の書籍は、「高千穂」を南アルプスの高峰のように描く。嘘コジツケのまったくの間違い。宮崎県の「高千穂峡」はニセ観光名所。宮崎県庁は、「ににぎ尊」とはまったく無関係だと公示せよ（附記5）。

なお、〝日向国（宮崎県）〟は「ひゅうがのくに」、福岡県糸島市の〝日向〟は「ひむか」「筑紫ひむか」と読むように。これなら耳で聞いても相異がわかる。江戸時代の日本人は、宮崎県を「ひゅうが」、福岡県糸島市の一部を「ひむか」と発音。国語学的にも賢明な区別法。

（2）「筑紫ひむか三代」について。「ひむか三代」の居宅（館）の位置は、その職業と記紀の記述からおおむね推定できる。表1に、そのご職業・ご専門をリストした。

「笠沙の御前（岬　みさき）を、（館を建てる場所を）まき通りて（探し求めて）」（記129頁）。

（備考）「まき」は、「まぐ＝求ぐ」の「求き」。

この記述から、「ににぎ尊」の館と、「ひこほほでみ尊（山幸彦）」の妻／「うがやふきあへず尊」の妻の実家とが、ほとんどお隣同士だったのがわかる。「ひこほほでみ尊」と豊玉姫は幼馴染みのご結婚だった。

ひむか二代目「ひこほほでみ尊」は、膨大な薪（炭）を消費する製鉄・製銅・鉄剣の鍛冶屋。

表１；「ひむか三代」のご専門

諱（カッコ内は、諱《いみな》の意味）	ご職業・ご専門	奥方の実家
初代；皇孫「ににぎ尊」（稲穂がたわわ）	**水田稲作、水田開墾**	製鉄・鉄剣製造
二代；「ほほでみ尊」（鉄製錬の炎を見る）	製鉄・鉄剣製造	造船、海洋交易、漁撈
三代；「うがやふきあへず尊」（＝産屋が未完成）	造船、海洋交易、漁撈	造船、海洋交易、漁撈

その館・工房は、膨大な薪（木炭にする）を切り出せて、また製錬が容易な砂鉄を産する叶岳《かのう》（標高３４１㍍）の麓。ゆえに、今津湾から少し北側に登った現在の「今宿上ノ原（かみのはる）」**E**に、「ほほでみ尊」の館と製鉄工房があった、とほぼ断定できる。

弥生時代の砂鉄の製錬には木炭を用いるので、９００度以上の炉温になることはない。チタンの含有が多いと１７２５度以上が必要になるから、弥生時代の工法では鉄を取り出せない。日本列島でチタンの含有が一％以下の砂鉄は、二ヶ所で産出。出雲国の斐伊川《ひいかわ》の中流域一帯、および伊都国の今津の浜から叶岳／くじふる山の麓に至る一帯。

ひむか三代目「うがやふきあへず尊」の館は「ＪＲ筑前深江」駅の近傍の入江**C**と推定。書紀に「西のくにの宮にかむあがりましぬ」（紀１８５頁）とあるからだ。「東のくにの宮」は、ＪＲ波多江駅あたりの「ににぎ尊」の館を指すようだ。

「深江の館」と、笠沙の妻の実家の間は、丸木舟で行き来できる。さらに、朝鮮半島との交易用の港としても、「ＪＲ深江」駅の傍

表２；日向《ひむか》三代の奥方に関する『古事記』記述

初代；この花咲くや姫	産屋を「溶鉱炉」に準える。超一流鍛冶師「ほほでみ尊」など「三人の真赤に焼けた鉄（息子）をご出産」。実家は製鉄業。記135頁。実家の館は、叶岳と今津湾の間あたり**D**か。
二代；豊玉姫	「出産時に**大きな鮫**になった」、記145頁。実家は、「大きな鮫＝大きな軍船（漕手20人、全長20㍍近い）」も製造できる造船所経営。「ににぎ尊」の館と同じ場所で、志登神社の近辺。
三代；玉依姫（豊玉姫の妹）	四名の男児を出産。四男が神武天皇。次男と三男は神武東征時に溺死。この溺死につき、記は早々と「ひむか三代史」の箇所に記載。

表３；「日向《ひむか》三代」の陵はすべて福岡県糸島市

	正しい山陵（推定）	宮内庁書陵部のはトンデモ間違い
ににぎ尊	くじふる山（419㍍）	鹿児島県薩摩川内市宮内町
ほほでみ尊	叶岳（旧名「高屋山」？、341㍍）	鹿児島県霧島市溝辺町
うがやふきあへず尊	二丈岳（旧名「吾平山」？、711㍍）	鹿児島県鹿屋市吾平（あいら）町

にあった〝深江〟は、良港だったろう。

表1は、筑紫ひむか二代／三代は母親の実家を継いだことを示す。表2の、ひむか二代目「ほほでみ尊（山幸彦）」は、超一流の鍛冶師だった。その理由は、「佩《は》いていた剣を鋳直して、五百個の鉤《つりばり》にした」（記137頁）と、刀剣をいとも簡単に釣針に鋳造し直せるからだ。

日向（ひむか）三代の陵（みささぎ）について、宮内庁書陵部『陵墓要覧』は、トンデモ嘘を記述している（注2）。明治維新で王政復古となった時、薩摩藩が維新の報酬に明治天皇を恫喝し、嘘陵墓を鹿児島県に比定させたのを、そのままにしている。表3の左欄が真実に近かろう。

なお、皇孫「ににぎ尊」が天降った山を記紀が「くじふる山」とするのは、その陵墓が「くじふる山」の麓なのを、後世に伝えるためではなかったろうか。富士山は、日本の〝霊山〟。「くじふる山」は〝日本の聖山〟。

公理「奈良盆地を征する者が日本列島を支配する」が理解できない古代史学者

神武東征に関し歴史学的な言及をしたいなら、学者はそれに不可欠な最低限の知見と教養を持つべきである。だが、津田左右吉を初め、日本の古代史学者はまったくの無知・無教養で、学者以前。彼らは、歴史学者になれる資格を有さない劣等人士であった。

現に、公理「**日本列島を統一したいなら、日本唯一の戦略的な拠点《奈良盆地》の支配者になること**」、と認識できた古代史学者が、江戸時代から今に至るも、日本には一人もいない。日本の国家統一をする者の条件が、次の三条件を具備することもわからない。日本の古代史学者には、欠陥人士の掃きだめなのか、通常の学者水準を有する者が一人もいない。

イ、まずは、いったん奈良盆地の支配者になること。

ロ、天下統一の意思（intention）を有すること。
ハ、（徳川家康が幕藩体制を創ったように）何世代も安定的に存続する権力機構の政治制度を創設し、同時に天下統一とその維持に必要な軍事力を強化し続けること。

神武天皇軍が侵入する前の、今から二千年前の奈良盆地を考えてみよう。そこは、長髄彦《ながすねひこ》がすでに領有・統治していた土地。が、長髄彦は、奈良盆地が天下一の〝天下統一を可能とする最高の戦略的要地〟だとは認識できなかった。それだけでなく、長髄彦には、天下統一をしたい意思（intention）が無かった。意思が無い以上、能力（capability）が形成されることはない。

一方、神武天皇の父君「うがやふきあへず尊」は、長髄彦とは真逆に、「奈良盆地を征すると、天下統一への道が開ける」と確信した。このような織田信長的な野望と発想は、軍略家の生まれながらの才。非凡者のみが突然変異的に発想する。

つまり、「一歩間違えば経済破綻から一族崩壊や伊都国の滅亡となるのに、伊都国の王族は、なぜ、総力を挙げて兵器・軍船の生産と兵站補給をし続ける覚悟を決意して東征を敢行したのか」は、古代史の学問上のテーマとなるべきに、こう考察した論文は、日本には一本も無い。日本人とは先天的な歴史学音痴。確かに日本では、『イギリス史略』のバーク、『ギリシャ文化史』のブルクハルト、『中世の秋』のホイジンガに相当する歴史家が生まれなかった。（アクトン卿が馬鹿にする）ヒュームの『イングランド史』ですら超一流で、日本人学者には真似できない。歴史学が不毛な劣等民族、それが日本人。

日本の歴史学は、偉大な『古事記』『日本書紀』で最高点に達し、その後、真っ逆さまに墜落死した。特に、津田左右吉以降の、日本人の古代史学界は、腐臭を放つ有毒な粗大ゴミのゴミ捨て場。「邪馬台国が九州にあった」など漫才芸人の戯言《ざれごと》。実際にも、日本で「歴史家」を標榜する者のほぼ全員、津田左右吉を継承し嘘歴史を書きまくる悪質なデマゴーグ。戦後日本には、古代史学者は、坂本太郎を唯一の例外に、ほとんどいない。

第二節　神武東征

——天下統一は、父君「うがやふきあへず尊」の構想。実行者が皇子・神武天皇

『古事記』55～7頁に、表4の国産み神話が記述されている。これ、神武天皇の父君「うがやふきあへず尊」が日本国内で交易していた土地・地方。それがいつの間にか、国産み神話に組み込まれたもの。表4で、「おやっ、変だな」と、思わず首を傾《かし》げる土地名がある。それが「大和盆地」。なぜなら、ここだけは、交易の丸木舟が海から横付けできない内陸部。が、リス

表４；“国産み”として伝承された、父君「うがやふきあへず尊」の交易版図（記55～7頁）

大八島	**淡路島**、伊予之二名島（愛媛）、隠岐島、筑紫島（九州、備考）、壱岐島、津島（対馬）、佐渡島、**大和盆地**。 （備考）「筑紫」は福岡県を、「筑紫島」は九州を指す。注意のこと。
追加の六島	児島（岡山県）、小豆島、大島（山口県）、姫島（大分県国東半島の沖）、五島列島、男女群島。

トしている以上、父君「うがやふきあへず尊」、もしくは、その海人族《かいじんぞく》の仲間が交易していたのは間違いない。父君「うがやふきあへず尊」が、「大和盆地」に関するさまざまな情報を入手していた状況証拠。

（備考）附記１に、表４から敷衍した、ある問題を論じている。

なお、唐古・鍵遺跡からの弥生土器に漕ぎ手六名の丸木舟の絵画がある（注３）。この丸木舟が伊都国から大和盆地に来訪した者のであれば、伊都国の、「奈良盆地」との交易は史実。

それだけでなく、「うがやふきあへず尊」は、日本列島の西半分と広く交易してきた長年の経験の中で、日本列島の全体が朧気《おぼろげ》ながら見えたのだろう。父君「うがやふきあへず尊」の透徹する知見に、①「日本列島を統一する意思／願望」、及び②「奈良盆地の領主となった場合、日本列島の軍事的統一が可能」との確信があったと考えられる。

そしてもう一つ。四男「少年・神武天皇」が（15歳になった頃か）頑強な肉体と抜きんでた頭脳の持ち主であると気づき、この四男に①②の実行を託そうと、父君「うがやふきあへず尊」は決心したのではないか。

神武天皇の和風諡号《しごう》「いわれ彦」は、「岩から生（あ）れ」の、〝岩から生まれた〟の謂《い》い。地名とは無関係。当時の日本男児の身長は平均155㎝ほど。神武天皇の身長は180㎝以上と考えられる。もともと父君「うがやふきあへず尊」は、四男には祖父「ひこほほでみ尊」の跡を継がせたいと考え、祖父と同じ諱《いみな》「彦ほほでみ」をつけた。が、神武天皇は、製鉄や鉄剣製造には関心が無く、その鉄剣で剣術修行の日々だったようだ。父君「うがやふきあへず尊」は、四男に、不屈不撓の軍事指揮官〞の素質を観たのである。

「淡路島を制した者が、奈良盆地を支配する」——国産み譚が淡路島から始まる理由

（1）当時の日本中で、〝守るに最高の天然要塞〞は奈良盆地のみ

敵が侵入できる箇所が「大阪湾→河内湖→大和川」の一ルートしかなく、防御が極めてし易い天然の要塞の地は、（当時の兵器では）日本列島の中で奈良盆地だけ。このルート以外で陸上から奈良盆地に攻め込むに、京都府（山背国）か滋賀県（近江国）からのルートがあるが、このルートを敵が軍事的に掌握すること自体、極めて困難。仮に敵がこのルートを掌握しても、奈良盆地側の勢力は、山背や近江を戦場にできるから、優位の陸軍力さえあれば撃破が容易。

和歌山県の紀ノ川を遡上し奈良盆地の御所市に突入するルートはある。が、中流域からは急

坂で丸木舟の遡行ができない紀ノ川（＋吉野川）には、地元の豪族が盤踞《ばんきょ》しており、見知らぬ〝よそ者陸軍部隊〟のトレパスは容易ではない。また、百艘近い丸木舟をここで遺棄しては、橿原を制覇した後に直ちにとりかかる河内湖の対岸域（摂津国）の制圧ができない。

『古事記』『日本書紀』が記述している、和歌山県の東南端「新宮市」から熊野川を直線的に北上して奈良県宇陀《うだ》市に至る、いわゆる記紀記述の「神武ルート」は、荒唐無稽なナンセンス。現実には万が一にもあり得ない（附記2）。

（2）奈良盆地は、放射線状に日本列島のいずこにも攻め込める「領土膨張のハブ」

神武天皇を後継する古代天皇は、神武天皇のご遺詔を奉戴し、天下統一に全身全霊を傾けられた。まず摂津・山背を奈良盆地に糾合し、次に、西へは播磨・吉備・安芸と版図を広げ、北へは近江・越前・越中・越後、東へは美濃・遠江・駿河・武蔵・上野と、「日本」を統一し続けた。まさに、奈良（大和）盆地は、日本列島を、統一へ〝軍事併合するハブ〟だった。

唐津湾から大阪湾・河内湖に至る、「神武ひむか海兵隊」の侵攻ルート

『古事記』と『日本書紀』は、意外に相違する記述が多い。「日向《ひむか》」はその好例で、両書は百八十度逆。『日本書紀』では「日向三代の故地は宮崎県」を絶対とするのに、『古事記』はこの

逆で「日向三代の故地は宮崎県**でない**」を絶対とする。後者は、準天才的な軍略家・天武天皇が『帝紀』『旧辞』を御高閲・研究されたものが基礎となっている。一方、前者は、基本的に複数の「史料」を羅列する、『帝紀』『旧辞』のコピペ。深慮や研究の形跡がない。

相違の第一。『古事記』は、研究なしの『日本書紀』と異なり、「日向三代」の「日向」を宮崎県とはしない。むしろ逆に、宮崎県を神武東征から完全に排除。例えば、（宮崎県から瀬戸内海に入る）**豊後水道＝豊予海峡**は、神武東征ルートに万が一にも存在しえないと、記述しない。

『古事記』記載の〝神武東征ルート〟は、「筑紫の日向→福岡県・宇佐嶋（宗像）→岡田宮（福岡県遠賀川河口で海岸）→広島県・安芸郡→岡山県・高島宮→速吸門（**明石海峡**）→其の国（**淡路島**）→大阪湾から河内湖に入る急流の水道《浪速の渡》→河内湖→大和川→橿原」の順（図2参照）（記149頁・151頁）。丸カッコ内ゴチック「明石海峡」「淡路島」は、私の校注。

要するに『古事記』は、宮崎県の「日向国」を、神武東征から削除。歴史を知る天武天皇のご指示だろう。なお、この『古事記』〝神武東征のルート〟で、「宇佐と岡田宮の順序が逆」かに見える。が、この「宇佐」は、現在の福岡県・宗像神社の近く、宗像三女神がかつてお住いの領域「宇佐嶋《うさのしま》」を指す。大分県の宇佐ではない。大分県の宇佐が開けたのは、神功皇后の御代の四世紀半ば。『日本書紀』の編纂官は、「宗像」の旧名が「宇佐嶋」なのを知らなかった。「宇佐嶋」については、紀111頁を参照のこと（注5）。

日本の古代史学者がいかに劣悪かは、岩波書店刊『古事記』を校閲した武田祐吉／倉野憲司の笑止な頭注にも明らか。例えば、「宇佐」について、頭注で「豊前国宇佐郡宇佐」と嘘説明している（記149頁）。もう一例。明石海峡なのが自明な「速吸門」を、「豊予海峡」だと頭注（記149頁）。さらに、もう一例。記述順序から「淡路島」としか解せない「其の国」（記151頁）を、「どこの国かわからない」と頭注（記150頁）。『古事記』は、「淡路島」とすべきを、迂闊にも「其の国」と

図２；神武天皇“ご東征”ルート

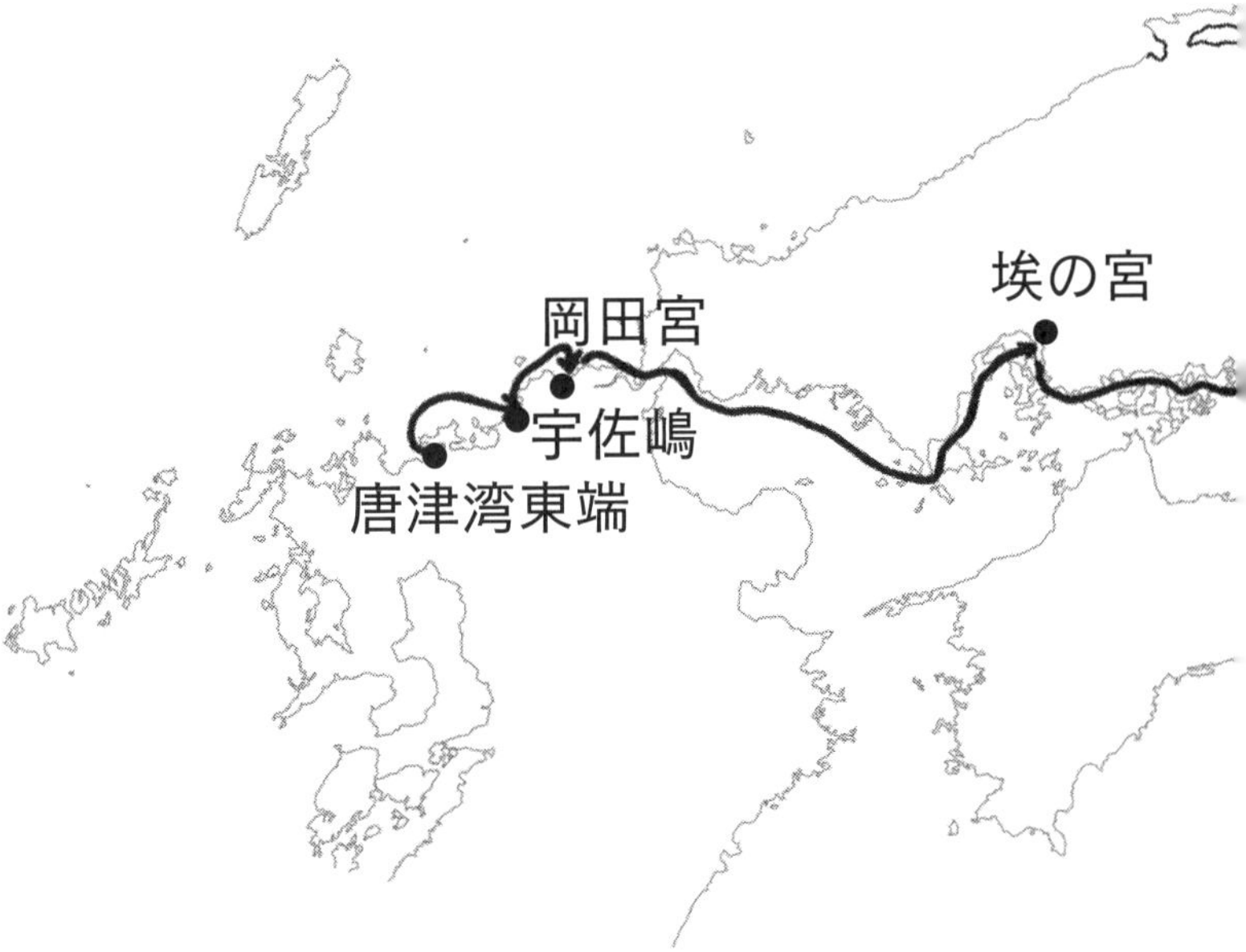

単純に記述ミスしただけ。淡路島が欠落した神武東征などあり得ず、「其の国」が淡路島なのは自明。現に、大阪湾から河内湖への急流の水道〝突入〟を水先案内した功績者は、淡路島の

第一次（BC８年）	大阪湾→河内湖→「日下」上陸→敗退→紀ノ川からの侵攻を目指して難破→生存部隊は淡路島に退却
第二次（BC５年）	淡路島北端→河内湖→大和川→宇陀→橿原

豪族「棹根津日子《さおねつひこ》（実名は珍彦《うずひこ》）」（記149頁）。彼の水先案内が無ければ、神武軍の奈良盆地侵入は、不可能。

この水先案内とともに、淡路島「北端」に、「神武ひむか海兵隊」前進基地を建設しておくことは、奈良盆地への侵入の絶対条件。この前進基地も、「棹根津日子」が造った。淡路島は、かように特別に重要な戦略的要衝の「土地」。〝国産み〟でも、淡路島が〝いの一番〟に出てくるが、これがその理由。この意味で、上記トンデモ頭注の武田祐吉／倉野憲司とは、学者を廃業すべき欠陥学者。淡路島「前進基地」が、なぜ絶対に必要かは、以下。

ほぼ百艘の丸木舟を、一列縦隊の数珠つなぎ（備考）で、大阪湾から河内湖《かわちのうみ》への水道を漕ぎ越えるには満潮の数時間のみ。この時間帯に、大阪湾と河内湖を結ぶ急流の狭い水道に神武軍をタイムリーに突入させるには、淡路島の前進基地から中継地点（例えば、現・芦屋市の海岸など）に移動し、そこを出発する時間が〝正確に何時《なんじ》〟でなければならない。この時刻は、地元の海人族（海洋交易の民）でない限り知りえない。潮流を知り尽くした経験豊かな水先案内人がいなければ、河内湖への「突入作戦」は、万が一にもできない（図3、注4）。

（備考）『日本書紀』は、神武軍「丸木舟の大船団」が一列縦隊で〝くっ付いていた〟と、描写している。「二月十一日、皇師（みいくさ）遂に東（に征く）。舳（とも）艫（へ）相接げり」（紀191頁）。この急流突破には、この方式しかないから、この記述だけでも、神武東征が史実を伝えているのがわかる。この急流は、仁徳天皇の大規模干拓で消えた。『日本書紀』編纂は、これより三百年後。巨大な河内湖の存在もこの急流も知る由もない。

第一次侵攻・敗退→暴風雨・大量溺死→故郷から兵員・武器の補給→第二次侵攻

軍事侵攻は、目標占領地への軍事力投入projection能力とともに、兵站logisticsの充分性・迅速性の、二つから遂行される。何れかが不十分であれば、勝利は万が一にも覚束ない。古代史学界「神武東征」研究が、真っ先に考察すべきが、この分野。だが、日本には、この研究論文が一本もない。

以下、神武天皇の奈良盆地第一次侵攻〝全面敗退〟の後、神武軍はどうやって戦力を立て直し、第二次侵攻で成功したかを、兵站補給の側面から少し考える。

東大阪市日下町で河内湖から上陸した第一次侵攻は（図3）、全面敗退。長兄ほか相当な死傷兵を出した。戦死者を四十名とする。が、神武部隊は、河内湖上に待たせていた軍船八十艘に飛び乗り無事に大阪湾を脱出（注6）。已《や》むを得ず、紀ノ川からの侵攻ルートを求め、現・堺市の沿岸に沿って南下。中途、長兄は負傷から死亡。現在の泉南市から和歌山市あたりに埋葬された。

その後も南下を続けたところ、紀ノ川河口あたりで暴風に流され、次兄も三兄も溺死。和歌山県の南端「新宮市」あたりまで流され難破した者が多数。後退中の総兵力六百名（六百四十名－戦死四十名）のうち三百名が溺死したと仮定する。

（備考）丸木舟一艘は、「漕ぎ手六名、操舵手一名、船長一名」の八名乗りとした。

暴風雨から生存した者三百名のうち、みずからの舟で淡路島の前進基地に帰還した者二百名。現地の漁民などに助けられ、淡路島の前進基地に送ってもらった者を百名とした。長髄彦《ながすねひこ》やその他の奈良盆地の勢力との新たな戦いに、最低でも五百名の戦闘員が必要ならば、二百名足りない。この補充は、故郷の伊都国に依頼するしかない。「淡路島→讃岐→伊予→岡田宮→宇佐嶋→唐津湾」の復路コースで急ぎ増援を要請しただろうが、この連絡だけで三ヶ月はかかる。連絡要員の出立が第一次侵攻年の12月なら、早くても第一次侵攻年の翌年春に伊都国に到達。

伊都国は、丸木舟十艘は既存のを送ることにし、新規分の丸木舟は背振山系から丸木舟用の楠その他の大木を新たに十五本伐《き》り出したとする。しかし、それらは伊都国の国王（おほきみ）の領有だから、二度目の神武侵攻は、伊都国国王の全面協力なしにはできない。とりわけ、神武軍の弓矢も鉄剣の多くも暴風で舟ごと一緒に流されており、二年間以内に最低でも鉄剣百振りを新規製造するとすれば、「うがやふきあへず尊」一族ではとても無理。伊都国の国王が国内の鉄をすべて供出させ、国中の蹈鞴（たたら）師全員を集め鍛造させたと想定するほかない。

図３；一千六百年以上の昔の大阪湾・河内湖（注４）

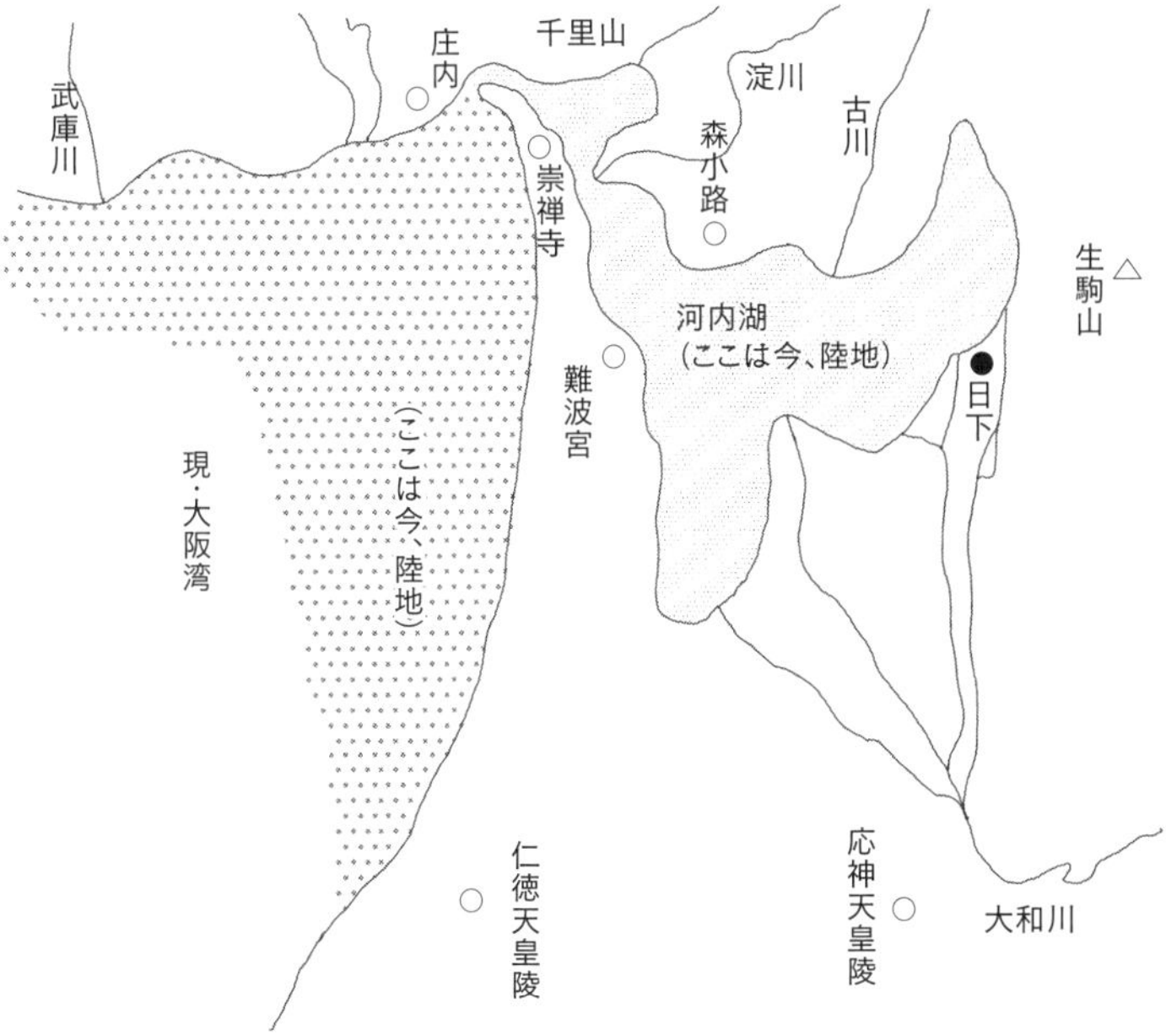

　また、食糧その他の購入資金あるいは戦場近辺の日和見勢力を買収する資金として、国王が主導して相当数の舶来の銅鏡・銅剣ならびに琥珀《こはく》や翡翠《ひすい》の勾玉・管玉などがかき集められ、第一次侵攻年から丸三年の歳月を経た初夏、「兵員二百名／舟二十五艘以上」が淡路島にやっと届けられたと仮定せねばなるまい。

　神武軍の第二次侵攻を現在の8月1日と仮定する。そのルートは、「大阪湾→河内湖南岸」は第一次と同じだが、河内湖湖畔で上陸せず、船団を河内湖からそのまま大和川を一気に遡上させ（図3参照）、初瀬川に入り、現在の桜井市の東部で上陸。

表５；神武天皇の西暦での仮・年譜（カッコ内は宝算）

ご生誕（伊都国）	紀元前30年（ゼロ歳）、備考
父君が大和盆地の“制覇”準備を命じる	紀元前15年（15歳）
東征に御出立	同10年（20歳）
第一次侵攻（８月１日）	同８年（22歳）
第二次侵攻（８月１日）	同５年（25歳）
戦闘二ヶ月を経て、奈良盆地南部を制圧（10月１日）	＊大和川も河内湖も神武領となったことに留意せよ。
即位	紀元後10年（40歳）、備考
崩御	同20年（50歳）

（備考）那珂通世は、神武天皇ご生誕を西暦紀元前50年前後、即位を西暦紀元元年頃とした（注７）。中川八洋の推定とほぼ同じ。

さらにそのまま五百名の将兵全員、総大将・神武天皇の麾下のもと、宇陀市の山に駆け登ったようだ。ここでウカシ兄弟と遭遇したと、記紀は述べているからだ。そして、最終的に長髄彦を殺害し、奈良盆地南部「制圧」に勝利する。その日を10月1日と仮定。

ついで。仮定だが、神武天皇の年譜を表5にまとめた。古代史学とは、まず仮定に始まり、何かが判明すれば、この判明した事柄を踏まえて**この仮定を何度も何度も書き直す**作業である。最初に仮定を設定しないなら、学術的な古代史の解明は一歩も前に進むことができない。

私は、神武東征の所要年数を、さまざまな仮定を総合し最終的に「五年半」と算出した。この「五年半」は、『日本書紀』の「六年」（紀212頁）を引用したのではない。また、唐津湾ご出陣

4月1日／戦勝がその五年後の10月1日だと仮定するので、半端な数「半年」が加わった。

さて、『古事記』は、讖緯《しんい》説のような唐帝国の何かの説に従い、唐津湾を「冬十月に出立」としている。が、そのようなことは万が一もあり得ない。この季節ならば、瀬戸内海を海が荒れる現在の12月～2月に東進することになり、現実には転覆や凍死にさらされる。夜は浜辺で野営するのである。テントなどないから雨や雪が降ってもそのまま野宿。この季節での東征は、万が一にも無理。

しかも、神武東征は弥生中期。海岸付近の水田村落のほとんどは環濠集落の時代。余所《よそ》者を泊めることは危険だから原則しない。毎晩の野宿を考えれば、現在のカレンダーで〃出立は4月1日頃、河内湖突入は9月20日頃まで〃となる。

なお、宇佐嶋（宗像地方）が例外的に宿泊施設と食事を提供したのは、父君「うがやふきあへず尊」と海人族同士の誼《よしみ》だけでなく、ここは、伊都国の直轄地。ここで神武天皇／安曇氏／宗像氏は、念入りに軍議を重ねただろう。

ところで表5で、第一次侵攻の期間を「二年間」とした。その理由は附記3で、説明。

父君「うがやふきあへず尊」が大本営を「深江」に設けたのは、神武天皇15歳の頃？

神武東征軍「ひむか海兵隊」の丸木舟は全部で八十艘とする。うち五十艘は既存から転用し、伊都国二十五艘／安曇氏十五艘／宗像氏十艘と割り振る。新規建造は残りの三十艘は、母「玉依姫」の実家が造船所経営だから、年七〜八艘を建造してもらえば、約五年後に揃う。〝神武天皇の東征〞が天皇20歳のときの決行ならば、この新規軍船の建造は、15歳のときに始まったことになる。

このことはまた、父君「うがやふきあへず尊」が奈良盆地〝制覇〞を決意されたのは、神武天皇15歳のときということ。おそらく「うがやふきあへず尊」は、深江の館を大本営にすることも怠らなかっただろう。この大本営があったらこそ、事前に淡路島の豪族と同盟が締結され、奈良盆地侵攻に敗退した上に暴風雨で軍勢の半分を喪失しても、三年で再建できたのである。

なお、宗像氏は、（その昔は出雲系だが）天照大神の母系にとって替わっている。ために父君「うがやふきあへず尊」とは親族で海人族同士。安曇氏は「なのつ国」の臣下だが、父君「うがやふきあへず尊」とは通じており、神武東征と同時に〝脱藩〞して「神武ひむか海兵隊」に合流。実際にも、海上の「神武ひむか海兵隊」は、安曇氏が「海軍大将」の立場で指揮したと考えられる。奈良盆地に入ると、「ににぎ尊」以来、ひむか三代に仕えた忠臣の武将、大伴氏と久米氏が指揮（附記４）。安曇氏を「ひむか海兵隊」海軍大将、大伴氏を近衛師団長・陸軍大将、久米氏を突撃旅団長・陸軍少将にイメージすると、神武天皇軍の全貌が理解できよう。

なお、宗像地方を支配する父系の祖は「吾田片隅命《あたかたすみのみこと》」といい、出雲国の出身（注８）。すなわち、紀元前１００年頃、天照大神が、姫君三名の嫁入りを通じて（注５）、宗像地方を出雲国から簒奪・併合したようだ。出雲国と伊都国は、かなり犬猿の仲。

注

１、本文にある記○○頁は、『古事記』、日本古典文学大系、岩波書店。同じく、紀××頁は、『日本書紀　上』、日本古典文学大系、岩波書店。

２、宮内庁書陵部『陵墓要覧』、１頁。

３、唐古・鍵遺跡の弥生土器に、「漕ぎ手六名、舵手一名」の絵画が描かれている。この丸木舟なら「伊都国—大和川」間を航行できる。田原本町教育委員会『弥生の絵画：唐古・鍵遺跡と清水風遺跡の土器絵画』、14頁、２００６年。

４、梶山／市原「大阪平野の発達史」『地質学論集』第７号、１９７２年12月、１０８頁。

５、「日神の生《あ》れませる三《みはしら》の女神《ひめかみ》をもては、葦原中国の宇佐嶋《うさのしま》に降《あまくだ》りまさしむ」（紀１１１頁）。

6、東大阪市日下に上陸したとき、軍船は、敵の火矢に焼かれないよう、そのすべてを湖畔から百㍍は離して湖上に待機させたはず。八十艘なら「漕手百六十名（兵站部隊八十名を含む）」は乗船したままとなる。上陸した戦闘員は、「六百四十名－百六十名＝四百八十名」。

なお、唐津湾出撃時の総員七百名（病没者六十名を含む）のうち、兵站部隊は八十名と仮定。内訳は、食糧調達隊二十名、銅鏡や勾玉など食糧交換や中間勢力買収に用いる財物管理十名、刀剣修理・鍛造二十名、丸木舟の新造・修理二十名、「宝鏡」奉戴の祭祀長・中臣氏が率いる祭祀部隊十名。最初の二年間で櫂《かい》のほとんどは新品に変えたはず。丸木舟の十％はひび割れから水漏れを起こしたはず。八十艘のうち十艘程度は、瀬戸内海の途次、その地の海人族に交渉して購入したと仮定。

7、那珂通世「日本上古年代考」、辻善之助『日本紀年論纂』（東海書房）74頁に、「太祖神武天皇は応神天皇の〝十四世の祖〟にましませば、その日向に生まれし給ひしは**西洋紀元前第一世紀の中頃**にして、倭（やまと）の橿原の宮に大八島（日本列島）しろしめししは**西洋紀元の頃**なるべし」とある。

8、佐伯有清『新撰姓氏録の研究　本文編』、吉川弘文館、235～6頁。

【附記1】表4は、記紀には創作部分がいっさい無いことの証明になっている。なぜなら、記紀が編纂されたのは八世紀初頭。この頃の大和朝廷の版図は、南は鹿児島県から、北は東北地方の西半分に当たる山形県・秋田県・青森県＆北海道の渡島半島最南端部。大和朝廷の統治力が及んでないのは、「宮城県／岩手県／青森県東半分／北海道の過半」。

よって、八世紀初頭に〝国産み神話〟を仮にも創作するなら、東北地方の東半分と北海道の過半を除き、それ以外は七百年前から大和朝廷の統治下にあったとする〝国産み神話〟にしたはず。が、記紀はそうせず、西日本という日本国の半分の、海に浮かぶ小島のみ産んだとする。

『古事記』が、712年の創作物語なら、大和朝廷は制圧し統治下にあった領域すべてを「産んだ」、すなわち「(北海道渡島半島の先端部分を含め)日本列島の九十%以上を産んだ」と記述したはずなのに、そうしていない。忠実に大和朝廷の原初の支配域を正確に記録している。これは、紀元前一～二世紀の伊都国＝高天原の史実も、忠実な記録ということ。

要は、表4は、紀元元年頃の大和朝廷の実際の統治力の及ぶところを、事実に従って正確に記録したもの。①神武天皇の領地は、大和川と河内湖を含むが、奈良盆地の南半分をやっと支配。②これ以外の掌握は、点でしかない西日本側の海上の小島ばかりで、しかも友好地にすぎず領地ではない、と。③この領地は面積で「那の津国の十分の一程度」で、ただの地方豪族だった、と。

このように記紀は、**最新の歴史学で書かれたかと錯覚するほど、厳格に正確**だから、2023年でも、我々日本国民は、紀元元年の大和朝廷の版図を厳密に知ることができる。このように、記紀は日本国民にとって、〝史書の中の史書〟。最高無比の歴史書。それ以外ではない。

【附記2】自衛隊のレンジャー部隊員百名に、磁石も地図も携帯電話もなく、弥生時代中期の夏服装かつ「食糧は持てるだけ自由／日本刀一本／矢二十本と弓」の装備で、《三ヶ月以内に御所市に集合》の命令を下し新宮市を7月20日に出立させ、この任務を達成できる者が果たして何名いるか。確率百%でゼロ名。八剣山《はっけんざん》(標高1915メートル)と伯母子岳《おばこだけ》(1344メートル)の間を突き抜けるが、ここは原始林。仮に「三ヶ月間は救助しない」を条件にすれば、10月20日にヘリコプターで救助するとして、レンジャー部隊百名のうち餓死・病死が二十名、山中を彷徨《さまよ》いガリガリに痩せた者八十名というところか。救助を一ヶ月ずらし11月末の初冬にすれば、この八十名全員も凍死し、一人の生存者もいまい。

共産党系古代史学者は、神武東征に係わる〝空想上の挿話〞「新宮市→宇陀市の侵攻ルート」をもって、『古事記』『日本書紀』は物語。歴史でない」の証拠とする。一方、私は、史実からかけ離れたこの伝承がどうして『旧辞』に挿入されたのか、に興味を持つ。二つ三つの空想型伝承の存在は、歴史的事実「神武東征」を否定する証拠にはならない。

が、津田左右吉らは、わずかでも合理的に解釈できない記述を記紀に発見すると、「史書ではない。創作小説だ」と大騒ぐ。彼らは学者以前で、学的知性と人格に重大な欠陥がある。

【附記3】記紀ともに、寄港transitと滞在期間の記述は、理解を超えて杜撰《ずさん》。『記』は「広島県安芸郡に七年、吉備国に八年」とする（記149頁）。『紀』は滞在を「安芸郡に二ヶ月強、吉備国の高島宮に三年」（紀190〜1頁）、とする。七年や八年なら、これは移住。そんな長期間になれば、戦士の戦闘意欲も大幅に減じ、軍規が弛緩し軍隊の自壊が起きる。『記』の記述は無視すること。

さて、『紀』の方は多少合理的。12月末に安芸郡に到着し翌年3月に吉備国に移ったとあるから、移動航行三週間を差し引いても、安芸郡に二ヶ月強滞在。米の購入と「干飯《ほしいひ》」への加工などか。吉備国は瀬戸内海随一の軍事力を持つ強国だから、万が一に備え、安芸郡で戦闘訓練を二ヶ月間ほど行ったかも知れない。

吉備国「三年」を仮に史実だと解釈するなら、「吉備国での駐兵は、吉備国が奈良盆地の勢力とつるんで、神武軍を背後から挟撃しないよう、五百名を超える実戦部隊を見せて**威圧する**dissuade**のが主目的**だった」も、合理的な想像だろう。あるいは、伊都国から持参した銅鏡や銅剣あるいは琥珀や翡翠の勾玉などを吉備国の豪族に献上して、駐屯地と未開の開墾地を借地することもあり得よう。そこに水田を開墾すれば、三年目には米を生産できる。

いずれでも、百名ほどの先遣隊に淡路島での前進基地を建造せしめ、そのうち数名をスパイにして奈良盆地の詳細な地形と「長髄彦」の軍事力を探索させただろう。

私は、記紀記述の「東征ルート」分析を重要視するが、東征ルート途次の「滞在期間」など検討の価値なしと考える。「第一次侵攻に丸二年間を要しました」の一文があれば充分だろう。

【附記4】神武天皇の御霊を今も護る、大伴氏の墳墓群と久米氏を祀る久米《くめの》御縣《みあがた》神社

私は、神武東征を戦勝に導いた「神武ひむか海兵隊」の将軍・大伴氏と久米氏の遺跡を訪れると、何とも言えない感興が全身を包む。また、記紀が史書として、神武東征を正確に記録しているのに学的感動が湧き起こる。

『古事記』129頁に、天孫降臨の「ににぎ尊」に、大伴氏の祖・天忍日命（あめのおしひのみこと）と久米氏の祖・天津久米命（あまつくめのみこと）が親衛部隊として付き添ったとある。次に、『日本書紀』214頁に、奈良盆地南部占領〝戦勝〟の軍功として、神武天皇が即位2年、大伴氏の道臣命（みちのおみのみこと）に現・橿原市鳥屋町（高取川の西側）をその領地とし、久米氏の大來目命（おおくめのみこと）には高取川の東側に領地を与えたとある。

橿原神社から見ると南西に、神武天皇以来の〝忠良の臣下〟大伴氏の歴代の墳墓六百基が並ぶ新沢千塚古墳群があり、書紀の記述と一致する。平安時代に没落するが、ひむか時代から奈良時代までの約八百年間、天皇の傍から離れる事が決して無かった大伴氏一族の墳墓が六百基なのは、数的にも妥当。一方、久米氏の

名残は、少し寂しいが、久米御懸神社として、紀の記述通りに、橿原市久米町にひっそりと佇んでいる。
新沢千塚古墳群と久米御懸神社を訪れるだけでも、712年と720年の記紀が、七百年以上の時を越えて実に正確な記述であることを確認できる。一方、津田左右吉／井上光貞／直木孝次郎らの著作を読めば瀝然と明らかだが、彼らは記紀考察に絶対不可欠な現地調査を、一度もしたことが無い。津田らは、初めから記紀を罵倒するため〝口から出任せの詭弁〞づくりに数十年間の学者人生の全てを投入し、古代史研究を一切しなかった。

【附記5】〝お笑い観光名所〞宮崎県・高千穂峡は、嘘歴史の罪で閉鎖！

宮崎県北西部にある高千穂峡の渓谷を観光すると、誰でも「どうしてこんな所が、天孫ニニギノミコトの降臨の遺跡？」と疑念を懐く。確かに、どこにも弥生時代の稲作集落がないし、その近隣から銅鏡の鏡一つ発掘されていない。「ににぎ尊」は、皇祖母・天照大神の〝鏡〞崇拝教の信徒なのに、鏡が発掘されないのは、日向（ひむか）三代の故地でない瀝然たる証拠。

また、日向三代の二代目「ひこほほでみ尊」も三代目の皇子「神武天皇」も、ご専門は製鉄・鉄製品製造。が、ここでは砂鉄すら採れないし、韓半島から鉄を輸入できる地理にもない。そもそも韓半島と交易する港がないし、韓半島人や後漢の支那人が訪問した痕跡も皆無。

ところが、宮崎県や大隅半島などは、『日本書紀』では「日向国」とされ、さも「日向三代の故地」かのごとく記述されている。「日向国＝宮崎県は、日向三代の故地ではない」と、真正面から宮崎県を否定したのは、天武天皇／稗田《ひえだの》阿礼《あれ》／太安万侶《おおのやすまろ》の三名ぐらい。一方、八世紀初頭の大和朝廷の絶対多数は、「日向三代の故地は、日向国」「神武東征の御出立は、日向国＝宮崎県から」が常識。『日本書紀』は、神武天皇紀の冒頭を、

表6;「筑紫ひむか」を「日向国」に摩り替えた、后妃や皇子(容疑者)

	后妃	皇子	頁数
第十二代 景行天皇	**日向**髪長大田根	**日向**襲津彦皇子	紀286頁
仝上	**日向**美波迦斯毘売 ＝御刀媛	豊国別皇子	紀292頁
第十五代 応神天皇	**日向**泉長媛	大葉枝皇子、 小葉枝皇子	紀364頁
第十六代 仁徳天皇	**日向**髪長媛	大草香皇子	紀368頁

〝反・歴史〟「(神武天皇は)長(ひととな)りたまひて日向**国**の吾田邑の吾平津媛をまきて、妃としたまふ。手研耳命をうみたまふ」(紀188頁)、で始める。大和朝廷内〝漢文屋〟官吏の、歴史に関する知見は貧弱で、おそらく第十二代・景行天皇のご改作かご了承と考えられる、『帝紀』に残る間違った記述をそのまま転記している。

吾田邑(あたのむら)は、普通名詞「吾田」(斎田)がある村との謂い。特定の薩摩国阿多郡阿多郷を指さない。また宮崎県南部地方は、大和朝廷に叛乱し続けた隼人《はやと》の地。大和朝廷がこの地に初めて侵攻し征伐したのは、第十二代・景行天皇。それより三百年前の神武天皇が、どうやれば妃を求めてこの地に入れるのか。度が過ぎたスーパー妄想。

この〝虚〟記述に、人間性ゼロの津田左右吉や井上光貞など共産党員学者たちはニンマリと笑い、嘘喧伝「記紀は物語だ。歴史書ではない」の根拠にした。が、本物の学者なら、この間違い記述を嘲笑したり罵倒したりしない。「どのような経緯で、これほどの偽情報が、朝廷内部、具体的には天皇の大権でしか改変できない帝紀・旧辞にまぎれ込んだのか」を探索する。

この帝紀・旧辞「偽情報混入」事件に関する、私の暫定的分析結果は、「《容疑者》は、日向国から后妃になった隼人や熊襲《くまそ》の姫君とその皇子たちだろう」との疑念。表6がそれ。大和朝廷に叛乱し続けた敵対的な地方豪族との婚姻関係は、表向き友好平和を演出するが、過去の敵対者の半分は、この敵対的な「敵意」を別の形に変えて維持する可能性が高い。国家は、この心理を見抜いて、表向きの平和友好の言辞や態度に細心の用心をすべきである。

大和朝廷への服属は本心でも、大和朝廷への忠誠心を持つとは限らない。大和朝廷の権力を利用して、自分たちの私的な権力と富を拡大することのみに専念する私欲一辺倒に走る可能性は、かつての敵なら当然の行動。なお、『日本書紀』を編纂した約百名の漢文の名手たちは、歴史知らずだから、帝紀・旧辞で、第十二代・景行天皇がご改作の箇所を特定できなかった。

帝紀・旧辞の修正や改変は天皇の大権だが、后妃やその皇子は天皇と接触するチャンスが、他の臣下とに比すれば圧倒的に頻繁。福岡県「筑紫日向　ひむか」を、時間をかけて宮崎県や大隅半島などの「日向国《ひゅうがのくに》」に（第十二代・景行天皇に）改作させる「対天皇」洗脳は、后妃にとって容易いことではなかったか。

なお、「吾田」は、浄めの神事を行った斎田のこと。地名よりも人名に用いられる。特に、この神事の巫女を務める13歳ほどの処女を「吾田媛（あたひめ）」という。例えば、『日本書紀』崇神紀に、「山背国の吾田媛《あたひめ》が謀反」とある。宗像地方の祖は、出雲国からの「吾田片隅命《あたかたすみのみこと》」。この場合の「吾田」は、その地方の大田主（おおたぬし、大地主）が持つ「斎田」のこと。

要は、「吾田」の二文字を見ると鹿児島県に残る地名「吾田」に短絡するのは、日本の古代史学者が、無知な〝パブロフの犬〟だからだ。平安時代中期以降に編纂された「和名抄《わみょうしょう》」も、その一千年前の紀元元年頃の原・日本語（弥生語）を知らなすぎる。

第二章

〝実在〟天照大神の高天原は、糸島市「平原、三雲、井原」一帯

――〝鏡教の始祖〟天照大神の五代孫・神武天皇は「いつくに」生れ

宮崎県や鹿児島県には、**高天原**《たかまがはら》の痕跡／**ひむか三代**の痕跡／**神武天皇**の痕跡、の三つとも匂い一つ発見できない。西都原《さいとばる》古墳群は、四世紀初頭から七世紀前半にかけての前方後円墳／円墳／方墳などで、典型的な古墳時代。それより数百年前の天照大神や神武天皇などが実在された弥生時代中期の遺跡はまったく存在しない。特に、天照大神の最重要な痕跡（実在の傍証）は、何といっても前漢製の白銅鏡。が、前漢鏡は両県からは一枚も発掘されていない。

第十二代・景行天皇の即位は303年。景行天皇は、熊襲（隼人）征討で、和平優先主義から隼人地方から「妃」を迎えられたが、この時期と西都原古墳群の始まりはぴったり一致。景行天皇「征討軍」の侵入を機に、宮崎県南部以南に大和朝廷の高度文化が流入し、これによって西都原古墳群が出現した。

もっと重大な事実がある。宮崎県や鹿児島県には、『古事記』が記録する〝筑紫の**ひむか**〟の光景が、寸毫も散見できないこと。「ひむか」とは「早朝、旭＝太陽をお迎えする」の意味。稲作水田地帯から東の方向に向かって、昇る朝日を〝ご来光／ご来迎〟として迎え、「**旭の太陽に拝礼する**」ことを「ひむか」と言う。

この宗教的な習俗は紀元前1000年頃から日本列島で発生・発展した。すでに三千年以上が経つが、今でも日本人に強く残存する習俗。例えば、多くの日本人は、人生に一度でいいから富士山の五合目あたりで、早朝、朝日が昇るのを拝んでみたいと願う。**弥生時代の「ひむか**

（朝に昇る旭日）**崇拝」**は、今日の日本人の心性に受け継がれている。日本の国旗は、これ。

もし宮崎県の高千穂峡や鹿児島県の高千穂峰が、〝筑紫のひむか〟ならば、それらの西側には平坦な稲作水田地帯が広がっていなくてはならない。が、そのようなものは微塵もない。それどころか高峰が連なる山岳地帯。この宮崎県・鹿児島県の稲作不毛の山岳地帯が、古代日本人の稲作文化の歴史の舞台になることなどあり得ない。つまり、『日本書紀』神武天皇の条は、唐津湾・博多湾の南側平野部を指す**「筑紫」**を、九州を意味する**「筑紫島**（筑紫州）」に摺《す》り替えた誤った記述。訂正は、正常な学者の義務。この学的な訂正は、一般の日本国民も負うている。

奈良県・三輪山と糸島市「くじふる山」に漂う雰囲気の、何とそっくりなこと

劣悪な古代史学者だけでなく、宮崎県・鹿児島県の人々も、古来日本の語彙「高千穂」の意味を取り違えている。「高千穂」とは、刈り入れた稲穂をたくさん（＝千）うず高く積み上げた情景の描写。「高い山の峰」との誤解釈は、誤りとしても度し難い。『古事記』の原文は「筑紫の〝ひむか〟の、**高千穂のくじふる岳**」。つまり、日本全国どこを探しても、該当する地は、福岡県糸島市のなだらかな標高４１９㍍の「くじふる山」のみ。なお、「高千穂」が「山」の枕詞だとすれば、「高千穂」には何の意味もない。これを詮索すること自体、ナンセンス。

表1；宮崎県・鹿児島県の峻険な山々は「くじふる山」と真逆

筑紫の日向（**ひむか**）	宮崎・鹿児島県の「日向（**ひゅうが**）」
高祖山416メートル **くじふる岳419メートル**	日向国；高千穂峡（奥深い山中の渓谷） 熊襲国；**霧島・高千穂峰　1574メートル** ＊いずれにも、西側に水田稲作地帯がない。
大和盆地の山 三輪山467メートル 大和三山 天香久山152メートル 畝傍山199メートル 耳成山140メートル	

また、『古事記』に出てくる地名・地理は、福岡県にはいくつもあるが、宮崎県・鹿児島県には一つもない。例えば、前者では「韓半島と向かい合っている」「くじふる岳」「笠沙」「小戸」など。かつて糸島半島は、陸橋のような細い陸地で、この「陸橋」の南側の平野部とつながっていた。糸島半島は、この細い陸橋部分を除き海に囲まれ、ほぼ完全な島。だから、「しま（島）→志摩町」と名付けられた。この島と南側の平野部をつなぐ細い「陸橋」は、キノコの傘に柄がくっついている部位とそっくり。だから、「笠沙」（注1、記129頁）と呼んだ。

JR「筑前深江」駅から「波多江」駅の方向に4・7km戻りJR筑肥線「加布里」駅を降り、「くじふる山」を望むと、橿原神宮から三輪山を望んだ景色と重なる。ともに距離が10kmで同じ。山の高さも標高419メートルと467メートルでほぼ同じ（表1）。神武天皇は、橿原から三輪山を眺めては、深江や笠沙から「くじふる山」を眺めた、少年時代を思い出されたのだろう。

話を戻す。天孫降臨に強引に朝鮮神話を当て嵌《は》めるべく、「高い峰」を絶対だとコジツケをなしてきた古代史学者のデタラメ解釈はまったくの悪意。三輪山も「くじふる山」も、朝から登山し昼を頂上でゆっくり過ごしその後に下山しても、夏なら麓に着いた時、まだ明るい。その程度の高さと緩やかな勾配の山を、皇室は好まれた。藤原京の持統天皇は、三輪山よりさらに標高が低い大和三山に〝美〞を観想された。藤原京の光景は、糸島市の光景に酷似する。紀元前150年~紀元元年頃の高天原時代の皇祖先のDNAが蘇ったと考えられる。

〝日本民族は何でもかんでも外国を模倣した〞と、自虐史観からの創作や嘘を書きまくる、赤い古代史学界らしく、彼らは、天孫降臨を、全く無関係な朝鮮神話に強引にこじつける。「高天原」に比定される糸島市の平原地区は、笠沙から深江にかけての唐津湾の海岸から見れば、少しは台地。多少の地形の「高低」を考えれば、充分に「高く天に近い原っぱ」である。「高天原」の「高」は、〝標高が高い山岳地帯〞を意味しないし、関係もない。

なお、記紀の高天原や日向三代の時代記述には、朝鮮神話やインドネシア神話など外国の民話等の痕跡は、匂い一つ存在しない。純度百%に日本の弥生時代のそれのみ。

第一節　宮崎／鹿児島県の〝日本書紀からの作為伝承〟は、反・歴史

産経新聞の連載「海道東征をゆく――神武さまの国造り」（2015年1月〜12月）は単行本化され、『神武天皇はたしかに存在した』で出版された（注2、2016年8月）。が、この本は、タイトルの神武天皇実在論とはほど遠く、神武天皇への侮辱や不敬があからさま。読めば読むほど、「神武天皇は実在しない」を確信させる、転倒語法での神武天皇不在論の煽動本。

例えば、『神武天皇はたしかに存在した』は、〝珍語の極み〟「神武さま」を多用する。これは、天皇制廃止に爆走する共産党でも使わない奇天烈語。産経新聞は、共産党とはグルの共産党協賛紙。共産党の、語彙「神武天皇」の使用禁止や日本からの排斥運動に積極的に協賛する。

もう一例。第一章タイトルは「**イハレビコ誕生**」。この異様な表現は、産経新聞が共産党以上の幸徳秋水型〝天皇殺し狂〟なのを明らかにする。崩御から約六百五十年後、持統天皇が贈られた神武天皇の和風諡号を、産経新聞は「**カムヤマトイワレビコ天皇**」と表記したうえで、この諡号を「生誕時の幼名あるいは諱（実名）」だと、真赤な嘘にデッチアゲる。

「天皇の幼名や諱を、臣下は口にしてはいけない」は、弥生時代から日本古来の絶対ルールで慣わし。ために古代日本では、臣下でも天皇の御名を知らない者がほぼ全員。これは、1960年代までは続いた。私は大学時代まで、昭和天皇を「裕仁」と口にする日本人を、共産党員以外、一人も知らない。当時、「裕仁」との発声を聞くと、日本人は緊張が走り頬が強張った。

なお、共産党支配の赤い古代史学界でも、和風諡号は学術論文以外では言及しない。(共産党員以外の日本人は)和風諡号を仮に使用する場合、敬称(美称)語「かむやまと」&身位「天皇」を決して消さない。ひらがなを用いてもカタカナは使わない。ところが、産経新聞は、畏れ多くも天皇の和風諡号を、ピザを三等分するかのように三つに切り刻み、その真ん中の「イワレビコ」を取り出し、神武天皇だとする。悪魔でもできない、凶悪な共産革命のやり口。しかも、カタカナ。

〝スターリンの犬〟に日本人を改造した大東亜戦争(=アジア共産化戦争)
——大東亜戦争〝煽動〟の洗脳手段「皇紀二千六百年」式典

産経新聞社刊の赤い極左本『神武天皇はたしかに存在した』は、「日本はロシアの属国たれ!」「ロシアが日本の祖国だ!」「ロシアのために一億日本人は死ね! 餓死しろ!」を秘めたモチーフの、〝スーパー反日〟本。木村汎/田久保忠衛/袴田茂樹/佐瀬昌盛/斉藤勉など、ロシアKGB工作員だらけの産経新聞は、やはり「ロシア〝産K（経）GB〟新聞」。

数例を挙げる。『神武天皇はたしかに存在した』の頁を開いた瞬間、私は後ろに仰《の》け反《ぞ》った。口絵写真の第一番目は、「八紘一宇」を掲げる「八紘之基柱　あめつちのもとはしら」（1940年建立、宮崎市）。この「八紘一宇」は、GRU工作員の共産主義者しかいなかった「帝国陸軍新聞班」が1938年3月に考案した、レーニン語「世界共産化　ミール」の隠語。私は、1973年に宮崎市に仕事で出かけた折、高さ36㍍のこの建造物を初めて見た。そしてすぐ、爆破するにダイナマイトが何本必要か考えた。が、2016年に産経新聞の極悪書を手にするまで、恥をさらすが、私は四十三年間、この建造物を爆破することをすっかり忘れていた。日本国の国防の第一は対ロ国防。対ロ国防の入り口は、日本国からロシア工作員を一人残らず排除し、ロシア工作を美化・称讃する「敵国人」製の建造物を爆破・粉砕すること。爆破すべきロスケ建造物には、靖国神社境内のパル判事（コミュニスト）の石碑、宮崎市の巨大塔「八紘之基柱」、根室市のロシア語の諸看板、などがある。

さて、皇室用語〝八紘一宇〟の原義と、1938年3月〜1945年8月に喧伝された共産革命語「八紘一宇」とは、天と地ほどに相違する。前者の〝八紘一宇〟は、「日本列島全体の天下が平和でありますように」を祈る言葉。後者の「八紘一宇」は、「共産主義の総本山モスクワに従い、世界中を共産化すべく、日本は戦争し続けよう。**世界共産化（＝「八紘一宇」）の**

ために、日本国が滅び一億日本人が戦死し餓死しよう」の意。国家を破滅させ民族を絶滅させる戦争をし続けることが、どうして平和なのか。

現に、巨大塔「八紘之基柱」が建立された1940年を境に、それまでは日本国中にまだ木霊《こだま》していた「蔣介石殺害戦争（日中戦争）、反対！」が、姿を消した。代わりに、日本の宗主国の軍隊・ソ連軍〝様〟に、満洲・樺太・日本列島を無血的に侵略／占領して頂くべく、日本は1941年12月に英米蘭に大敗北すること自体を目的とした〝一億玉砕〟の戦争を開始した（注3）。1938年3月以降の〝転倒語〟「八紘一宇」は、日本国廃滅と〝一億日本人皆殺し〟を祈禱する、黒魔教の呪文的な魔語でもある。

「日本海軍発祥の地」は、福岡県糸島市の笠沙か、唐津市の呼子《よぶこ》にすべき

巨大塔「八紘之基柱」と一緒にダイナマイトで爆破すべき〝スターリン崇拝教の遺物〟が、そのほか二つある。

第一。日向市美々津の、「日本海軍発祥之地」の碑文が刻まれた大きな石碑（立磐《たていわ》神社の参道入口、1942年9月建立）。

第二。神武天皇東征の軍船「おきよ丸」（1940年製。宮崎神宮の境内に今も保存）。「おきよ」

は「起きろ！　出航だ！」の意。二十五名乗り。四～五世紀頃の船を復元し、神武天皇の紀元前（弥生時代）の丸木舟（六～八名乗り）だと詐称する、日本国民騙しの詐欺船。

産経新聞社『神武天皇はたしかに存在した』は、〝嘘歴史の極み〟である碑文「日本海軍発祥之地」と軍船「おきよ丸」を美化し、日本人に捏造歴史を摺り込むのも目的としている。

神武天皇は、福岡県唐津湾からご出陣され東征の長途についた。その港が、豊玉姫／玉依姫の実家があった、当時の唐津湾東端。現在、ここに志登神社が建っている。神武天皇東征を日本海軍発祥とするなら、その碑は志登神社の境内に建立すべきだろう。

なお、「日本海軍発祥の地」は、唐津市の呼子《よぶこ》にすべきと、私は考えている。ここから、陸海軍総司令官・神功皇后の新羅征討軍が威風堂々と出撃したからである。細かく言うと、神功皇后ご乗船の旗船は、福岡市・今津湾の東端にある小戸（おど、日本書紀の宛て漢字は「小門」）を出帥され、海路を伝って、呼子に集る膨大な数の大軍船団に合流された。小戸には、神功皇后「御出帥」の史実を正しく伝承する小戸大神宮がある。『日本書紀』も、小戸について「日向国（ひむかの国、筑紫）の橘**小門**（たちばなのをど）の水底…」（注4、332頁）という文を残す。

なお、日本書紀には、「伊弉諾尊《いざなぎのみこと》、…**筑紫のひむかの小戸**の橘の檍原《あはきはら》に至りまして…」（注4、94頁）の記述がある。「高天原」が福岡県糸島市にあったことを裏付ける記述。

先述の「おきよ丸」だが、もう一点、警告（注1、67〜8頁）。1940年に建造されたこの模造船は、神功皇后の新羅征討や、広開土王の碑文にある朝鮮半島の平壌まで侵攻した391年頃の日本海軍の軍船（排水量20トン）を模している。が、これより三百五十年ほど前の、紀元前10年頃の神武天皇東征時の軍船は、丸木舟か丸木舟発展型の一部構造船（備考、排水量2トン）で、まったく相違する。「おきよ丸」は、歴史偽造の極み。ただちに焼却する必要がある。

（備考）丸木を船底や船首に用いるが、左右に側板を斜めに張り付けると漕ぎ手を二列にでき、積載人員を二倍にでき、船速も五割ほど上がる。側板の接ぎが拙劣だと大波のとき外れ、即、沈没する。紀元前10年の神武東征時、伊都国に、この造船技術があったか否かは、不明。

伝承の多くは平安時代後期の創作。これら伝承は神武天皇の実在とは全く無関係

産経新聞社『神武天皇はたしかに存在した』は、巷間に残る**神武天皇伝承の99％が真赤な嘘**である事実を逆さにし、隠蔽するのが目的。反・学問を極める、嘘歴史のプロパガンダ本。だから、次のように、真赤な嘘ばかりの神武天皇伝承を〝歴史学的な史実〟だと逆さに吹聴。

「神武伝承は、東征ルートのほぼすべての地に残っている」「（その多くは現在に息づく説話や

祭りの形で）語り継がれるに足る**見聞**があったればこそ、これだけ完全な形で伝承になっているのではないか」（注2、8頁）。

伝承は史実からその真偽が検証されるべきもので、伝承をもって史実の証拠とすることはできない。伝承マニア産経新聞社の記者は、歴史学の方法論に無知蒙昧すぎる。また、福岡県糸島市の神武天皇は、宮崎県に住んだこともないから、宮崎県人で神武天皇や神武東征を**見聞**した者はゼロ名。が、産経新聞は妄想癖の重病人ばかりなのか、神武東征を**見聞**した〝亡霊〟宮崎県人が語り継いで〝神武東征の伝承〟ができたらしい。これ、正常⁉

歴史学では、伝承は諸刃の剣。安易に使えば逆効果。例えば、神武天皇が実在するか否かに、伝承は99％以上、役に立たない。理由は、①日本全国にある神武伝承は、950年以降の平安時代中期、『日本書紀』を手にした地方インテリによって人為的に創られた。②『日本書紀』は、神武天皇のご生誕と東征〝ご出陣〟を宮崎県だと完全に錯誤している。①②の結果、③**日本書紀に基づく伝承**は、反転して神武天皇不在論／捏造論の根拠に転用されている。故に、正しい神武天皇実在論は、伝承を決して用いないし、全てを排除する（「附記」参照）。

現に、『神武天皇はたしかに存在した』の頁数で六割は、「高天原」も「ひむか三代」も神武天皇のご生誕も宮崎県だと、トンデモ謬説を大宣伝する。神武天皇の実在を実証したいなら、まず、宮崎／鹿児島県に伝わるすべての「神武伝承」「日向三代伝承」を否定・抹殺すること。次。『古事記』は、天武天皇が御高閲され、神武天皇の史実を根幹部分では伝えている。しかし、**『古事記』を基に発生した民間伝承は、日本全国、一つも存在しない。**『古事記』は、太安万侶／稗田阿礼が元明天皇に献上し御進講した後、元明天皇が個人的に秘蔵され、江戸時代に本居宣長《もとおりのりなが》が現われるまで、大和朝廷の官吏ですら読んだ者が誰一人いないように、その存在すら一千年以上、忘れられていた。また、その宛て漢字の難解から、『古事記』は太安万侶の弟子以外には読めず、この数名の弟子が死没した後は、『古事記』は一種の暗号書だった。

神武天皇実在論は、史実を伝える『古事記』研究がほぼすべて。一方、『神武天皇はたしかに存在した』は、『古事記』を徹底的に排除。当然、反・歴史の有害図書になる。

第二節　伊勢神宮「ご神体」八咫鏡《やたのかがみ》は、糸島市平原「発掘」のと同じ国産？

神武天皇は、「ひむか三代」の皇子で天照大神の五代孫。天照大神か、「ひむか三代」か、いずれかの〝実在〟が証明されれば、自動的に神武天皇の実在は歴史学的に確定される。高天原を福岡県糸島市に比定すると、天照大神の実在は（仮説以上に）おおむね証明される。

大和朝廷とは、三種の神器を奉戴する天皇を頂点とする統治機構で、かつ「八咫鏡《やたのかがみ》」に特段の宗教的な崇拝信条・感情を感得する精神が共有されている政治主体（注5、127頁）。すなわち、三種の神器「八咫鏡／八坂勾玉《やさかのまがたま》／鉄剣」をもって天皇位の資格とする宗教感情が横溢するのが大和朝廷。この大和朝廷と類似する政治主体は、（これまでに発見された）**弥生時代**の考古学的な発掘物からすれば、基本的には「伊都国」のみ。隣接する「那の津国」がそれに次ぐ。そして、第三の「国　くに」は日本中どこにも存在しない。

1965年に発掘された福岡県糸島市の有田平原の遺跡は、奈良盆地の大和朝廷が、英国から一種の分封でこの元・英国人の植民地人たちが米国を創ったのに似て、「伊都国↓奈良盆地の大和朝廷」を端的に証明する。英国本国が伊都国に当り、英国から植民した元・英国人たちが創った「分国」米国が大和朝廷の日本国に当る。

歴史学的に推定できる「伊都国から、大和朝廷への〝分封〟」における、この伊都国に匹敵する他の「国」や地域は日本中どこにも存在しない。消去法からも、大和朝廷の故国は、筑紫「日向　ひむか」の伊都国なのを確定する。

伊勢神宮の八咫鏡（直径46㎝前後）は舶来ではない。「伊都国」産か、「纏向川《まきむくがわ》」産

日本の古代史学者も考古学者も、99％は天皇制廃止の共産革命運動家。ために、伊勢神宮の八咫鏡を研究する者はほとんどゼロ。例外は、階級闘争を信じるマルキストだが、唯物論に馴染めず、記紀の「神話」を受容する原田大六ただ一人のようだ。

伊勢神宮にある八咫鏡（やたのかがみ）は、前漢製か、その仿製鏡《ぼうせい》。日本で発掘された前漢鏡のほとんどは楽浪郡《らくろう》から買った舶来品。が、古事記の記述は「いしこりどめの尊におほせて**鏡を作らしめ、**」（注5、81頁）とあるから、天照大神は八咫鏡を「舶来品」でなく、「国産」化していた。国産の漢鏡のことを、学術用語で「仿製鏡」という。

八咫の「咫　あた」は円周の単位。後漢の学者「許慎」の『説文解字』などから、八咫とは2・31㎝（一寸）×8寸×8咫＝147㎝。ここから八咫鏡の直径が、46・5㎝と計算される。巨大な白銅鏡である。この巨大な八咫鏡が発掘された遺跡は、全国でただ一つ。現在は福岡県糸島市（江戸時代は、「怡土村《いとむら》」）の有田平原。1965年に調査された、この地の「伊都国」王墓から八咫鏡が五面も発掘された。しかも、この発見された八咫鏡は、仿製鏡だった。

西暦紀元元年頃、神武天皇は奈良盆地の橿原に構えた皇居内に皇祖神・天照大神を祀る「神

宮」を造り、ここに鏡を祀った。この八咫鏡は、故郷「伊都国」から送ってもらったか、「伊都国」から連れてきた技術者が三輪山の現地技術者と共同製造したか、のいずれか。

神武天皇の皇后「媛蹈鞴五十鈴媛命　ひめたたらいすずひめのみこと」の名には「蹈鞴　たたら＝製鉄」「五十鈴　いすず＝褐鉄鉱、砂鉄」とあるから、その実家は鉄や銅の鋳造・鍛造をする工場主。伊都国から移住した、神武天皇の臣下である「八咫鏡」製造技術者やその弟子たちが、この工場を借りてつくったと考えるのが、もっとも蓋然性が高いように思う。

なお、有田平原の「第一号王墓」から発掘された埋葬副葬品は、ほとんどが国宝に指定された。それを以下にリスト。耳瑺《みみだま》があるから、この「王」は女王である。女王であるのに鉄剣一刀が副葬され、〝三種の神器〟になっている。ゴチックの「鏡、勾玉、刀剣」がそれ。

なお、この「王墓」の築造推定時期は、紀元後１００年～１５０年。紀元前90年以前に崩御(宝算六十歳)が推定される天照大神から約二百年が経過。天照大神の弟？(国王)の嫡流的な直系卑属と考えられる。天照大神ご本人ではない。

・**大型内行花文鏡**×５面。国産。
・内行花文鏡×２面。舶来。
・方格規矩鏡×32面。舶来。
・四螭文鏡×１面。舶来。

・メノウ製管玉12、ガラス製**勾玉**3、ガラス丸玉×約５００、ガラス小玉×約５００、ガラス管玉×約30、ガラス連玉×約９００。
・耳璫　3破片。
・素環頭**大刀**×１振り。

原田大六『実在した神話』（学生社）は、学術的な功績が顕著な著作。が、末尾のわずか四頁ぶんの記述で台無し。発掘された紀元後１００～１５０年の平原「王墓」の被葬者を、皇統に属さない〝地方海人族の次女〟玉依姫に比定する、噴飯物のミスを犯し〝非・学術書〟になってしまったからだ。王墓とは、伊都国の王の墓のこと。が原田は、この当たり前を否定した。

「平原弥生古墳の被葬者は、実名を玉依姫と言い、神格化名を大日孁貴（おおひるめむち＝太陽の妻）とか天照大神と称した人物だった」「（「うがやふきあへず尊」の妻）**玉依姫**が天照大神であった…ことがわかってみれば、神武天皇の東征に当たって…、すべて日の神である**玉依姫**の命令で日本国家の統一戦をやった」（注６）。

実際にも、一流の学術書と評される直前で自滅した『実在した神話』は、共産党支配の古代史学界から完全に無視され、今に至る。この〝大間違い比定〟が、口実「無視してよい駄本」のレッテル張りを正当化した。

ところで伊都国だが、発掘された最高級の遺跡「平原王墓」の王から一、二世代は国王制度が維持されたようだ。が、紀元後200年の直前、大和朝廷は、〝母国〟伊都国を直轄し、支那人の語彙「一大率」(『魏志倭人伝』)、すなわち伊都国駐在の「九州北部監察庁長官」を置いた。その後伊都国の王は、形式的にはしばらく存在したようだが、300年前には消滅。

「神鏡」八咫鏡は、どう用いたか。女王墓が示唆する「太陽に仕える巫女(日の女《め》)」

八咫鏡の使用方法の一つが『古事記』に記述されている。

「…真賢木《まさかき》(の)…上枝に八尺《やさか》の勾璁《まがたま》…、中枝に八咫鏡《やたかがみ》を取り懸け、下枝に白丹寸手《しらにきて》、青《あを》丹寸手《にきて》(=楮や麻からつくった御幣の布)を取り垂《し》でて」と(注5、記81頁)。

鏡は、祭壇に祀るのではなく、どうやら「ぶら下げる」ものらしい。では、いつ/どの方向/どの高さで、ぶら下げるのか。私の暫定的な推定だが、元旦か。元旦の早朝、太陽が東から昇る頃、伊都国の王は、櫓《やぐら》の四方の縁に数面づつ「ぶら下げた」のではないか。なお、鏡は凸面だから、伊都国のどこからでも、櫓全体が朝日に当たり煌々《こうこう》と照り輝く。この場合、一度に十枚以上を用いる。東西南北に三面づつ「ぶら下げ」れば十二面が必要。櫓については、「吉野ヶ里《よしのがり》」遺跡の櫓をイメージされたい。

話が脱線するが、古代史学者は、古代の日本人が暦に疎かった事実をもって、「一年を確定していなかった」と誤解している。日本人は、紀元前４０００年頃の縄文時代から、冬至の日と夏至の日だけは正確に確定し、それをもって「一年」を太陽暦的に正確に認識した（備考）。だから、縄文期の日本人は、冬至の日（おおみそか）に親族が集まり元旦を迎える祭事をした。死んだ祖先が冬至の日に〝故郷の我が家に戻ってくる〟と信じた。六世紀の仏教の流入とともに仏教の一部となり、この縄文思想〝祖先の御魂の里帰り〟は、八月のお盆に移動した。

（備考）村々ごとであれば、冬至・夏至の日、そして春分・秋分の日も、正確に確定する装置（石積みのかなり大きな建造物）を、私でも三年間でつくれる。最初に数㍍の一本の木を垂直に立て、日の出の影を完全水平な地面に記録することから始める。二回ほど微修正を行うので三年が必要。渡来人が水田稲作文化を持って弥生時代に日本列島にやってきたとき、人口比でほとんどを占めていた縄文人は一年の始まり・終わりや春分・秋分を知っていたから、この稲作をすぐに受容した。稲作は苗代のタイミングが要。

稲は、太陽の日差しの総量が、水とともに、その生育と収穫を決定する。キリストに仕えるローマ法王のごとく、太陽に仕える〝日御子〟（ひみこ、太陽神に対し祭祀を行う高貴な男性／女性）が、一般人から仰がれたのは、〝日御子　ひみこ〟の「対」太陽祭祀やその太陽崇拝の仕向けが、太陽の日射総量とその配分を最高の精度で十全にもたらすと信じていたからである。

このことは、天照大神が〝太陽神の巫女〟であって、古代エジプトなどの「太陽神」ではない、ことを明らかにする。なのに、日本の古代史学者は、天照大神や天皇を、その「太陽の《子》」と自認する表現において、英仏の王権神授説に基づく絶対専制君主かに悪意をもって擬《なぞら》える。が、両者はまったく異次元。「俺様は太陽神だ」と「私は太陽に仕える《みこ》」とは、対極的な思想。「太陽から生まれた《子》」ではなく「太陽に仕える《子》」だからだ。前者は、王の権力を抑えるものがその上位に存在しない政治制度だし、後者では「仰ぎ見る太陽など、人智では不可思議なものへの畏れや謙抑が、政治権力をみずから制限する」政治制度となる。

コーク〝法の支配〟を凌ぐ〝祖先の支配〟は、天照大神「鏡教」が源流

さらに、八咫鏡が、わが日本国の祖先崇拝教の中核をなしている重要な根本政治原理を、日本国民は決して軽視してはならない。天孫降臨に当たり、天照大神は「これの**鏡**は、もはら我

が御魂として、わが前を拝（いつ）くがごと　斎（いつき）まつれ」（注5、127頁）と命じている。「祖先を敬え」ではなく、「祖先を神と崇めよ」である。

　この「祖先を神と崇めよ」は、民俗学的には祖先崇拝教だが、憲法学的にはコーク卿の〝法の支配〟と同列か、それ以上の大哲理。〝法の支配〟の〝法〟を〝祖先〟に置き換え、憲法理論としたのが、井上毅が起草した明治憲法のお告文（おつげぶみ、表2）。

　井上毅が起草した明治憲法「お告文」とは、上記「ににぎ尊」への天照大神の神勅「八咫鏡」の近代憲法的な表現。ならば、**「八咫鏡→明治憲法お告文∨コーク卿『英国法提要』」**となろう。

　このお告文は、「明治憲法に定められた明治天皇の政治大権は、ことごとく〝祖先の支配〟を受け、祖先が残した統治の規範に従うものでなければならない」「明治天皇には、みずからの意思による統治の大権は付与されていない」など、皇祖（神武天皇）&皇宗（第二代以降の歴代天皇）&皇考（先帝陛下）の遺訓や統治の洪範あるいは威霊／神佑に従います」との、明治大帝の祖先への誓約宣言。王権

表2；皇祖・皇宗・皇考への誓約宣言の明治憲法「お告文」

1	**皇祖・皇宗**の神霊に告げ白（もう）さく……
2	**皇祖・皇宗**の遺訓を明徴にし
3	**皇祖・皇宗**の後裔に胎（のこ）したまへる統治の洪範……
4	**皇祖・皇宗**および我が**皇考**の慰霊に倚藉（いしゃ）する
5	われ仰（あおぎ）て**皇祖・皇宗**および**皇考**の神佑を禱（いの）り……

神授説とは百八十度逆の思想。この短い皇祖等への誓約宣言「お告文」では、「皇祖・皇宗」が五回出てくる（表2）。

この〝法の支配〟と同じかそれ以上の〝祖先の支配〟という偉大な憲法原理が、天照大神の「天孫降臨時の八咫鏡」を源流としているところに、日本国の偉大な〝自由の哲理〟の輝きがある。八咫鏡、それは我が日本国の〝**自由**〟の淵源であり、日本国の〝**高貴**〟の母胎である。

宗教と軍事で優位の「いつくくに」、人口と米生産（経済力）で優位の「なのつくに」

「奴国　なのつくに　那の津国」が後漢より金印を授与されたのは、紀元後の57年。この57年時点、「伊都国　いつくくに」の分封である、奈良盆地の大和朝廷は、那の津国と（ドングリの背比べに似て）ほぼ同等な国力だったろう。熊襲も出雲も蝦夷もまだ制圧されておらず、日本全国は群雄割拠的な、ミニ国家の分立状態だった。

それからわずか五十年を経た紀元後１０７年、大和朝廷は第五代・孝昭天皇の御代、戦争捕虜１６０人（制圧された播磨国の捕虜）を後漢に献上すべく帯方郡に送っている。「倭《やまと》の国王《くにのおおきみ》」とは、大和朝廷の天皇のこと。

捕虜１６０人を運ぶ大和朝廷の大規模「軍船」団は、博多湾にいったん集結し、ここから壱《い》岐島《きのしま》を目指したようだ。また、このとき、首都「須玖岡本」（福岡県春日市）に侵攻し「那の津国」国王を威圧し服属を誓わせ、その証拠として金印を差し出させたと考えられる。没収品「金印」は志賀島《しかのしま》にポイ捨てした。帯方郡に向かう大和朝廷の正使で軍司令官の「帥」とは、安曇氏のこと。金印ポイ捨て場所に、自分の祖先がかつて住んでいた屋敷跡を選んでいる。

240年頃の帯方郡の記録『魏志倭人伝』では、「皆 **女王国（＝大和朝廷）** に統属す。（大和朝廷からの）郡使（代官）の常に駐（とど）まる所なり」とあり、那の津国が大和朝廷に帰属する一地方にすぎないのがわかる。女王国とは大和朝廷のこと。大和朝廷は対外的には「百襲姫《ももそひめ》（支那は「卑弥呼《ひめみこ》」「女王」と記録）を国家代表（元首）かに偽装し、天皇（第八代・第九代・第十代）を秘匿した。魏の対日侵攻を恐れての、国防上からの賢明な措置（第Ⅲ部第三章で詳述）。

那の津国は、107年以降、大和朝廷に形式的独立も認められず、元・国王が大和朝廷の臣下となり、「那の津国」代官に格落ちさせられただろう。が、この地位すらあっという間に消失し、那の津国は早々と大和朝廷の直接支配地になっている。

さて、大和朝廷の母国「伊都国」。その人口と米の生産量は那の津国に及ばないが、鉄剣の生産量など軍事力では相当に優勢だったようだ。『魏志倭人伝』『魏略』によれば、那の津国の人口は「十万人以上」。伊都国は「五万人以上」（備考）。金印授与の57年は、これより二百年前。

（備考）『魏志倭人伝』記述の一戸当たりの人数を、古代史学界では五名とする。人口学の権威・鬼頭宏は、三〜五世紀の住居跡の調査から、一戸あたり十名とする（注7）。これに従えば、「大和朝廷の国の人口は七十万人」「出雲国は五十万人」「那の津国は二十万人」「伊都国は十万人」。

57年に那の津国が後漢から金印を手に入れ、一方の伊都国が落選したのは、この時の人口／首都の整備の近代性／国土面積などの審査で前者が日本一だっただけでなく、対抗馬の伊都国の主要人材とかなりの若年人口が神武東征で大和盆地に移住してガラガラだったからだろう。大和朝廷の107年の「金印おねだり」は、57年の母国・伊都国が落選した屈辱を晴らす意味もあったろう。

注

1、『古事記　祝詞』、岩波書店、頁数は本文。

なお、「ににぎ尊」の館は、当時の唐津湾東端（現在のJR筑肥線「波多江」駅から北へ徒歩数分）。「この花咲くや姫」の実家（製鉄の工場主）は、今津湾より山側で、JR「今宿」駅の少し南側に比定した。製鉄には膨大な「薪→木炭」が必要なため、蹈鞴《たたら》工場は必ず山林の麓に近い。一つの推定だが、二十歳の「ににぎ尊」と十五歳ぐらいの「この花咲くや姫」は、「ににぎ尊」の館で見合いし、そのまま結婚したと思われる。

この時、「この花咲くや姫」は、JR「今宿」辺りの海岸から父とともに丸木舟で今津湾を4㎞を移動し、その西南端で降り、約1・2㎞を輿に乗り、「ににぎ尊」の館を訪れたと仮定（第一章図1、G）。
2、産経新聞取材班『神武天皇はたしかに存在した』、産経NF文庫／潮書房光人新社、頁数は本文。2016年に出版された産経新聞社刊の単行本の文庫本。
3、「（尾崎秀実に対する）検事尋問調書」『現代史資料2　ゾルゲ事件二』、みすず書房、1987年。
4、『日本書紀』上、岩波書店、頁数は本文。
5、『古事記　祝詞』、岩波書店、1978年、頁数は本文。
6、原田大六『実在した神話』、学生社、251頁、1966年。
7、鬼頭宏『人口から読む日本の歴史』、講談社学術文庫、2000年、52頁。

【附記】史実に基づく正しい伝承、『日本書紀』に基づく創作伝承

A**『日本書紀』からの、百％非・史実の創作伝承**（史実と推定してはいけない伝承）
1、宮崎県にある神武天皇関連のすべての建造物と神社。
2、宮崎県にある「ににぎ尊」降臨関連の名所史跡。
3、鹿児島県にある「日向三代」関連の墓その他の史跡。
4、神武東征軍の熊野から奈良盆地への踏破ルートに関わる史跡。
B**「半分史実　半分創作」**（半・史実）
5、和歌山県にある、難破した神武東征軍の救助エピソード

C史実から発生した、史実でない民間伝承

6、箸墓《はしのみはか》。元は「土師（はし）氏が築造した御墓《みはか》」。これが「土師氏の御墓」となり、さらに「箸の御墓→箸墓」に転訛。ついには「箸で陰《ほと》を衝く」の説話伝承が発生し、日本書紀が採録（紀247頁）。

7、福井県「敦賀」港の由来。元は〝大加羅国から来た大臣〟を意味する「角干　ツヌカ」。これが「額に角（つの）おいたる人」と伝わり、その下船した港が「角鹿《つぬが》→敦賀」と転訛（紀258頁）。

D伝承が、即、史実（伝承の90％以上が史実）

8、福岡県、壱岐、対馬、山口県穴門（下関）、に残る仲哀天皇・神功皇后の行幸伝承。

第三章

邪馬台国《九州》説を粉砕した
〝知の勇者〟
内藤湖南／笠井新也

政治学／歴史学／哲学／経済学などの文系学問は、「一に該博な知識量、二に清澄に気高い倫理道徳的な人格、三にエジソンやアインシュタイン的な理工型直観力」の三拍子が揃っていない者には不適な学問領域である。

戦後日本の文系大学教授は、具備すべき第二条件と真逆の共産革命家が九割を占める。また、貧困な知識しかない〝第一条件〟を欠如するエセ学者が、東大を初め日本全国の大学教授のほとんどを占める。日本の文系の大学学部の八割以上を、早急に廃校に処さねばならない。

特に、歴代の古代天皇〝間接テロル〟効果の特効薬「邪馬台国《九州》説」が、明治時代から今に至るまで消えない異常は、上記〝文系学者の三条件〟に違背する〝クズ人間／ワル人間／アカ人間〟が、日本の歴史学者や考古学者のほとんどを占めているからである。

邪馬台国《九州》説は、なぜ大逆事件や部落解放運動と深く関わるのか

支那語「邪馬台国」は、「**やまとのくに**」と訓《よ》む。これ以外の訓み方は不可能。極左「反日」革命勢力は、良心がないから、共産党の〝言葉殺し logocide 訓み〟「ヤマタイコク」を、今なお、宣伝し続ける。学校教科書もそうなっている。

大和朝廷〝抹殺〟が目的の「邪馬台国《九州》説」を粉砕して一掃しなければ、日本国は滅

ぶ、と考える正常な日本人が一人もいない。日本国民は、天皇を奉戴できる光栄を祖先から相続して、生をこの日本に受けた。〝歴史の共同体〟日本の国民なら、歴史の真実を守り抜くに、命などなんぞ惜しかろう。記紀を護持するに、命を鴻毛の軽きに置こうではないか。

邪馬台国《九州》説は、初めから破綻している。邪馬台国《九州》説に魅かれる日本人は、IQが三歳児に及ばないだけでなく、日本人として不適格な狂気が人格となった非人間であろう。以下、これら反日「極左」学者を列挙する。

(1) 福岡県**山門**郡や熊本県**山門**郷の「やまと」を、「と」の発音がまったく異なる別の語彙「**大和**＝山処　やまと」と同一視する、久米邦武／白鳥庫吉／橋本増吉などは、明白な学者失格で学者以前。「弥生時代の日本人は85音、平安時代以降の日本人は51音」も知らない者を学者と言わない。白鳥庫吉は、皇室憎悪感情をちらりと垣間見せる〝隠れ共産主義者〟の走り。

(2) 天皇制廃止論者のマルキストで〝部落解放同盟のイデオローグ〟喜田貞吉《きたさだきち》は、七世紀の「福岡県山門郡の女山の神籠石《こうごせき》遺跡」を〝三世紀の邪馬台国の遺跡〟だと、四百年間も歴史を錯誤する狂説を1902年に発表した。〝天皇制廃止のコミュニスト〟久米邦武は、同年ただちに、この〝超アホバカ〟喜田説を絶讃。両名は、天皇制廃止でタッグマッチを組む極左。

久米邦武の『日本古代史』（1905年）を読んで幸徳秋水の大逆事件に加担し処刑された者に、森近運平／宮下太吉／内山愚堂がいる。コミュニスト石川啄木も、熱烈な久米邦武ファン。

久米の『日本古代史』は、中江兆民のルソー翻訳本と並ぶ、明治時代の天皇制廃止バイブル。

(3)榎一雄『邪馬台国』は、1966年に出版され大いに売れた。私の書庫に、学部在学中に買った、紙が黄色に日焼けしたのがある。余りに突飛で読むに堪えず、パラパラめくっておっぽり投げたようだ。白鳥庫吉の弟子・榎一雄は、東京大学文学部教授。このとき、「こんな〝狂〟教授に給料を支払うのは税金の無駄使い！／文学部など廃止すべき！」と怒った記憶がある。津田左右吉だけでなく、白鳥庫吉の門下生は皆、赤い猛炎を立ち昇らせている。

榎一雄の狂説は、こうだ。魏志倭人伝が伝える〝大和盆地までの距離〟を、伊都国を円の中心に据え各地を放射線状に配置すれば、倭人伝にある日本列島の各地名はすべて九州にあるから、邪馬台国は九州なのだ、と。「帯方郡から伊都国までを直線コース。伊都国以下を放射線コースに解すると、倭人伝に出てくる三十国がすべて九州に置かれる」(注1)と、〝大和盆地までの距離〟大改竄のオン・パレード。邪馬台国《やまとのくに》を〝実質抹殺〟するための悪意ある暴論。

大阪や秋田や新潟を東京からの距離で言う場合があるが、それは東京が首都だからである。

一方、魏帝国は、日本の統一国家・大和朝廷を「邪馬台国《やまとのくに》」と表記し、「その都に君臨する女王・卑弥呼《ひめみこ》」に朝貢の見返りに高級な品々を贈った。が、榎一雄は、奈良盆地に首都がある「邪馬台国」の、その(百襲姫の政庁と神宮がある)纏向《まきむく》ではなく、伊都国を〝日本の首都〟にデッチアゲる。榎一雄は、精神病院を脱走して東大で授業していた。

（4）その他の邪馬台国《九州》説プロパガンディスト。津田左右吉の〝人民の天皇〟奉戴論は、天皇制廃止と同一。天皇制廃止一色の井上光貞は日本共産党員。安本美典は共産党員・南博の愛弟子。安本美典は〝歴史捏造病の重症者〟で「卑弥呼は天照大神」だと吹聴したり、高天原・日向三代・初期天皇の歴史を、四百年間分ばっさり抹殺。以上の極左人士が表1左欄。

内藤湖南の「邪馬台国は大和朝廷」、笠井新也の「卑弥呼は百襲姫」

「邪馬台国《九州》説」が全く成立しないのは、以上のわずかな例示でも一目瞭然。日本の学界は、日露戦争終了の翌1906年に、江戸時代の武家階級の子弟が一気に引退すると同時に、極左一色が基調となった。薩摩と長州の明治維新は、日本を真赤な土壌に革命していた。

日本古代史の歴史の真実を復権させなければ、日本の国家死滅は避けられない。日本の古代史学界を、〝歴史の真実〟「邪馬台国は《奈良盆地を首都とする大和朝廷の国》」説に満ち溢れさせねばならない。このためには一般国民が、どの学者がどんな説を唱道したかを知ること。表1を熟知することは、日本人の最小限の義務。そこで、表1右欄を、以下説明。

天皇制廃止一色に日本が染まらんとする明治時代末、保守で〝学者の中の学者〟が剣を抜いた。内藤湖南。彼の論文「卑弥呼考」は、1910年、雑誌『藝文』に三回に分け発表。この

表１；（本居宣長グループを除き）九州説の多数は天皇制廃止勢力

邪馬台国《九州》説	「邪馬台国は《奈良盆地が首都の大和朝廷》」を主張した正常な学者
・久米邦武、red ・喜田貞吉、red ・白鳥庫吉、pinko ・津田左右吉、red ・橋本増吉、アジア主義 ・榎一雄、“狂人”学者 ・井上光貞、red ・安本美典、red ※ pinkoは、GHQの反共グループが「共産主義シンパ」を指す言葉として造語。	・内藤湖南；畿内説の立役者。中川八洋「107年の後漢への朝貢は大和朝廷」説は湖南が嚆矢。「内藤湖南→中山平次郎→中川八洋」の系譜。 ・笠井新也；正解「卑弥呼＝百襲姫」の第一号。抜群の直観力。 ・中山平次郎（1931年）と和辻哲郎（1939年）については、附記参照。 ・肥後和男；古代史学界で稀有な皇室尊崇派。が、津田を学者として尊敬する鵺《ぬえ》。 ・原田大六；共産党員だが、唯物論拒絶で反・津田左右吉。しかし、津田型の歴史抹殺もする。一貫性が無く功罪相半ばする中山の愛弟子。 ・高城修三；反・津田左右吉で歴史好きな、“憂国”の芥川賞作家。

論文は古代史学界を一撃。一時期、「邪馬台国は大和朝廷の日本国を指す」派が絶対多数説となった。この傾向は「邪馬台国《九州》」説の白鳥庫吉がいる東大でも同じだった。

　それから百年を経た、今日の日本。「邪馬台国は大和朝廷」派は、絶対多数から転落し、「邪馬台国は九州」派と互角。なぜ、こうなったのか。古代史学界を支配する日本共産党（＝世界最大の最凶カルト宗教団体）が、歴代古代天皇（＝記紀）を〝間接テロル〟する「邪馬台国は九州」説の自然消滅を拱手傍観《きょうしゅぼうかん》するはずはなく、記紀を〝直接テロル〟する〝記紀《罵詈讒謗》学者〟津田左右吉／井上光貞／直木孝

表２；1931年、仮に次の本『邪馬台国は大和朝廷、卑弥呼は百襲姫』が出版されていたら、津田左右吉の神格化はありえただろうか

第一章　内藤湖南『卑弥呼考』（1910年）　＊『内藤湖南全集』第七巻
第二章　内藤湖南「倭面土国」（1911年）　＊『内藤湖南全集』第七巻
第三章　笠井新也「卑弥呼すなわち倭迹迹日百襲姫命」（1924年）
第四章　笠井新也「邪馬台国は大和である」（1922年）
（第五章　笠井新也「卑弥呼（百襲姫）の冢墓と箸墓」（1942年））
第六章　中山平次郎「邪馬台国および奴国に関して」（1931年）
附章　那珂通世『上世年紀考』（1897年、注２）

次郎／水野祐らを、「記紀〝文献史学〟の泰斗」とか「専門家」だとかの偽イメージで包む、悪質な偽情報宣伝を五十年以上にわたり行ったからである。

内藤湖南に続いて、笠井新也の1924年論文「卑弥呼すなわち倭《やまと》迹《と》迹《と》日《ひ》百《もも》襲《そ》姫《ひめ》命《のみこと》」は、〝大正コミュニズム大繁茂〟時代の古代史学界への痛打となった。が、1926年に入ると、日本はさらに赤化。スターリンの工作で〝日本中が共産主義一色〟になったからだ。スターリン語「皇国史観（「マルクス史観」や「レーニン史観」と同義）」「国體明徴（スターリン型独裁体制に日本を改造すること）」が日本全体を覆い、保守は（昭和天皇お一人を除き）窒息死させられた。

私が、1926～31年頃の日本にタイムスリップしたら、六論文の本を急ぎ出版していた。今、愛国者の日本人がいるなら、表2の七論文からなる本（表2）を至急、出版されたい。この七論文とも、現在、著作権法の対象外である。

【蛇足】

内藤湖南の論文の中に、マイナーなミスが三つある。第一。卑弥呼を「百襲姫」とせず、六十年ほど後の「倭姫命」に比定。が、これは笠井新也の論文が訂正。第二。魏志倭人伝の「投馬国」を、周防国の佐婆郡玉祖郷に比定。これまた、笠井新也が正しく「出雲国」に訂正。第三。魏志倭人伝の「男弟」を景行天皇に比定。「百襲姫」とすれば、必然的に第八代・孝元天皇／第九代・開代天皇／第十代・崇神天皇が「男弟」に相当。が、これらのミスは、問題にする事柄ではない。

内藤湖南には敵陣に斬り込む真田幸村のような古武士の風貌と精神を感じる。一方、笠井新也には〝発明の天才〟エジソンと同種の閃きがあり、ただただ驚愕。内藤湖南／笠井新也を、中山平次郎／那珂通世と併せ、〝記紀を守った四天王〟と呼ぼう。真正な日本国民は、この四名の御霊の一部を核弾頭に詰め、共産党員の津田左右吉／井上光貞／直木孝次郎らにぶち込もう。

公孫氏(日本と親密)を滅ぼし、帯方郡を創設した魏の対日侵攻を恐れた大和朝廷

私が考古学者・笠井新也に敬意を払うのは、私と結論が同じだからではない。笠井新也が、史書を濫《みだ》りに「訂正」しない〝史書尊重主義〟を墨守する、その学術態度に対してである。例えば、『魏志倭人伝』の「水行十日。陸行一月」を、日本の多くの古代史学者は、「水行十日。

陸行一日」などに、恣意的に〝改竄〟する。

が、これら「古代史学者」は、「伊都国→大和朝廷」の道程は、最短の瀬戸内海ルートを通るはずとの先入観を絶対前提にしている。「《河内湖上陸→纏向の卑弥呼『政庁』》には、丸一日あれば十分」との、もっともらしい屁理屈をつけての〝デタラメ改竄〟。が、私からすれば、〝無知無学〟の痴れ者の暴言。

一方、笠井新也は、（山田孝雄とともに）例外的に、このようなバカげた屁理屈をこねた嘘改竄をしない（注3）。「水行十日。陸行一月」通りに読み、魏が掌握した「伊都国→大和朝廷の都」ルートを探索する。まず笠井は、「不弥（ふみ）国は、福岡県福間町（津屋崎）」「投馬国は、出雲の国」と正しく比定した（図1）。この比定なら、「不弥国→出雲国」は二十日かかり、正確（山田孝雄の論文は、注4）。

次に笠井は、この出雲から敦賀までを上記の「水行十日」、敦賀から大和朝廷の都までを「陸行一ヶ月」とした。素晴らしい。難解な数学の問題を解いたときの爽快感が私を襲う。なお、正しくは「敦賀」でなく「舞鶴」であるが、笠井のこのミスはマイナー。問題とするものではない。

さて、今日、笠井説を支持する古代史学者は、意外に少ない。日本の古代史学者のほとんどは、性悪な無知無学のナラズモノで共産党員。

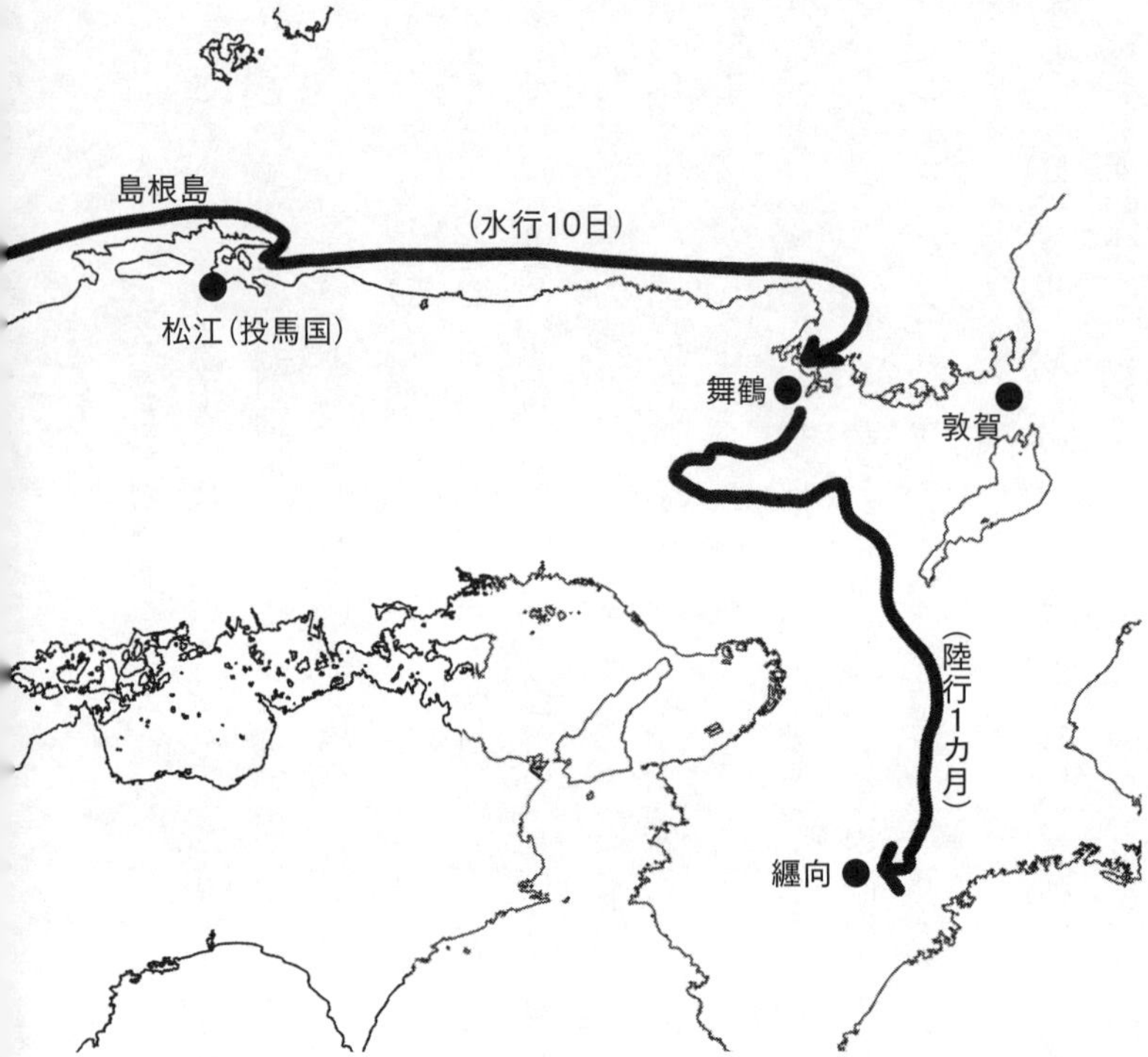

念のため付け加えるが、敦賀から奈良盆地までの陸路は、三世紀でも、ある程度整備されており、急げば十日間で可能。なのに、**支那人の行程では**（十日間を）**一ヶ月かかる**のは、敦賀でなく、舞鶴で下船させ、山中を〝グルグル遠回り〟させたからである。

　このコースの比定に成功した論文が、滋賀県安土城考古博物館の学芸員の北村／阿刀／大橋の三氏によって２００４年に発表された。この三氏は、来日支那人と

図１；笠井新也「発見」の支那人「大和」訪問ルート（三世紀半ば）

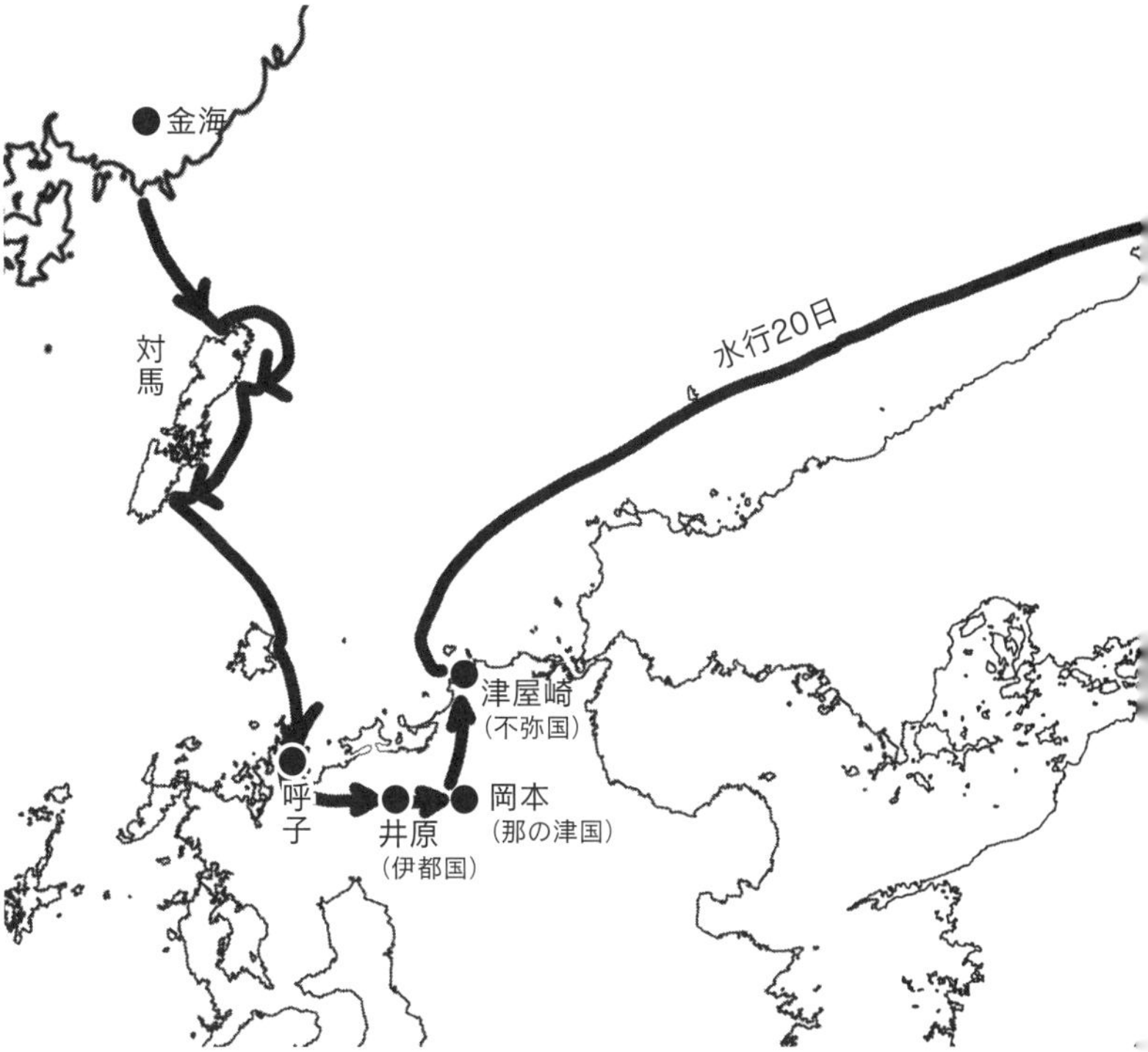

は特定していないが、敦賀でなく舞鶴で下船した者が、山中をぐるぐる回るコースで奈良盆地に入る道を特定した（図2）。

（1）大和朝廷は国防の観点から、魏帝国の支那人たちに、**瀬戸内海を決して見せない**外交方針を堅持。**瀬戸内海とは、大量の兵力を大阪湾／奈良盆地に急派**projection**できる高速道路。**訪日する魏の支那人すべてに対し、（「大規模軍隊が容易に踏破できるルートではない」を連想させるため）大和朝廷

図２；日本海側から大和への陸上ルート（出典は注５）

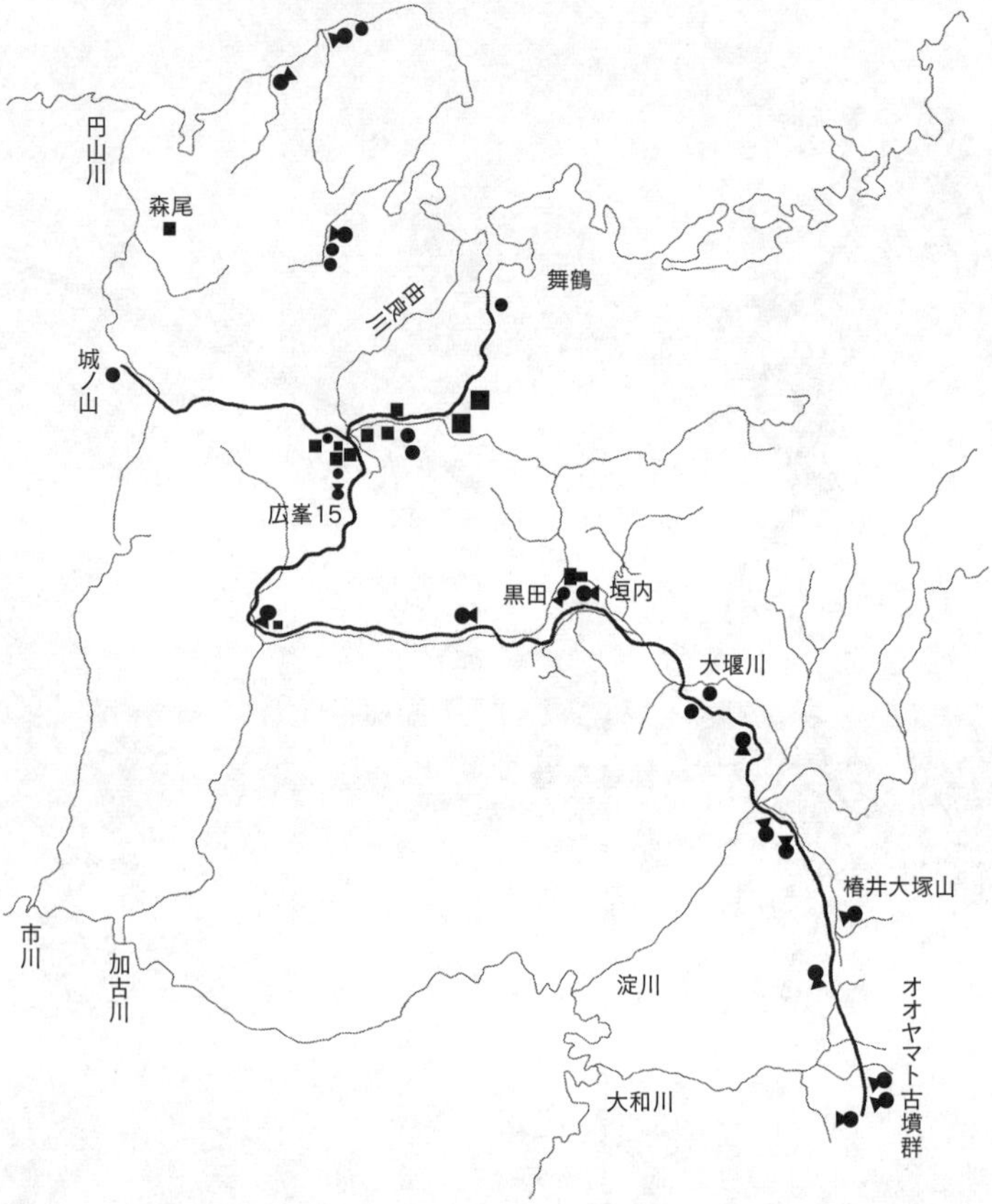

は「大和朝廷の都に行くには、近くの港（舞鶴）で下船したあと、山道を一ヶ月もかけて歩かねばならない、それほど大変な道程です。貴使節団を大和にお招きできないのは、この理由です」と、真赤な嘘を刷り込んだ。この刷り込み方法は、伊都国に上陸した支那商人／（染色・織物・建

築などの）支那技術者を、三十年以上かけ、一人残らずこの峻険ルートで奈良盆地に送迎し体験させればいい。これら支那商人／支那技術者は、魏帝国への密告者（informant）になる。大和朝廷は、第七代・孝霊天皇から第十四代・仲哀天皇まで、この刷り込みに手抜きしなかった。国防上のこの支那人騙しを不必要だと、中止したのは、神功皇后。

（2）〝遼東半島の雄〟公孫氏は、後漢の気息奄々の衰退に乗じ（後漢の滅亡は220年）、楽浪郡の南に自分の富を蓄積すべく〝新・植民地〟帯方郡を設置した（204年）。大和朝廷の朝貢相手先は、楽浪郡から帯方郡の管轄に移行した。日本の〝外交上の宗主国〟は、後漢ではなく公孫氏になった。この日支関係は、親日の公孫氏が魏帝国に滅ぼされる238年まで続いた。

が、「燕王」と称した公孫氏は、238年、魏帝国の四万人の大軍に攻められ、あっけなく滅んだ。帯方郡は魏の直轄領土になった。この事態は、三十年間以上（204年〜238年）も公孫氏の「臣下」であった大和朝廷を、処罰として滅ぼしてもよい〝強大な軍事大国〟魏帝国が、忽然《こつぜん》と日本の眼前に現れたことになる。

（3）第九代・開化天皇は、〝公孫氏滅亡ショック〟の翌239年6月、慌てて伯母の百襲姫を〝偽装の国家元首〟にし、帯方郡に全権大使「難升米《なしめ》」を送り、魏に朝貢する「魏の臣下」になりたい旨を懇願した。回答は思いのほか上出来で、魏の明帝に謁見できた上に（239年12月）、〝偽装の国家元首〟百襲姫が「親魏倭王」に認められ、金印紫綬まで授与された。

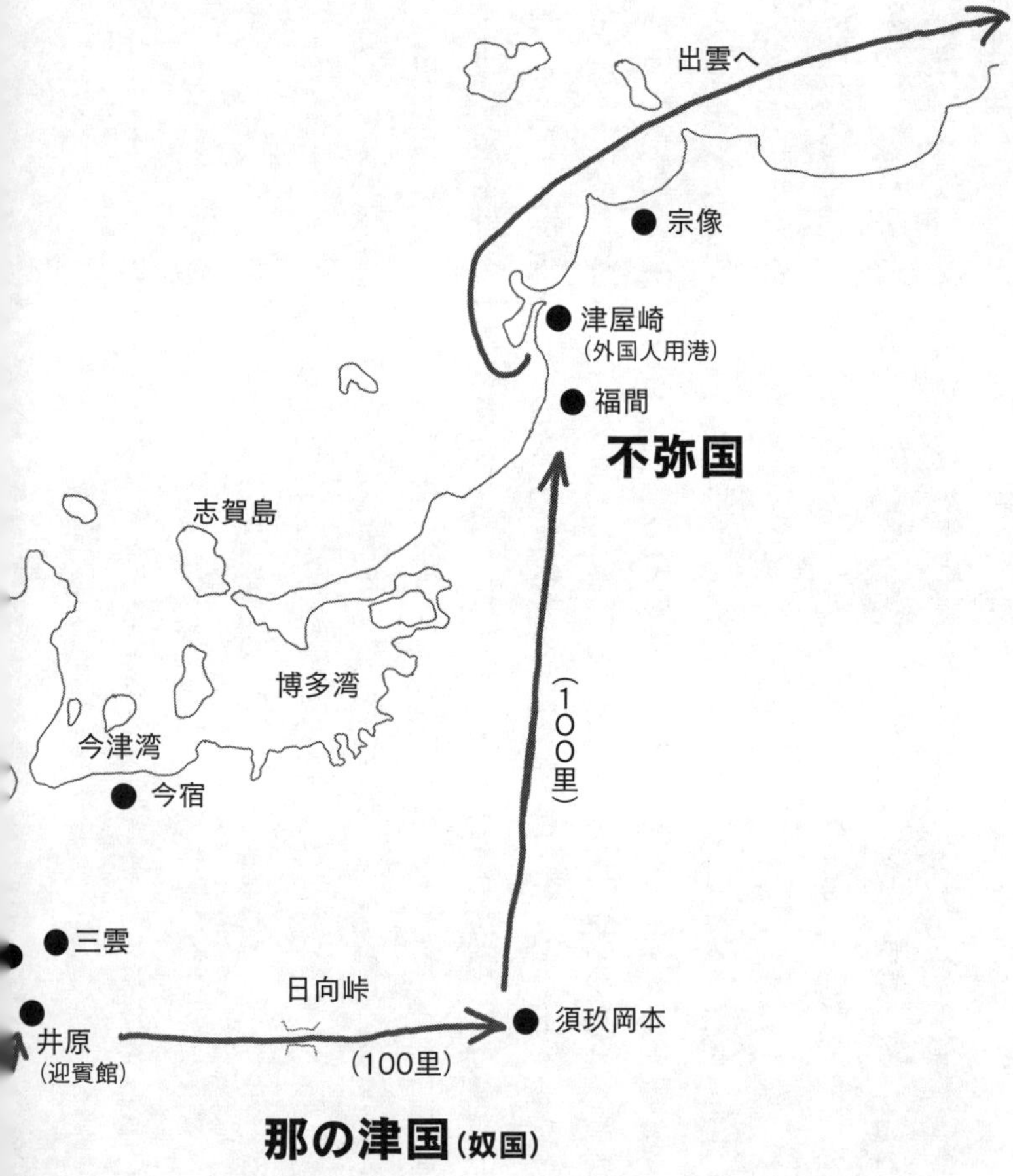
出雲へ
宗像
津屋崎
（外国人用港）
福間
不弥国
志賀島
博多湾
今津湾
今宿
（100里）
三雲
日向峠
井原
（迎賓館）
須玖岡本
（100里）
那の津国（奴国）

図３；大和朝廷は、「呼子→井原」３日行程を、なぜ５日にした？

(「100里」は距離ではない。季節５月頃の午前６時〜午後６時の丸一日行程を指す)

（4）魏は、240年と247年、日本に特使「梯儁《ていしゅん》」と「帳政《ちょうせい》」を送ってきた。議論すべき歴史学上の問題は、「大和朝廷はなぜ、両名を伊都国の迎賓館に留めて奈良盆地に迎えなかったか」。この理由は明快。「松浦半島の呼子から奈良盆地に至るルート、「特に、瀬戸内海を知られたくなかった」からだ。それほど〝公孫氏が魏に鎧袖一触で滅亡したショック（魏が対日侵攻するかも知れない恐怖）〟は大きく、幕末の黒船四隻以上の余震が大和朝廷を覆っていた。

おそらく第七代・孝霊天皇が180年頃から徹底的に実行してきた、（奈良盆地にどうしても入れる必要のある）支那人には送迎の監視要員をつけ、「松浦半島の呼子→伊都国→日本海→出雲→舞鶴→奈良盆地」を彼ら専用のルートとした、数十年に及ぶ用心深さが功を奏し、スパイを兼ねて来日した、魏の特使「梯儁」「帳政」の両名は、瀬戸内海ルートを探索できなかった。瀬戸内海の存在を知ることができなかった。（山田孝雄とともに）笠井新也が、『魏志倭人伝』の「大和へのルート」を〝日本海廻り〟に正しく比定したのは、彼が本当の古代史家だからだ。

大和朝廷が支那人に秘匿したのは、瀬戸内海だけではない。魏の大軍が日本を侵攻・占領する際に、必ず上陸地点とする唐津湾と博多湾も秘匿した。だから、迎賓館のある糸島市井原（仮定）までの、呼子から三日間（「300里」）の陸路コースを五日間もかけ、魏の特使をグルグル引き回している（図3）。「500里」としているからだ。魏の支那人は、季節5月頃の丸一日の徒歩行程を「100里」とした。つまり、「100里」は、距離を標記していない。

さらに、唐津湾と今津湾と博多湾を見せないために、三雲と有田平原より南側の井原に、迎賓館を設置したと考えられる。また、外国人専用の港を津屋崎（福間町の北側）に造り、支那人が専用船以外の多数の日本人船乗りに遭遇し、さまざまな情報を入手することがないようにした。福間町（津屋崎）に行くにも、わざと井原から春日市の須玖岡本〝経由〟にしている。大和朝廷は、①唐津湾　②今津湾　③博多湾　④瀬戸内海が、支那人に絶対探知されない、そのようなルートをあてがっていた（図3）。

『魏志倭人伝』が記す行程は、魏の、日本侵攻時の〝大和制覇〟ルートの諜報記録

魏の特使が伊都国〝逗留〟に合意し、大和盆地の「女王」謁見を強硬に要求しなかった理由は一つしかない。謁見すると、安全帰国の呼子出航「最悪でも8月下旬」が無理になるからだ。仮に魏の特使が大和「訪問」を強行すれば、〝「不弥国↓投馬国」の二十日間＋「投馬国↓舞鶴」の十日間＋「舞鶴↓纒向」の陸行一ヶ月〟で合計二ヶ月。「伊都国↓不弥国」の往復四日間もあるから、呼子に戻るに最低「四ヶ月＋一週間以上」かかる。これに〝百襲姫の都〟纏向滞在十日間を加えれば、来日時の井原の迎賓館到着が5月下旬なら、呼子から帯方郡への帰国開始は10月半ば以降。玄界灘の海は荒れ、韓半島の金海《きめ》に無事に辿り着けない危険が極めて大。

魏の特使は、日本側には自分たちだけの往復には（江戸時代の早馬制度のような）時間短縮の方法があり、大和朝廷官吏の宅配便的な往復を信頼した方が、二ヶ月後には「女王」からの返答をもらえて、遅くとも8月上旬までには帰国の途につけると判断したようだ。すなわち、『魏志倭人伝』が記録する〝行程にかかる日数〟等は、彼らの旅行スケジュール検討用の資料であった。魏の特使に、「伊都国↑↓大和」往復にかかる日数を、二倍以上に誇張し信じ込ませた第九代・開化天皇の巧緻な〝騙し外交〟は、日本国民なら拍手を二十分間ぐらいして敬意を払うべき。国防とは、軍事力以上に防諜力（情報漏れ防止）こそ筆頭である。

ところで、笠井新也論文には、重大な舌足らずがある。投馬国を出雲国に比定したのは、学的に偉業。だが、「出雲国と大和朝廷とは犬猿の仲で、出雲の国に外国人専用の宿泊所など造れるはずがない」との反論に対する再反論を書いていない。実際にも、景行天皇や日本武尊《やまとたけるのみこと》の御代まで、大和朝廷は出雲国と全面戦争をしていた。

すなわち出雲国が、第七代・孝霊天皇の御代から大和朝廷に服属した**東・出雲国**と、第十二代・景行天皇の御代まで大和朝廷に叛旗を翻し続けた**西・出雲国**に分離していた歴史を、笠井新也は明快にすべきであった。島根島を含め、出雲国の東三分の二が親・大和朝廷派、西三分の一が反・大和朝廷派（図4参照）。

例えば、崇神天皇は、紀元後250年（備考）、西・出雲国の雄「振根　ふるね」を誅殺して

図４；大和への支那人の海上の道（三世紀の島根島）

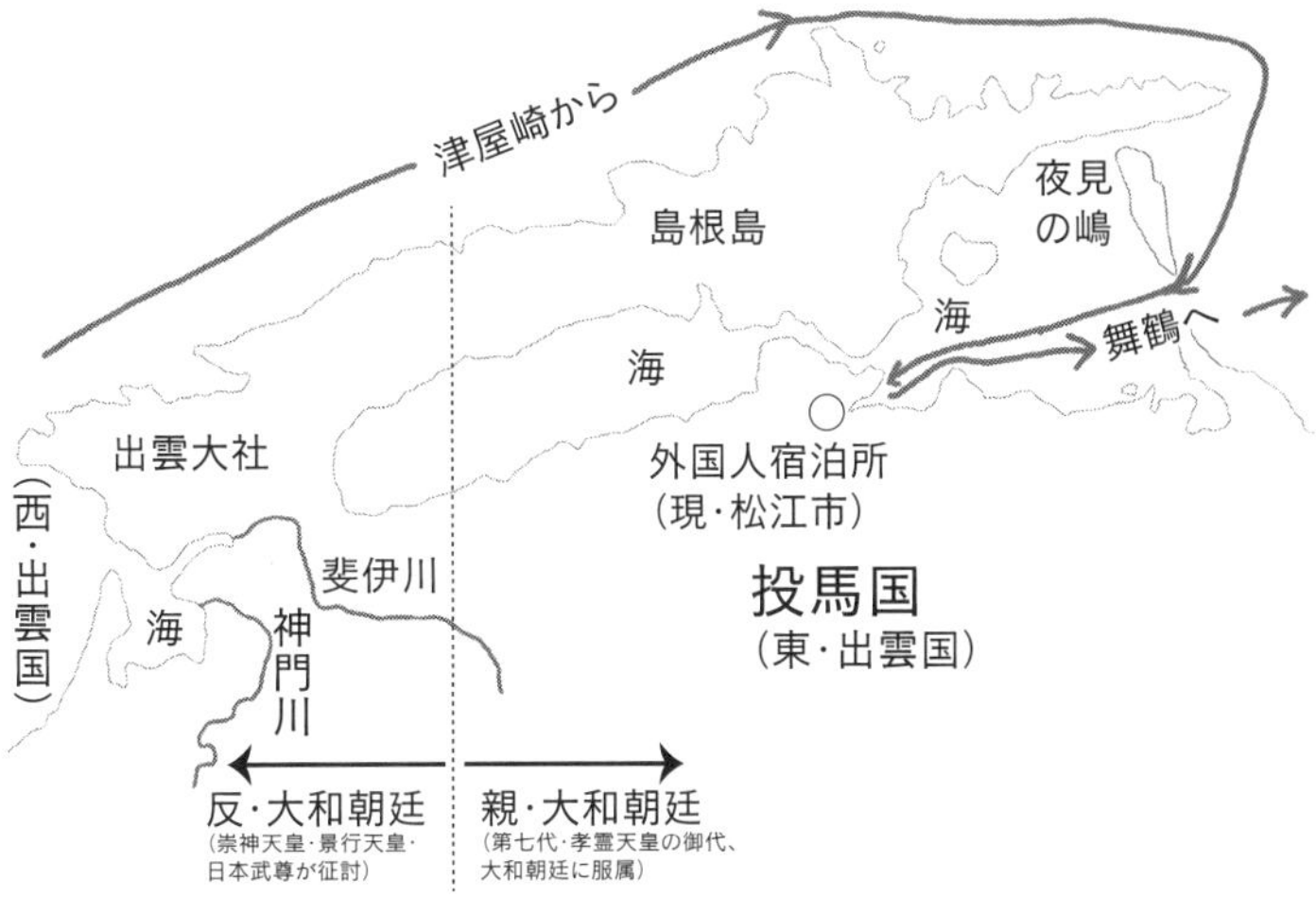

いる（紀250～2頁）。西・出雲国は、鉄剣の一大産地で、大和朝廷に対し単独でも高い戦闘能力を有していた。一方、東・出雲国は、吉備国と仲が良く、紀元後180年頃には大和朝廷の支配地になるのを受容した。前方後円墳が東・出雲には多くあっても、西・出雲にはない事実も、出雲が東西でまったく異質な歴史発展したことを如実に物語っている。

（備考）振根〝誅殺〟は崇神60年。崇神天皇の崩御68年の八年前。崇神天皇の崩御は258年と確定できるから、八年を引けば250年。なお、崇神天皇の崩御年を318年だと、六十年間ずらす〝お粗末〟歴史学者が多い。『魏志倭人伝』『三国史記』と整合するのは、「崩御258年」のみ。

〝偉大な史書〟記紀を尊敬し修理保守する日本の学者――内藤湖南と中川八洋

私（中川八洋）の古代史学は、学識は大幅に劣るが、基本的な学問方法は碩学の内藤湖南に酷似している。湖南も八洋も、記紀に対し襟を正して、記紀を尊敬しその護持を絶対とする。両者は、記紀の生命を再活性化し永遠にすべく、**記紀を修理する**ことを旨とする。

また私（中川八洋）は、津田左右吉の真赤な暴論「記紀は編纂者の述作」を断固〝否定〟すべく日本国民は剣を抜けと檄を飛ばすことを通じて、坂本太郎が学者として逃避すべきでなかった、〝反・歴史学の狂人〟津田左右吉に対する学的〝糾弾〟を、坂本太郎に代理し実践している。坂本太郎については、第Ⅲ部第一章で詳述。

前者の内藤湖南だが、具体的事例を挙げる。内藤湖南は、明治日本における邪馬台国《九州》説の異様な大流行に抗して、「『日本書紀』に戻れ！」の趣旨にほかならない、邪馬台国《大和朝廷》説を展開した。明治がまさに終わらんとする1910年だった。

内藤湖南は、自分の邪馬台国《大和朝廷》説で、〝間違い〟「卑弥呼は、垂仁天皇の皇女・倭姫命」としたから、近視眼的な観察では、「卑弥呼＝神功皇后」を示唆する『日本書紀』（神功皇后紀66年）を否定しているかに見える。が、内藤湖南も『日本書紀』も、『魏志倭人伝』の卑弥呼は「大和朝廷の枢要な女性皇族」とすることで同一立場にある。実際にも、内藤湖南は『卑弥呼考』の冒頭で、「（日本書紀が）卑弥呼を神功皇后なりと信じたりと断ぜんに何の碍（さまた）げかあらん」と宣言している。

極左「反日」勢力が面白おかしく騒ぎたてる、〝古代史学界の赤い阿波踊り〞邪馬台国《九州》説は、日本古代史の真実「探索」が目的ではない。『日本書紀』の信用を毀損して、大和朝廷の神武天皇以来の皇統を抹殺するのが狙い。卑弥呼が、大和朝廷とは別の九州に栄えた「王国の女王」（在位181～248年、薨去の齢八十歳）だとすれば、この三世紀に大和朝廷はなかったことになり、一気に「神武天皇から二百五十年以上の皇統（最低でも九代の天皇）を歴史から抹殺する〝歴史大改竄〞の口実を創れるからだ。

神功皇后は四世紀半ばに実在した天皇相当。それなのに、**四世紀半ばの神功皇后の実在**年を日本書紀が間違って百二十年ほど昔にずらしてしまったのは、〝織田信長を超える軍神〞神功皇后の実在性を疑わしめるし、〝赤い悪魔〞津田左右吉が流した大嘘「日本書紀は編纂者の述作」の傍証ともなる。邪馬台国《九州》説のダーティーな狙いには、これも含まれている。

一方、碩学・内藤湖南のように〝正しい歴史〞「邪馬台国は大和朝廷」を復権すると、神功皇后の実在性も、〝偉大な史書〞『日本書紀』の信憑性も、一気に回復する。内藤湖南の学的功績は計り知れない。

本居宣長の『魏志倭人伝』排斥を、『記紀』排斥に反転させた「邪馬台国《九州》説」

日本の古代史学界は、天皇制廃止の〝反日カルト宗教団体〟共産党に完全支配されてしまい、考古学と支那の史書を歴史探索の信頼できる唯一の方法だとして、記紀を〝単なる参考にすぎない〟に貶《おとし》める。が、歴史学ならば、「記紀こそが、日本国の古代史歴史学の根幹」「考古学と支那の史書は、その補完」とせねばならない。この学的ルールは、一ミリも揺るがしてはならない。この意味で、記紀重視の大学者・本居宣長が、〝支那の史書〟『魏志倭人伝』を中途半端に蔑視した〝不用意な学説〟がブーメラン的な逆効果を生んでしまったのは、実に痛恨の限り。

ファナティックな国学者の本居宣長にとり、「神功皇后、すなわち日本国の大和朝廷が、〝野蛮な西戎《せいじゅう》〟支那の魏帝国に朝貢する」ことなど、あってはならない〝日本国の屈辱〟であった。宣長は、『魏志倭人伝』の卑弥呼を、日本書紀が記載するまま神功皇后だと信じていた。

故に、むかついた宣長は感情を爆発させ、〝突飛な思い付き〟「大和朝廷を偽僭称した熊襲が『邪馬台国の女王（＝神功皇后）からでございます』と触れこんで、洛陽に朝貢し、親魏倭王の金印紫綬を貰った。騙したのは熊襲だ。騙されたのは魏帝国だ。この間、大和朝廷はこの問題の圏外にあって、《日本こそ真正の中国＝中華》として屹立（高貴な独立）性を維持していた」

を、自分の著書『馭戎慨言《ぎょじゅうがいげん》（〝野蛮な西戎〟支那帝国を制馭する概論）』（初稿1777年、刊行1796年）に書き込んだ。が、これ、一種の邪馬台国《九州》説。しかも、大学者・本居宣長の言説。ために、その後、『馭戎慨言』が、狂説の「邪馬台国《九州》説」を流行させていく。

が、魏帝国を騙したのは熊襲ではなく、痛快にも大和朝廷である。大和朝廷の外交力は、三世紀の時点で、（「外交力の根幹は騙し」だから）世界屈指の水準。七世紀に発揮された天武天皇の外交天才ぶりは、四百年前の第八代「孝元天皇」／第九代「開化天皇」／第十代「崇神天皇」のDNAを引き継いでいる。大和朝廷の魏帝国騙しを、以下にリストする。

第一。卑弥呼すなわち百襲姫は、第七代・孝霊天皇の皇女にすぎず、天皇ではない。この百襲姫に「親魏倭王」の金印紫綬を授けたのだから、騙された魏帝国は愚鈍の極み。

第二。大和朝廷は国防絶対重視の政権で、魏帝国を信用しておらず、魏使節団を奈良県の大和盆地に招き入れず、伊都国（いつくに）の井原あたりに建造した豪奢な迎賓館に（来日から帰国まで）三ヶ月弱ほど閉じ込めている。「瀬戸内海↓河内湖↓大和川↓纏向」ルートに使節団を招き入れれば、このルートで魏帝国がいずれ大軍を侵攻させるかもしれない、そう恐れて大和朝廷は、この〝ルート隠し〟を徹底した。

第三。魏の使節団は〝神宮の斎宮（斎王）〟でしかない百襲姫を「邪馬台国の女王」だと信じ、天皇すなわち国防軍総司令官の第九代「開化天皇」／第十代「崇神天皇」に気づいていないことが、『魏志倭人伝』から読み取れる。この情報秘匿作戦は、いざ魏帝国が日本に侵略するとき、日本の防衛戦争＝国防にとって決定的に日本有利に働く。「武力に長じない女王しかいない国」と、魏側は慢心すること必定だからだ。つまり、魏の使節団は、国防軍総司令官の開化天皇や崇神天皇の存在にも、大和朝廷が保有する強大な軍事力にも気づいていない。日本側は、軍事能力 capability／軍事態勢 posture 〝隠し〟に、大成功している。

第四。神懸かり百襲姫が仕えた第八代「孝元天皇」／第九代「開化天皇」／第十代「崇神天皇」のうち、後者の二天皇による魏の使節団騙しは、以上に留まらない。相当な嘘話を使節団に刷り込んでいる。「何故、男王でなく女王を擁立しているか」の問いに、「《倭国乱れ、相攻伐すること歴年》。そこで女王・卑弥呼を立てて国内の平定を図りました」「《男王を立てても国中服さず…》。そこで卑弥呼の親族から13歳になったばかりの《豊鋤入姫命《とよすきいりひめのみこと》》を女王にしました」などは、天皇（国防軍総司令官）〝隠し〟のまったくの創り話。が、この嘘話に、帯方郡からの支那人使節団がころりとヤラレタのだから、見事な外交。愉快の限り。

脱線。日本の古代史学者には、秀才は一人もいない。劣悪な劣等生がほぼ全員。このため、彼らは『魏志倭人伝』を正確に読むことはできない。例えば、「黥面文身《げいめんぶんしん》」を「入れ墨　タトゥー」と誤訳する。日本人はシベリアから侵略してきた異民族アイヌであるまいし、弥生時代でも平安時代でも、（江戸時代以降を別とすれば）「入れ墨」文化をまったく有さない。主に漁労を営む弥生時代の日本人男性は、サメや大魚の攻撃を避ける呪文効果を狙い、顔面や身体に塗料を塗りたくる「**塗色　ボディ・ペインティング**」をした。宗像地方の名前も、その漁民が胸に〝方形の塗色〟をしていたことから生まれている。日本人の半分を占めていた漁民が好んだのは朱色。平安時代以降の日本の仏教界でも（呪いから身を護るため）墨で経文を身体に描くことが多かったが、これも「塗色」。「入れ墨」ではない。

話を戻す。魏の使節団は、来日前も来日中も、相当数の支那人の情報提供者（密告者）を駆使して、大和朝廷の奈良盆地の都を探査したはず。『魏志倭人伝』記述の行程数字も地名も、彼らのスパイが報告した記録である。日本人からの情報は、ほぼゼロ。

大和朝廷も、帯方郡からの支那商人・技術者（製鉄や鉄製品づくり／絹織物生産／染色／大型建造物の建築など）を、大和盆地に入れる場合は、朝廷派遣の監視要員をつけて、厳格に「日本海廻り→舞鶴下船の陸路」にしていた。魏帝国の使節団が『倭人伝』に書き留めた、三世紀前半の「百襲姫＝卑弥呼」関連情報は、これら支那人からの情報。大和朝廷からではない。

だが、これら支那人やその子孫たち（臨時諜報員）が、大和盆地の現場を直接観察しても、どうしても解せない事象があった。第七代／第八代／第九代／第十代天皇の御所・宮殿（皇居）の方が小さくみすぼらしく、この皇居近くに並び立つ「斎宮」（百襲姫）の祭殿（神宮）や政庁の方が豪奢で、前者の十倍以上という広大さ。

我々日本人は、京都御所の小ささと伊勢神宮の巨大さから、祖先崇拝教とはこのようなものだったのかと理解できる。が、〝政治権力は、即、宮殿の規模に比例する〟支那帝国の人々には無理。これも決め手となり、上記四代の天皇のうち、後者の二天皇は、魏使節団に〝外国人騙しの嘘〟「百襲姫＝国家元首」を刷り込むことに成功したようだ。

話を本居宣長に戻す。本居宣長にとり、〝記紀は押し戴く最高の史書〟だが、『魏志倭人伝』は〝穢れた蛮族〟支那人の戯文。が、『馭戎慨言』から百五十年以上が経った、大東亜戦争破綻の1945年8月以降、日本の古代史学界は、「『魏志倭人伝』こそ日本国の歴史を語る最高の史書」「記紀は参考程度にチラ読みしかしてはならない嘘満載の歴史小説」を、〝学界の絶対ルール〟にした。本居宣長の評価基準を、百八十度逆に転倒したのである。邪馬台国《九州》説は、この転倒を維持するに効能抜群。共産党系煽動家の安本美典などは元気百倍、邪馬台国《九州》説を煽り続けた。

記紀も『魏志倭人伝』も、我々日本人が等しく尊敬して大切にすべき史書。学問の世界において、両者に差別の物差しを入れる必要はない。このためにも、邪悪な意図からの〝反・歴史〟邪馬台国《九州》説は、徹底断罪して死滅させねばならない。

笑止な邪馬台国《東遷》説——首都の国内移転はあっても、国家〝丸ごと〟移動は無い

私が初めて奇々怪々な「邪馬台国東遷説」を知ったのは、井上光貞の『日本の歴史1　神話から歴史へ』（中央公論社、注6）を読んだ時で、1965年。本郷の三年生だった。「東大の文系教授は赤い上にアホバカばかり。井上光貞は、この典型」と心底から驚いた。それ以上に「国家が移動する」など、どんな頭なら発想できるのか、と不思議でならなかった。

神武天皇の東征のように人間は移動するが、国家は万が一にも移動しない。伊都国が移動し大和朝廷の日本国になったのではない。伊都国**人**の神武天皇が大和に入り日本国を建国した。

数千年の人類史に国家の移動は一例もない。このことは、米国を思い浮かべれば簡単にわかるはず。米国は、英国から移住・植民した英国**人**が数百年かけ、1789年に建国した。英国という国家が移動したのではない。英国は米国が建国されても昔のままで、現在も大ブリテン島。オーストラリアも、英国が移動したのではなく、英国**人**が豪州大陸に移動した結果。

国家の膨張や分国は、このように〝人の移動〟によって発生する。ロシアは1480年に蒙古のキプチャク汗国に〝婿入り〟し（備考）、モンゴル帝国を後継するモスクワ公国（現在のモスクワの中心部だけの小さな領域）という国家をスタートさせた。その後のロシア**人**は、チンギ

ス・カンを継ぐ完全な十三世紀蒙古人に自分たちの人格を改変し、（支那人を除けば）世界最凶悪な膨張（侵略）民族文化を大爆発させ、その人口増加分を東に西に南に移動し続けた。

（備考）ロシア初代皇帝のイワン雷帝は、血統では「モンゴル人の血が八分の七、父系のロシア人の血が八分の一」。母も祖母も純血のモンゴル人。イワン雷帝の妻もまた純血のモンゴル人。イワン雷帝は、宮廷内の日常ではモンゴル服／モンゴル語だった。

ロシアは、この膨張文化を発揮して、1945年から日本の〝固有の領土〟樺太／北方領土・千島諸島を不法占拠（＝侵略）し、今に至っている。ロシア国は、モスクワ等のロシア欧州部をフィンランドやスウェーデンに割譲して、極東に引っ越してきたのではない。

話を日本の古代史に戻す。**邪馬台国**《やまとのくに》とは、伊都国人の神武天皇が、紀元ゼロ年前後、伊都国から大和に移動して建国した〝**大和朝廷の日本国**〟のこと。それ以外ではない。伊都国は引っ越しなどしていない。伊都国は、『魏志倭人伝』の三世紀、その国王は大和朝廷に仕える一官吏になったが、外形上は四〜三百年昔の、天照大神の高天原の時代のままだったろう。国家は滅ぶことはあるが、引っ越すことはしない。

狡猾で悪辣な人格の〝過激共産革命家〟井上光貞の、〝赤い歴史改竄〟の手口

話を井上光貞に戻す。邪馬台国《九州》説など噴飯物で、学問的には決して成立しないのは小学生でもわかる。九州には、それらしき場所も遺跡も発見されていない。『魏志倭人伝』は「邪馬台国は大和国」と断じており、読むに悩む箇所は一つも見当たらない。そこで、正気も良心もないダーティー一路の井上光貞は、あらん限りの真赤な嘘をデッチアゲた。

その一つが、**〝大和説の巨頭〟和辻哲郎**が31歳のときの「九州説」を、二頁にわたって延々と引用し絶讃する（注6、284〜5頁）。学説は、文系理系を問わず、全世界共通に最終のをもってその学者の説とする。和辻は『日本古代文化』の1920年初版を、50歳になった1939年、改稿し百八十度逆の「大和説」に転向（注7）。これは、1951年の再版でも同じ。井上光貞が、『神話から歴史へ』で、『日本古代文化』を引用し和辻哲郎の邪馬台国論を論じる場合、1951年版を使うこと以外、学界では許されない。が、凶悪な共産革命家の井上光貞には良心がなく、恥じることなく学界のルールを全面無視。

もう一つ。前述した榎一雄の妄想的な法螺話「伊都国が日本の中心」に基づく、行程を大改竄するトンデモ曲読を、井上はこれまた二頁半も使って紹介している（注6、260〜2頁）。だが、榎の大改竄に従えば、投馬国（出雲）の方が、（水行十日の）邪馬台国（大和）より、（水行二十日だから）、起点のはるか遠くに位置し、辻褄が合わなくなる。しかし、〝大嘘つきの赤いペテン師〟井上光貞は、「榎一雄の解釈に従えば、邪馬台国は筑後川の山門郡、投馬国は宮崎県の西都原あたりだ」と開き直って無反省（注6、266〜7頁）。井上光貞の鉄面皮は日本一。魏の使節団は、「呼子→伊都国」から〝大和朝廷の都〟までのルートを、図1と確定した。魏の皇帝に報告するルートの探索だから、『魏志倭人伝』の行程記述は真剣一色。

一方、井上光貞は、邪馬台国の都に行くルートは九州をぐるりと時計回りに一周して、「伊都国から宮崎県の西都原に行き、それから筑後川の下流域（＝邪馬台国の都）に戻る」と主張する。これではお笑い芸人の悪ふざけよりひどい。井上光貞とは、歴史学者としては完全な狂人。共産党員・共産主義者は人類史上最も凶悪な狂人ルソーやレーニンを礼拝する狂気のカルト邪教信者。〝狂人〟井上光貞もその一人。

とまれ、井上光貞が好例だが、邪馬台国《九州》説で、論理破綻していないのは一つもない。邪馬台国《東遷》説に至っては、論理破綻以前。二歳幼児の戯れに等しい。

注

1、榎一雄『邪馬台国』、至文堂、81頁。この榎論文の発表は1948年。共産党の命令で執筆した可能性が高い。

2、那珂通世『上世年紀考』。『明治史論集（二）』、明治文学全集78（筑摩書房）、106頁〜137頁。

3、笠井新也「邪馬台国は大和である」『考古学雑誌』第12巻7号、1922年。
4、山田孝雄「狗奴国考」『考古学雑誌』第12巻8号、1922年。
5、この図は、北條芳隆「邪馬台国所在地論とそこへの道程」『青藍』第七号、87頁から孫引。
6、井上光貞『神話から歴史へ』、文庫版、頁数は本文。
7、和辻哲郎『日本古代文化』（新稿版）、岩波書店、56頁。

【附記1】　邪馬台国および大和朝廷成立の歴史を巡る、和辻哲郎と中山平次郎

（1）和辻哲郎

和辻哲郎は1920年（31歳）の時点、邪馬台国《九州》説だった。人格が素直で常識人の和辻は、1939年（50歳）の改稿版では百八十度転向し、邪馬台国《大和》説を展開した。いずれも『日本古代文化』（岩波書店）。**新稿版**が1951年。和辻の邪馬台国論は、必ず改稿版か新稿版を読むこと。

（2）中山平次郎

A、大和朝廷成立の歴史は、中山平次郎の説が、私に最も近い。中山は、考古学的研究から、博多から筑後川まで版図だった「奴《な》国」が、神武天皇の下、東遷して大和朝廷を形成したと考えた。これが、俗に「**奴国東遷説**」と言われる、1931年に発表した論文「邪馬台国および奴国に関して」（『考古学雑誌』21巻5号）。その基本主張は、次。

①「《邪馬台国＝九州》説は、畢竟、机上の空論である」。

②三種の神器と古墳の原型の共通において、神武天皇に率いられた奴国が奈良盆地に移動して大和朝廷が生成・発展した。

③神武東征の時期は、金印「漢倭奴国王」授与57年の直後で、一世紀後半の中頃（75年？）。

B、中山は１９５０年に「考古学上から見たる神武天皇東征の実年代」（『九大医療』１９５０年12月号／51年2月号）を発表し、二十年前の１９３１年論文を補強した。内容は、１９３１年のと、ほぼ同じ。

C、中川八洋の説「神武天皇の御出陣は、**伊都国の唐津湾東端**。紀元前10年」。中山平次郎の説「神武天皇の御出撃は、**奴国の博多湾**。紀元後75年頃」との相違が発生した主な理由は、次の四点。

第一、有田平原遺跡の発掘は１９６５年。中山平次郎は１９５６年に没し、平原「発掘」の遺物をご覧になっていない。平原遺跡や三雲・井原遺跡を見れば、奴国ではなく、**伊都国が大和朝廷の母国**なのは一目瞭然。中山平次郎の逝去は十年早すぎた。

第二、中山平次郎は考古学から結論。私のように「くじふる山／ひむか峠／干拓前の唐津湾東部／小戸／笠沙」など、伊都国の風景と記紀記述の一致性に関する、史料研究派ではない。

第三、中山平次郎は、「漢倭奴国王」金印に呪縛されすぎている。「神武東征で那の津国（奴国）は空っぽとなり崩壊した→国家が崩壊したから、その金印が捨てられた」とする。が、神武天皇が〝奴国人〟であろうと〝伊都国人〟であろうと、金印と神武東征とは無関係。なぜなら、仮に神武天皇が奴国人でも、その東征に奴国の国民の大半の数万人が一緒に移動するわけでない。つまり、金印を捨てる理由も動機も、東征からは決して生まれない。

第四、中山平次郎は、「奴国」の王に仕えた、福岡県糟屋郡や志賀島を支配した〝海人族〟安曇氏が、神武天皇の奈良盆地南部制覇の直後、神武天皇の下にはせ参じたとする。安曇氏が神武天皇の下に走った事実は

『日本書紀』応神天皇紀／履中天皇紀／舒明天皇紀その他から、史実的に正確。また、弥生中期・後期の福岡県の安曇氏は、自分たち一族郎党が大阪湾まで移動する舟を十分量保有していた。造船技術に長けており大量の新規造舟など簡単だった。（なお、私は、安曇氏の丸木舟部隊は、神武東征軍と一緒に、東征したと推定している）。

が中山平次郎は、金印の史実一つをもって、奴国の中枢部がごっそり大和に移動したとする。これはあり得ない。なぜなら、『魏志倭人伝』は（紀元後240年頃の）奴国の人口を約十万人（鬼頭氏によると二十万人）としており、人口減が起きていないからだ。

伊都国が総力を挙げて神武東征を成し遂げたとする私ですら、その後に、伊都国から大和へ移住した人口は十五％ぐらいと仮定している。紀元ゼロ年の伊都国人口が三万人なら、神武東征成功後の伊都国からの奈良盆地移住は「四千五百人」。しかも、この移住に十年の歳月をかけたと仮定する。なお、数字「三万人」は、『魏志倭人伝』が伊都国人口を約五万人（鬼頭氏によると十万人）としており、二百四十年前はこの六割と仮定した。

奈良盆地には既住者がおり、水田が急激に増えるわけではないので、新規人口を急激に増やせば餓死者が発生する。年平均五百人規模の新規移住者「受け入れ」なら、水田拡張の速度を超えることはないだろう。

【附記２】『魏志倭人伝』を大改竄する井上光貞ら共産党員史学者

一、井上光貞の『日本国家の起源』（岩波新書、１９６０年）は、ルソー『人間不平等起源論』を模倣した天皇制廃止を煽動する狂書。共産党が命じた革命文書。学術書ではなく、全編、嘘歴史のオンパレード。

（１）『後漢書・倭伝』について、噴飯物の嘘八百解釈。27～8頁。

①「帥升」のうち、〝軍事司令官〟を意味する「帥」を訳さない。また、臣下の名「升」を臣下の名としない。代わりに、二文字に合体して、「帥升」を国王の名とする。

②「帥升」を、EUの委員長のような、連合体的な数多くの国々（妄想「奴国連合」を捏造）を代表する〝ある国の国王〟にデッチアゲる。

③「…帥升等」の「等」は、〝その他の使節団員〟の意味。が、荒唐無稽にも「その他の国々」と読む。自分が嘘読みをしているのを、井上は自覚している。

（2）献上の奴隷数が160人と、余りに多いのを説明できない、歴史家失格の無知蒙昧な自分を恥じず、井上は、さらなる嘘八百「（これら奴隷は）**多くの国々が持ち寄った**からに相違に無い」と嘯く。28頁。

第五代の孝昭天皇を歴史から抹殺せよとの共産党の命令に従い、第五代・孝昭天皇をテロル的に歴史から殺害すべく、『後漢書・倭伝』を意図的に嘘読みしている。

（3）第七代・孝霊天皇が吉備国や東・出雲国などを次々に征討していた177〜87年（178〜83年）の日本の情況を、『魏志倭人伝』は「倭国乱れ」、『後漢書・倭伝』は「倭国大いに乱れ」と描写。が、井上光貞は、これを、次のマルクス史観の嘘歴史に捏造。

①真っ赤な嘘歴史「**後漢の皇帝に保護を受けた奴国連合**」だって（爆笑）。35頁。

「那の津国」（奴国）は、福岡県の博多湾沿岸から筑後川にかけて、当時の日本では目立つほど大きい独立国家。が、井上光貞は、これを「周辺の無数の国家と連合した国家連合」の「その代表国」に矮小化する。

共産主義者とは、カルト教団〝狂〟経典の、マルクス『共産党宣言』に従い、〝独立国家は地球に存在してはならない〟を狂信する。代りに、国家否定の、労働者が国際連帯する〝世界連合〟をユートピアに狂妄する。共産党員の井上光貞もこの一人。ために、金印を下賜された独立国「那の津国」の存在が気に食わない。

また、紀元後57年には、奈良県・大和盆地に、〝伊都国の分国〟「大和朝廷の国」が勃興しつつあった。奴国のような単一の独立国家を認めれば、「大和朝廷の国」も認めることになるから、井上光貞は嫌でたまらない。井上は、国家否定の共産党ドグマに従い、実在する独立国家・奴国を否定すべく、真赤な嘘「諸国家連合」を喧伝した。

②238年頃、擬装の国家元首「ひめみこ　卑弥呼」は、共産党の大妄想によれば、「**邪馬台国連合の盟主**」だって（爆笑）。また、「邪馬台国連合」は、動乱の中から誕生しただって（爆笑）。35頁。

238年頃の日本列島は、すでにその半分近くが大和朝廷に統一されつつあった。それがどうして「邪馬台国連合」なのか。また、大妄想「邪馬台国連合」など日本史上に存在した証拠でもあるのか。井上光貞のデッチアゲる嘘歴史は、すべて口から出任せ。

③支那史料の語彙〝倭国大乱〟をもって、日本中がお互いに戦争しあっている情況にデッチアゲるのは、井上光貞が、マルクス用語「諸矛盾」を使いたくて仕方がないからだ。

国家の乱れは、人民による政権打倒の暴力革命が遂行できる土壌であるが故に、共産主義者は、国の乱れは何であれ大歓迎。コミュニスト井上光貞もこの例外でなく、「倭国大乱」の〝国が大乱〟に胸を躍らせ大はしゃぎ。これが「急激に発達した倭人社会の諸矛盾は、これを機に爆発し…」というマルクス史観丸出し記述になった理由であろう。35頁。

④超・嘘歴史「卑弥呼が〝邪馬台国連合〟の盟主になったら、この大乱が収まった」。35頁。

これは〝人民が連帯すれば平和が到来する〟とのマルクス史観。が、卑弥呼とは、百襲姫《ももそひめ》のこと。

また、纏向《まきむく》にあった大和朝廷の神宮（伊勢への遷御は垂仁天皇の御代）の斎宮。「邪馬台国連合」など、実際の歴史は煙ほども無い。同様に、百襲姫が、この空無な「邪馬台国連合の盟主」になった日本の歴史も存在しない。魏志倭人伝が指す、177～87年頃の「倭国大乱」とは、第七代・孝霊天皇の丹波／安芸／山城／近江などの諸国を服属させるための軍事的制圧の〝戦争〟を指す。国々の相互戦乱ではない。また、百襲姫が斎宮になられたから戦争が終結したのではなく、孝霊天皇の軍が独立志向の強い地方豪族を軍事的に制圧したから平和が到来したのである。

二、井上光貞だけでなく、『魏志倭人伝』の曲読・宣伝が職業の、共産党員古代史学者たち

①古代史学界は「一女子を**共立**して王となす」と読ませる。が、漢語には「共立」は無い。文字「共」は、偶然に挿入された〝逆・脱字〟。正常な学者は、「共」を無視する。

②「やまとのくに」としか訓めない「邪馬台国」を、〝狂〟訓み「やまたいこく」と宣伝（洗脳）し続ける。日本人が、「くに」の宛て漢字である国を「こく」と読むようになったのは、鎌倉時代以降。

③「一大率（九州北部監察庁長官）」「捜露（入国時の外国人に対する徹底した持ち物検査）」「支那人の下船・上陸は舞鶴港、朝鮮人のそれは敦賀港」など、三世紀前半には高度な文明国の対外制度を整備した大和朝廷に関し、このような大和朝廷がまだ存在していないと譏謗。

④『魏志倭人伝』は、日本国の北の国境を、「狗邪韓国《くやかんこく》」、つまり釜山《ぷさん》より少し北にある「金海　キメ」とする。井上光貞は、これについて口を噤《つぐ》む。三世紀の日本国（大和朝廷）の朝鮮半島支配域は、「金海」どころか、それよりはるか北の「大邱　テグ」（卓淳国）や「高霊　コリョン」（大加羅国）まで含んでいた。この事実を『魏志倭人伝』に従って認めると、神功皇后の新羅《しらぎ》ご親征（346年）の史

実も任那《みまな》日本府（設置は369年）の史実も認めざるを得ない。そこで、これら史実を一括して抹殺すべく、「金海は日本領」とする『魏志倭人伝』の記述に、口を噤んで黙殺。

【附記3】　三世紀、支那人の下船・上陸は舞鶴、朝鮮人は敦賀

魏志倭人伝の記述「出雲の国から水行二十日、下船して大和の都まで陸行一ヶ月」から、紀元後240年頃の帯方郡からの支那人は、舞鶴港で下船したのがわかる。一方、垂仁天皇紀にある、紀元後260年、大加羅（現在の高霊）の朝鮮人は、江戸時代の長州藩がつくった下関あたりで、**最高軍事機密の瀬戸内海**航行を国家安全保障の問題から拒絶され、敦賀周りを強制されて大和の都を訪れている（紀258頁）。推定だが、三世紀、日本への下船・上陸は、「支那人は舞鶴、朝鮮人は敦賀」が、外国人入国の規則だったようだ。

さらに、翌261年、新羅王の王子「あめのひぼこ」が来朝したが、彼は「下関」では捕まらず、ここを突破。が、淡路島北端に基地（仮に「上関」と名付ける）を置く大和朝廷の沿岸警備隊に逮捕され、播磨国・揖保川《いぼかわ》の河口あたりに強制下船させられたようだ。捜査の結果、その身分には間違いが無かったが、**最高軍事機密の大阪湾・河内湖**への進入は許されず、代わりに但馬国に領地を与えられた（紀260頁）。神功皇后の母方には、この「あめのひぼこ」の血が流れている。

【附記4】　『魏志倭人伝』が記述する、百襲姫のお名前の由来

（1）百襲姫の「百襲　ももそ」は、「もも＋すそ」の「す」が抜け転訛したもの。「すそ」は「裾」のことで、〝長い裾の高級な着物〟を指す。「もも」は文字通り「百」だから、〝百枚（たくさん）の高級着物をお持ちのお姫様〟が、「百襲姫」お名前の淵源。

（2）纏向神宮（伊勢神宮の前身）の斎宮であられた「百襲姫」が、何故、それほどたくさんの高級着物をお持ちになられたか。魏の第二代皇帝「明帝（曹叡）」が下賜したからだと、『魏志倭人伝』が明記している（表3）。この記述は、『魏志倭人伝』の「女王」が百襲姫である証拠にもなっている。

表3：百襲姫が魏皇帝から手にした高級着物生地

1、絳地交龍錦　こうじこうりゅうにしき　五匹	真赤な布地に竜が交差する錦
2、蒨絳　せんこう　五十匹	深紅色の紬
3、紺青　こんじょう　五十匹	濃い群青色の織物
4、紺地句文錦　こんじこうもんにしき　三匹	紺色の鍵模様がついた錦
5、細斑華罽　さいはんかけい　五帳	細かい花模様を斑にあしらった毛織物
（その他）	
6、白絹　五十匹	襦袢など、貴婦人の肌着に仕立てる
7、絳地縐粟罽　こうじすうぞくけい　十帳	これは毛織の敷物。が冬用の着物に仕立てた？

第四章

大和朝廷《古代天皇》〝抹殺〟を狙う
〝虚構の大妄想〟
邪馬台国《九州》説

記紀は、日本国が存続する生命が湧き出す〝日本国家の不老不死の泉〟。日本国の美しき歴史が山なす宝石を詰めている巨大な宝石箱。しかし、この宝石箱は、大正時代に始まる〝赤い破壊運動〟で、今ではちょっとやそっとの修理ではその崩壊寸前を防ぎえない。

《記紀を守る》とは、真善美に命を捧げる〝武士道の精神〟で輝く〝知性の清華〟

記紀解体/記紀破壊の赤い勢力を粉砕すべく、一億日本人が剣を抜いて立ち上がることは、記紀の永遠化のために絶対不可欠な最低条件。そして、この「一億日本人が剣を抜いて記紀解体/記紀破壊の赤い勢力を粉砕する」には、標的の敵を明確にする必要がある。表1右欄が、それだ。天皇制廃止という日本国死滅を目指す、これら〝日本の敵〟の中に、偽装〝民族系〟の林房雄や、擬装〝非左翼〟の安本美典がいるのを忘れてはならない。

私の古代史学は、日本国歴史の根底・中枢の記紀を、津田左右吉ら共産党員古代史学者の赤い魔手に奪われている状態から〝奪還〟せんとする闘いである。これこそが、真正の歴史学(国史)の神髄である。記紀はまた、八世紀の大和朝廷が臣下の日本国民に下賜された、高雅なる精神の息吹に我らを包む、魔訶不思議な偉大な史書である。

この理由は、古来からの正しき民族の歴史こそが、我々の倫理道徳を温室内で育んでくれる

表１；記紀「護持」派と記紀「破壊」派

記紀を修理保守し記紀を護る（＝天皇制度護持）	記紀を罵倒し記紀を抹殺する（＝天皇制廃止）
１、那珂通世、内藤湖南、笠井新也、中山平次郎、中川八洋。 ２、坂本太郎。 ３、滝川政次郎、山田孝雄。 （以下は、「記紀を護る」意識が上記１に比べ弱い） ４、原田大六、高城修三、三宅米吉、肥後和男ほか。	１、津田左右吉、井上光貞、直木孝次郎、水野祐。 ２、上田正昭／江上波夫／森浩一ら考古学者。 ３、民族系偽装の林房雄。 （以下は、「褒め殺し」で記紀潰し） ４、「皇紀2600年祭」（歴史捏造、那珂通世の業績つぶし）のように、記紀をカルト宗教「記紀教」の経典として崇拝させれば、津田らの執拗な記紀罵倒と同一効果の、“記紀自爆死”がもたらされる。 ５、安本美典は、1940年の「皇紀2600年祭」と同じく、「記紀を改竄しない」「記紀を尊重する」を演技し、記紀を徹底的に改竄。例えば、高天原を神話ではなく、三国時代の魏の役人が直接見聞したとの嘘歴史に改竄して、記紀の偉大な史書性を瞬時に粉々に爆破している。

からである。実際にも、歴史を喪失した人間は、野獣と化すか、ボルトナット的な無機物に化す。現に、歴史を剥奪された人間は、美徳を憧憬することがない。人間性を磨かんとする人間であろうとはしない。歴史を剥奪された人間の精神は腐敗し、非人間と化し、人間として死を迎える。

ルソーとニーチェは、人間から歴史を剥奪せんとした狂人だが、日本古代史学者の99%も、このルソー系譜のマルクス／レーニンの猛毒を吸飲し、日本国民から歴史を剥奪し、日本人の人格を道徳なき夢遊病者に改造する犯罪に暴走している。ニーチェを狂信する西尾幹二に踊らされた民族系もまた、今上陛下に悪罵を投げつける天皇制廃止に狂奔し、共産党〝第二戦線〟を担い、反・原発など日本国の国家死滅を牽引した。

安本美典の神武実在論は、スターリン狂の赤色を無色透明化した高度擬装の極左

ここでは、表1右欄の掉尾《とうび》にある安本美典を取り上げる。狡猾な安本美典は、天皇制廃止を目的として、反語的に「神武天皇は実在する」を主張する詐言本『神武東遷』（1968年、中公新書）を書いた。彼は、神武天皇の「東遷」時期を、歴史事実より三百年ほど遅らせ、神武天皇を抹殺し、三百年間の天皇史＝日本史の抹殺を図る。

さらに、荒唐無稽な〝お笑い大嘘〟「高天原が邪馬台国」「天照大神が卑弥呼」など、超・破茶滅茶を大パレードさせ、日本の古代史を徹底破壊する。次に、この〝お笑い大嘘〟がバレないよう、神武天皇が実在するかに見せる舞台装置もつくる。安本美典の著作を読む読者をして、「神武天皇実在論がこんな破茶滅茶な奇論狂説でしか証明できないなら、神武天皇は実在しないな」と、神武天皇実在を否定する方向に誘導するためである。

なお、安本美典の専門は心理学。博士号も心理学。彼の心理学の指導教官は、札付き共産党

員活動家・南博（コーネル大学Ph.D、心理学）。心理学に長けた安本美典にとり、邪馬台国《九州》説のキャンペーンは、日本人読者騙しの心理学実験。安本美典の作品が、マルクス・レーニン主義の語彙を余り使わない（隠す）用心深さも、読者騙しが目的だからだ。

歴史学では、天皇が崩御された年を「崩年」とする。が、共産党は1960年頃からこれを「没年」に改竄した。また、天皇の「譲位」「崩御」を、共産党はルイ十六世国王のギロチン崇拝から「退位」に改竄した。安本はこれを用いている（注1）。また、皇室もしくは天皇・皇族のことを、安本美典は共産党語「天皇家一族」と言う（注2）。さらに、天皇の崩御時のご年齢を正しくは「宝算」「聖寿」と言い、正語「宝算」しか叩き込まれていない私の世代より、さらに十歳以上も年上なのに、安本美典は共産党語「寿命」「享年」を使う（注2）。

が、これらは、安本美典が〝隠れ共産党員〟だと断じる証拠としては弱い。この故、安本美典はノンポリと目され、彼の下にかなりの数のファンが集結し、機関誌『季刊　邪馬台国』まで出せる人気ぶりを発揮。共産党語を少しに限定する安本美典の商売感覚は一流。

が安本美典は、読者騙しトリックや思想本籍を自らバラす、大ミスを犯した。〝真赤な嘘〟「神武天皇は実在しない」を古代史学界や小中高の学校教科書の絶対的な記述にした、〝日本の古代史を破壊尽くした赤い悪魔〟津田左右吉を絶賛するという大ミス。

「津田の（神武天皇ほか第九代までの天皇は創り話）説は、それなりに十分な論理的根拠を持つものであった」「（私・安本美典は）津田左右吉の学問的成果を摂取しながら、今一度、現代の科学的方法論の立場から見直し洗練する」（注3、丸カッコ内中川）。

「神武天皇は実在しない」「高天原の話など、子供騙しのお伽噺」と嘲笑する津田左右吉の説を正しいとしながら、それと百八十度逆の「神武天皇は実在する」「天照大神こそ『魏志倭人伝』の卑弥呼だ」を、安本は何冊も本を出してまでなぜ主張するのか。安本の本心が、「神武天皇は実在しない」「天照大神に、いかほどの歴史的事実もない」と考えているからだ。

『邪馬台国への道』『神武東遷』だけ詳読すれば、多作の安本美典の嘘主張は暴ける

安本美典を研究する者などいないだろうが、奇矯な人物も現れるかもしれないので、助言しておく。邪馬台国論だけで約八十冊にもなる、多作な安本美典の出版物をほとんどスルーしても、『邪馬台国への道』（筑摩書房、1967年）『神武東遷』（中公新書、1968年）の二冊はしっかと精読されたい。この二冊だけで「安本美典の〝嘘〟史学」の全貌が暴ける。

安本美典は、歴史学とは無縁。彼自身の自称「数理言語学者」は、そういう学問も「アリか

な」と思うが、彼が自慢する「数理歴史学」は、学問ではない。安本の『数理歴史学――新考・邪馬台国』（筑摩書房、1970年）は、失笑する非・学問の極み。

現に安本美典は、邪馬台国が九州にあったことを全く証明しない／全く証明できない。『魏志倭人伝』は、邪馬台国を、三世紀に「人口四十万人前後」の国家とする。九州説なら、それ相当な遺跡を九州に発見したはず。だが、紀元前二世紀から（日本列島内で）突出して文明の先進地帯だった福岡県で、そのような国家を示す、ささやかな遺跡すら発見していない。

福岡県糸島市／春日市からは、西暦紀元元年前後の「伊都国《いつくに》」「那の津国」の首都と目される遺跡が多く発掘されている。が、九州には「邪馬台国」を示唆する遺跡が煙ほどもない。完全にゼロ。「邪馬台国」が非・現実以上の巨大妄想なのは、これで充分。『魏志倭人伝』記述の、三世紀に築造された全長二百八十㍍の墓が、福岡県から発見されない限り、邪馬台国《九州》説は、酔っ払いの戯言。精神病院に入院中の精神病患者の喚き。

なお、中山平次郎が遺跡調査から「邪馬台国は九州ではない」と断定されたのは、1931年（注4）。これを反証する考古学的証拠は、今なお九州で一つも発見されていない。一方、「邪馬台国は奈良盆地の大和朝廷のこと」だと、明白すぎる歴史を指摘したのは内藤湖南。明治末の1910年（注5）。それから百十年。今なお、日本国は、〟反・学問〟邪馬台国《九州》説を、わざと叩き潰さない。古代史学界は、赤や劣等クズ学者が跋扈しすぎている。

〝卑弥呼の墓〟や〝邪馬台国の首都〟の遺跡を特定せず、やたら喚き続ける安本美典の異常性は、彼のキワモノ本『邪馬台国は福岡県朝倉市にあった!!』（勉誠出版、2019年、85歳）一冊で一目瞭然。この本のどこをめくっても、必ず特定しなければならない、邪馬台国の首都や卑弥呼の墓を示す考古学的証拠を、匂いすら提示していない。

ちなみに、このキワモノ本は、安本美典が初めて邪馬台国《九州》説をぶった1967年（33歳）から、五十二年が経っている。五十二年の歳月があれば、カタツムリですら数十㎞は移動する。が安本美典は、五十二年の歳月をかけて、1967年から一㍉も進んでいない。ダーウィン進化論仮説の間違いは、進化ゼロの安本美典が身をもって証明した。1967年の処女作で安本は、意味不明な屁理屈を捏《こ》ね回し「天照大御神が卑弥呼だ」と論じ、これをスプリング・ボードに論理を飛躍させ、「高天の原が邪馬台国だ」と、法螺話をぶち上げた（注6）。

安本美典が学者として番外で大欠陥者なのは、論理的思考が全くできない脳構造も原因。安本美典は、奈良盆地内にある〝卑弥呼の墓〟（＝百襲姫の箸墓、完成は250年代半ば）や、百襲姫の政庁や神宮跡（＝纏向の遺跡、180年頃に完成）を、屁理屈を爆発させて全否定する（備考）。が、仮にこの否定が妥当であった場合ですら、邪馬台国・九州説の根拠にはならない。

なぜなら、「邪馬台国は大和朝廷」説を否定しえても、それは「邪馬台国が九州にあった」ことにはならないからだ。「奈良県ではない」の証明は、「福岡県である」の根拠にはならない。

（備考）安本美典が「邪馬台国は、奈良県の大和朝廷ではない」と喚き散らしている本には、『《邪馬台国畿内説》徹底批判』（2008年）、『卑弥呼の墓・宮殿を捏造するな！』（2011年）、『大崩壊　邪馬台国畿内説』（2012年）の三部作がある。全て勉誠出版。『「邪馬台国＝畿内説」「箸墓＝卑弥呼の墓説」の虚妄を衝く！』（宝島社新書、2009年）を含めれば四部作。

文献音痴（歴史学音痴）で数学音痴（ペテン学「数理歴史学」）の安本美典は、正常か

心理学を専攻した効能か、安本美典は天性のアジテーター。彼の煽動力は、ヒトラーの腰巾着ゲッベルスに酷似する（注7）。安本の顕著な特徴は、「歴史史料をほとんど読まない／読めない」こと。当然、この種の人間は歴史学に不向きで、歴史を論じる能力を先天的に欠く。

安本美典本人は、「数理科学」とか「数理歴史学」とか、矢鱈目鱈に「数理」を被《かぶ》せて商売にする。が、彼の数学は初歩的な計量分析がやっとで、よくて中学一年生の水準。

それ以上に、安本美典は、いかがわしい人物にぞっこん惚れる性癖がある。安本の『神武東遷』は、〝その場限りのデタラメ吹聴〟が人生の市村其三郎（東洋大学教授、共産党員）を、「我が国の成り立ちに関する基本的問題は、（市村によって）ほとんど解決を見ている」と絶讃（160～63頁）。市村が、『秘められた古代日本』（創元社、1952年）で、卑弥呼を天照大神にな

ぞらえたことへの讃辞。だが、市村は二十年後の1972年、『卑弥呼は神功皇后である』（新人物往来社）を出版し、前説を転覆。安本は、これ以降の著書では、市村に言及した箇所を削除しなくてはならないが、2005年刊『大和朝廷の起源』（勉誠出版）で、市村の噴飯説「天照大神は卑弥呼」を再び絶讃（86～7頁）。

市村は戦前、『勤皇史体系　歴代御霊訓』（文友堂書店、1941年）『少国民二千六百年史』（駸々堂、1941年）を世に出した〝皇国史観の右翼〟。戦後は共産党員として『日本革命史』（悠々出版、1968年）『天皇制国家の謎』（立風書房、1979年）を出版。また、天皇制廃止狂の市村には、『神武天皇は応神帝か』（新人物往来社、1973年）もある。こう主張がクルクル変わる劣悪きわめる共産党員を、安本は大評価。安本が共産党員である証拠。

安本美典の「卑弥呼＝天照大御神」説の根拠は、たった二行。《天照大神から第二十一代・雄略天皇までの、全二十五代の平均在位数は、天照大神の活躍時期の中位年を239年とし、雄略天皇のそれを478年とすれば、九・五六年となり、自分の仮説「天皇在位は平均で十年のはず」とぴったし一致するから》（『神武東遷』、169頁）。アホらし。これがどうして**数理歴史学**？「引き算一つ、割り算一つ」しただけ。少し頭の良い小学生一年生ができる算数。

そもそも天照大神は天皇ではない／卑弥呼も天皇ではない。安本のように、天照大神や卑弥呼を天皇にすること自体、狂気の歴史改竄。これらはまた、安本が尊重すべきとする記紀の皇統史に違背する。安本美典の著作はすべて放射線を描いて歴史学から飛び出している。

安本の論及方法は、誇大宣伝の「数理歴史学」ではない。過去の学者で自分が気に入った者をつまみ食い的に絶讃し、その権威で自分の妄説狂論を正当化するやり方。例えば、安本の珍論奇説「高天原＝邪馬台国」は、太田亮『日本古代史新研究』（磯辺甲陽堂、1928年）の記述内容を歪曲しただけ。

大和朝廷の氏姓制度の研究者・太田亮は、皇室の祖先の発祥を**紀元前以前の原・邪馬台国**とし、大和朝廷の、はるか昔の九州の故国・邪馬台国がその後も続いていると仮定し、卑弥呼は、ここに「女王」として三世紀に派遣された女性皇族だと妄想。すなわち太田亮は、「紀元前以前の原・邪馬台国」を仮構したが、「高天原」とは言っていない。だが、安本美典は、「太田亮は《高天原＝邪馬台国》を提唱した」とデッチアゲる。安本は、珍論「卑弥呼＝天照大御神」を正当化すべく、六流以下のクズ学者の言説をひん曲げただけ（『神武東遷』、155～8頁）。

また、有名教授の権威を借りたい〝非・学者〟安本美典は、和辻哲郎が「邪馬台国九州説」だと、真赤な虚偽を書いている（注8）。和辻は1920年版の『日本古代文化』ではそう書いたが、1939年の改稿版『日本古代文化』では「邪馬台国大和説」に転向。学者の学説は最終のをもってそれとする。が安本は、この学界の大ルールを蹴っ飛す。

239年に活躍の天照大神と270年に活躍の神武天皇なら、〝母と子〟(爆笑)

文献史料すべてを無視する安本美典の異常は、歴史学の全否定が前提だから、破綻は初めから定まっている。安本美典は、天皇在位数を（ペテン師でもしない超デタラメ）数理学的分析と称し、神武天皇の活躍の中点年を270年頃と結論（『神武東遷』、139〜149頁）。

だが、安本美典は低学歴の京都大学文学部（心理学科）卒だから低いIQが特徴。故に、「270年頃」が、もう一つの狂妄「卑弥呼＝天照大神の活躍の中点年は、239年頃」と矛盾することに気づかない。239年と270年では、神武天皇は天照大神の五世孫ではなく、天照大神と〝母子の関係〟。これでは、皇孫「ににぎ尊」は生まれないし、山幸彦も海幸彦も存在しえない。当然、生物学的に神武天皇は存在しない。

安本美典は、記紀を、ズタズタに切り裂き焼却炉で燃やしている。また、天照大神が、生涯処女の卑弥呼だとすれば、その五世孫の神武天皇はむろん、皇孫「ににぎ尊」すら生物学的に存在しない。安本美典の八十冊すべて、記紀を全破壊する爆発物。狂気の噴煙を上げる狂書。

歴史学は、歴史学の方法以外では代替できない。例えば、後漢書を「107年、帥《升》が奴隷160人を後漢の楽浪郡に献上した」と正しく読み、他の史料と照合すれば、軍事司令官の「升」が安曇氏を指し、孝昭天皇が後漢に派遣したのがわかる。孝昭天皇は、106年に播磨の国を制圧された。ここから、四代前の神武天皇のご即位が紀元後十年頃なのが判明。

歴史学は、史料の厳密・正確な読破力なしでは、学問にはならない。わけのわからぬ詐学〝数学ごっこ〟で誤魔化す安本美典の「数理歴史学」など、スケート靴も履いたことがない幼稚園児が、いきなり氷上で三回転ジャンプを試みて転倒し昏睡状態になったようなもの。

安本美典は、邪馬台国・畿内説の内藤湖南／肥後和男を論難しない。なぜ？

基本的には邪馬台国《九州》説を、手を替え品を替え繰り返しているだけの、安本美典の八十冊の著作で驚くべきことは、「邪馬台国・大和」説を論駁《ろんばく》した本が一冊もない異様さ。すなわち、通常の学者ならば、自分の学敵「邪馬台国・大和」説の各学者の論文（表2）を、それぞれ一章ずつ批判・論難する本を必ず出版している。が、安本美典には、この一冊がない。

表2の「邪馬台国・大和」説の六名を批判するに、その方法論は必然的に歴史学となる。が、安本美典は歴史学の知見が素人以下。文献史料を読みこなせないし、読んだことがない。ために、歴史学的な論文がまったく書けない。例えば、橋本増吉は、邪馬台国《九州》説の立場から、内藤湖南に猛然と反撃の論戦をした。が、このようなことが安本美典にはできない（橋本

表２；「邪馬台国・大和」説の六名に対し、なぜか安本美典は、歴史学的な論難をしない

内藤湖南	「卑弥呼考」『藝文』第１巻第二／三／四号、1910年。
笠井新也	「邪馬台国は大和である」『考古学雑誌』第12巻第七号、1922年。 「卑弥呼すなわち倭迹迹日百襲姫命」『考古学雑誌』第14巻第七号、1924年。 「卑弥呼の冢墓と箸墓」『考古学雑誌』第32巻第七号、1942年。
肥後和男	『邪馬台国は大和である』、秋田書店、1971年。「卑弥呼は百襲姫」論も含む。
原田大六	『卑弥呼の墓』、六興出版、1977年。 『邪馬台国論争』、三一書房、1969年。
三宅米吉	「邪馬台国について」『考古学雑誌』第12巻第十一号、1922年。
山田孝雄	「狗奴国考」『考古学雑誌』第12巻第八号、1922年。

増吉の１９１０年の論文は、「邪馬台国および卑弥呼について」『史学雑誌』第21巻第10／11／12号）。

例えば、安本美典は、「邪馬台国・大和」説に対し宣戦布告的に『卑弥呼の墓・宮殿を捏造するな！』を出版。私は、安本美典が遅まきながら表２の学者への攻撃を開始したと思い、購入（２０１１年）。だが、三百頁を超える分厚い本のどこにも、歴史学からの言及は一欠けらもなく、①炭素14年代測定法と②卑弥呼が魏から百枚下賜された魏鏡（２４０年）の問題をあげつらって、**反撃もどき**を演技。ナンセンスを越えた学術性ゼロの有害図書。

しかも、この考古学的な論争二点なら、その分量は頁数にして五十頁もあれば十分。すなわち、この本の過半は、「箸墓は卑弥呼（百襲姫）の墓」と報道した新聞に怒り、新聞を罵っているだけ。今や多数説の「百襲姫が卑弥呼」に対し、非難を何一つ浴びせてはいない。そればかりか、「これは大本営発表だ」「山本七平の空気の研究の通りだ」「朝日新聞の記事はこうだ」「週刊文集の批判記事はこうだ」「旧石器偽造の藤村事件の再来だ」などを延々とぶち上げ、ご満悦（注9）。こんな悪罵〝撒布〟では、第三者はうんざりして、皆、引いてしまう。

そこで、ひと呼吸して考えた。「卑弥呼＝百襲姫」「箸墓＝卑弥呼の御陵」論に反対なのに、安本美典はなぜ学的斬りこみをいっさいせず、ただ大騒ぎする戦法をとっているのか、と。二分ほどかかったが、ふと安本の2009年本の第三部第一章に、カルト宗教的な「私の卑弥呼論　卑弥呼＝天照大御神説」があったことを思い出した（注10）。安本美典にとり、「卑弥呼＝天照大神」以外の学的論争は、〝攻撃ごっこ〟さえしていればいいのである。当然、「卑弥呼＝百襲姫」「箸墓＝卑弥呼の御陵」論の可否を学問的に論じることに、安本は興味すら持っていない。

朝倉市から「墓」発掘ゼロで、『邪馬台国は福岡県朝倉市にあった!!』を出版（失笑）

2019年、またしても、「すわ、朝倉市で古墳時代前期遺跡の大発見か」と勘違いし、安本美典の本を買った。タイトルが『邪馬台国は福岡県朝倉市にあった!!』とあるから、卑弥呼の墓が発掘された、と驚愕が全身を走ったからだ。

パラパラめくっても、『魏志倭人伝』の「卑弥呼もって死す。大いに冢（ちょう、陵）を作る。径百余歩」の、卑弥呼の存在を裏付ける証拠の発見など、一文字もなかった。この本のタイトルは偽装表示。消費者庁は、安本美典を刑事告発されたい。

「朝倉市に邪馬台国があった」との安本美典の主張は、証拠なしの嘘宣伝。安本美典が根拠とするのは、地名のみ。鏡味完二『地名学』（日本地名学研究所、1965年）を敷衍《ふえん》し、大和盆地の朝倉と、筑後川上流の朝倉との、その周辺の地名の酷似性をもって、邪馬台国が朝倉市周辺にかつて存在し、それが奈良県大和盆地に移動したとのコジツケ話の法螺《ほら》。

神武天皇が、「伊都国《いつくに》」からご出陣され大和を制圧された後、那の津国からも、相当数が大和に移住したはず。筑後川上流の朝倉市周辺は、那の津国の一部。神武東征の成功に沸き立って、若者が我も我もと移住した可能性は高い。そして、新天地の大和や大和周辺に郷里の村の名前を付けたことは、想像するに難くない。安本の書の図4／5／6が示す地名の類似は、朝倉市周辺の村人が大和に移住したことを示唆する（注11）。ただ、それだけのこと。

ところが安本美典は、地名の類似性を根拠に、〝人口四～七十万人の国家〟邪馬台国がそっくり、筑後川上流から日本列島上空をワープし、奈良県大和盆地に降りたったと主張する。バカバカしい。「邪馬台国は、朝倉市やその周辺に存在した」と主張したいなら、全長280㍍

の卑弥呼の墓を探し当ててから言うのが学者。安本は、学者とは程遠い〝詐言屋〟商売人。

要するに、「箸墓＝卑弥呼の墓」説に対し、安本が罵倒本四冊で撃ちまくる弾丸は、歴史学ではなく、考古学（の一部）。ならば、「福岡県朝倉市は邪馬台国の首都だった」の主張も、考古学的に証明した後にすべきだろう。安本美典がそうしないのは、準カルトの邪馬台国《九州》説の宗教団体をつくり、〝反・歴史の狂妄呪文〟「邪馬台国」を流布・狂信せしめ、大和朝廷発祥の根底を揺るがし、大和朝廷に関わる歴史の真実を毀損せんとする共産革命家だからだ。

注

1、安本美典『神武東遷』、中公新書、１９７８年、１４７頁、１４８頁。
2、安本美典『大和朝廷の起源』、勉誠出版、２００５年。２３１頁の図8、２３４頁の図9。
3、同右、94頁、97頁。
4、中山平次郎「邪馬台国および奴国（那の津国）に関して」『考古学雑誌』１９３１年5月号。
5、内藤湖南「卑弥呼考」『藝文』第一巻、二／三／四号、１９１０年。
6、安本美典『邪馬台国への道』、筑摩書房、１９６７年、１３６頁。安本の処女作。
7、ゲッベルスの参考書には、広田厚司『ゲッベルスとナチ宣伝戦』、光人社ＮＦ文庫、２０１５年。マンヴェルほか『第三帝国と宣伝』、東京創元社、１９６２年、など。

8、安本美典『「邪馬台国＝畿内説」「箸墓＝卑弥呼の墓説」の虚妄を衝く！』、宝島社新書、2009年、197頁。
9、安本美典『卑弥呼の墓・宮殿を捏造するな！』、勉誠出版、2011年。
10、上掲『「邪馬台国＝畿内説」「箸墓＝卑弥呼の墓説」の虚妄を衝く！』、204頁。
11、安本美典『邪馬台国は福岡県朝倉市にあった!!』、勉誠出版、2019年、56～64頁。
12、上掲の注4。および、中山平次郎「考古学上より見たる神武天皇東征の実年代」『古代学　特集号』1959年4月（初出は1950年）。

【附記】神武天皇の具体的〝像〟の研究は、なぜ中山平次郎と中川八洋だけか

中山平次郎と中川八洋の名前が並ぶ表1の左欄冒頭を見て、ふと両者の近似性に気づき、両者を比較する表3を作成した。他の学者とは全く異って、両者のみ、「抽象的な神武東征」論を論じない。それぞれ「那の津国の王族である神武天皇が…」「伊都国の国王の末裔である神武天皇が…」〝東征した〟と、この東征を具体的に論究する。

このように両者は、他の数百名の古代史学者や考古学者に共通する抽象的な論及方法を排する。これは、中山と中川が東大の理工医系出身という、古代史学界では稀有な学歴によるところが大きい。

また、率直に言うが、古代史学者や考古学者の学歴は相当に低く、中山／中川とは隔絶する差異がある。学歴の差は、（平均的傾向として）判断力や知性の差を決定的に広げる。

表3；中川八洋と中山平次郎――両者の歴史分析のみ具体的。

	中山平次郎（注12）	中川八洋
神武天皇	**奴国**（那の津国）でご生誕。実在。	**伊都国**（いつくくに）でご生誕。実在。
神武東征	**紀元後75年**頃、神武天皇が引き連れて奴国全体が東遷。＊（コメント）これでは大和国と奴国は同一となる。	**紀元前10年**頃、神武天皇が大和を制圧。その後、伊都国人口の数分の一が移住。＊大和朝廷の日本国は、伊都国の分国。
上記の根拠	三種の神器	三種の神器＆「鏡」教
邪馬台国	「邪馬台国・九州」説は机上の空論。	「邪馬台国・九州」説は天皇制廃止の共産革命。
卑弥呼	言及せず。	第七代・孝霊天皇の皇女「百襲姫」。
高天原・日向三代	福岡県福岡市とその南部一帯。	福岡県糸島市。
東大理工医系を共通とする学歴	東京帝大医学部（解剖学）、独・墺の著名医学部に官費留学。	東大工学部航空学科宇宙工学コース、米国スタンフォード大学。

第五章

皇紀二千六百年《1940年》式典は、スターリン命令の天皇制廃止

日本人は、理工系（町工場を含む）と稲作の農業などを除けば、極度にIQが低い。とりわけ、イデオロギーや哲学思想の分野はチンプンカンプンが特性。この分野では、日本人の「知」は、白痴の〝痴〟。例えば、ルソー／マルクスとバークの両極端な相違は、日本では、共産主義者だけが識別でき、一般の日本人は何が何だかわからない。**「日の丸」を振る〝偽装保守〟**や、**天皇在位を奉祝する〝擬装愛国者〟**の本当の正体を見抜ける日本人は、ほとんどいない。

戦前の例を挙げれば、日章旗や旭日旗を掲げて進軍した日本の帝国陸軍を、スターリンに直隷する、赤旗を隠した〝日本赤軍〟だと正確に捉えた日本人は、1937年7月～45年8月、ほぼゼロ。例外は、天才であられた昭和天皇お一人のようだ。

昭和天皇に次いで反共・反ロの吉田茂は、1944年末、「**帝国陸軍は、スターリンや毛沢東に直隷する共産軍**」と喝破し、〝近衛文麿の上奏文〟で陛下に上奏した（1945年1月）。一方、近づく米軍の占領統治をいち早く察した〝スターリン狂〟近衛文麿は、反共の米軍に取り入る準備として、百八十度逆の「反共」を演技すべく、吉田茂にこの上奏文を代筆させた。

近衛と吉田は、謀らずも「上奏文」で、呉越同舟的に一致。近衛上奏文は、磯子の吉田邸で吉田茂が徹夜して書き、近衛文麿は、その間、日本酒を飲んでいた。翌早朝、近衛文麿は「上奏文」を手に、ついでに吉田茂が蜂須賀侯爵からもらった〝吉田の高級革靴〟を履いて東京に戻った。吉田茂はこの〝代筆〟した上奏文に陸軍内部の共産主義者将校の動向を書き込んだかどで、〝赤の巣窟〟東京憲兵隊に逮捕された（1945年4月）。

戦後、「帝国陸軍とは、スターリンや毛沢東に直隷する共産軍」だったと、歴史事実を百％正しく指摘したのは、〝転向組〟三田村武夫（内務官僚、大東亜戦争中は共産党員）と中川八洋の二者のみ。また、戦前・戦中、昭和天皇を〝銃殺〟して天皇制廃止を成就せんと暗躍した〝皇国史観〟平泉澄《きよし》の正体を、〝GRU工作員〟だと正確に暴いたのは、中川八洋一人。

尾崎秀実以上にスターリンから信頼されていた共産主義者・平泉澄は、国産アナーキズム水戸学が〝理想の日本人〟と崇める楠木正成を〝尊崇〟する演技で、**民族系愛国者**を偽装した。日本人は〝スーパー無知無学〟だから、平泉が極左暴力革命家で「ソ連人」なのが見破れない。

「大東亜戦争肯定論」「東京裁判史観」は、KGB第一総局〝造語〟の対日本人洗脳語

「大東亜戦争肯定論」「東京裁判史観」は、モスクワ産のKGB語。前者は林房雄が巨額の金をもらって喧伝し、後者は小堀桂一郎や櫻井よし子らが、KGBが操るままに、そのプロパガンダの御先棒《おさきぼう》を担《かつ》いだ。東京裁判は、〝親日の王制主義者〟キーナン検事が、「反日」ウェッブ裁判長を完封し、昭和天皇の〝不起訴〟かつ〝証人喚問せず〟に追い込み、昭和天皇の聖性と天皇制度を護持した、日本のための裁判だった。正常かつ保守の日本人は、五㍍を超えるキー

ナン検事の銅像を皇居前広場に建立し、東京裁判に感謝をささげよう。

（備考）林房雄『大東亜戦争肯定論』番町書房、1964年。小堀桂一郎『東京裁判の呪ひ』PHP研究所、1997年。櫻井よし子ほか『新・東京裁判論――GHQ戦争贖罪計画と戦後日本人の精神』、産経新聞出版、2018年。櫻井よし子「認識せよ　東京裁判の日本憎悪」『週刊新潮』2005年6月16日号。

櫻井よし子や小堀桂一郎が「東京裁判史観！」を絶叫したのは、家永三郎や粟屋憲太郎ら共産党の「昭和天皇〝戦争責任論〟」を援護するため。このように、民族系と日共の双方は、緊密に連携。小堀桂一郎の座右の書は、天皇制廃止の経典たるルソー『人間不平等起源論』。在日の櫻井よし子は、共産党のエイズ薬害闘争の一翼を担ったように、共産党別働隊。

日本人から「日本国の歴史」剝奪・破壊に成功した、天皇制廃止〝狂〟の西尾幹二

2000年〜23年の二十四年間の日本を振り返ると、〝保守〟偽装の演技力に長けた〝国民騙しコミュニスト／アナーキスト〟のワースト・スリーは、学ある真正の日本人ならば「安倍晋三、櫻井よし子、西尾幹二」を挙げる。しかし、例えば、西尾幹二に関しネットで検索すると、「保守知識人」と逆さに錯覚している書き込みが多い。これは、日本列島から日本人が一

人もいなくなるのをユートピアと狂妄する、〝一億日本人皆殺し〟が悲願の最凶アナーキスト西尾幹二の〝保守〟演技力に、一般日本人がコロリと騙される、お寒い情況の典型例。

共産党と裏で連携しつつ、〝反人間／反歴史／反宗教の極左〟ニーチェを狂信する西尾幹二の『国民の歴史』（1999年）は、神武天皇はむろん第十四代・仲哀天皇までの天皇を、実在しないと、バッサリ斬り殺す（186頁、注1）。さらに、〝天皇制廃止狂〟西尾幹二は共産党史観が絶対だから、『国民の歴史』は共産党語の花ざかり。一般用語「皇統譜」ではなく共産党語「王統譜」（185頁／188頁）、正しい国語「崩御」ではなく共産党語「死去」（186頁）、歴史学用語「大和朝廷」「皇位」ではなく共産党語「王権」（187頁）、など。

そればかりか、西尾幹二は、天皇制廃止のゴリゴリ共産党員の著作からしか引用しない。例えば、『国民の歴史』（184〜9頁）には、水林彪『王権のコスモロジー』（弘文堂、1998年）の文章がずらりと並ぶ。西尾幹二は、記紀を完全否定する井上光貞や直木孝次郎の同志。

このことは、西尾幹二が旧刑法不敬罪があれば懲役十年を喰らう『皇太子さまへの御忠言』（ワック社、2008年）を出版したことで、さらに明白。昭和天皇を監禁脅迫して、強制的に〝ニセ〟**詔書**「ポツダム宣言を受諾せず。一億玉砕に邁進せよ」を渙発《かんぱつ》させるのが目的だった「8・14宮城クーデタ」のGRU阿南惟幾《あなみこれちか》（陸軍大臣）やGRU平泉澄らと、西尾幹二の間には何ら差異は無い。西尾幹二とは、〝昭和天皇殺し（未遂）〟阿南惟幾の再来である。

共産党史観を日本人に摺り込み、日本人から正常な歴史を剝奪せんとする、西尾幹二の極左洗脳本『国民の歴史』を二十万部も買い上げた日本会議も、天皇制廃止に向かって爆走する共産党の別動隊。保守偽装の民族派が〝保守潰し〟に暴走する情況は、1930年頃に始まる日本政治の一大特性。〝国家の生命を毒殺する重病〟に犯された日本では、国家が生きる生命はすでに壊死。日本国の死滅は目前（附記参照）。

2010年頃から日本では、小中高の「歴史」学校教科書から神武天皇や神功皇后のお名前がスッカリ消えた。仮にも生徒が神武天皇の名を口にした瞬間、教師に怒鳴られる学校も多くなった。テストで共産党史観に媚びた「神武天皇は架空の物語とされています」と書いてすら、神武天皇の名前を使用した「罪」で0点になる。現在の日本の学校現場は、「スターリン1932年テーゼ」が跋扈するカルト宗教団体の集団洗脳教場に様変わりしている。

日本の学校「歴史」教育を、〝究極の天皇制廃止絶対史観〟に完全改造したのは、何と言っても、西尾幹二の「新しい教科書をつくる会」による〝**学校教科書を日本共産党史観「一色」にする運動**〟と、彼の〝共産党史観万歳〟『国民の歴史』。が、劣等民族・日本人は、劣化の螺旋階段を落下し続け、今や、完全な白痴。〝無歴史の日本人〟に改造する〝真赤な洗脳毒薬〟『国民の歴史』や〝学校教科書を日本共産党史観「一色」にする最終兵器だった「つくる会」編『中学歴史教科書』を、「保守の本」だと逆さに大妄想する。

（備考）谷沢永一氏は、『「新しい歴史教科書」の絶版を勧告する』（ビジネス社、2001年）『妄想の人権　幻想の平等』（ビジネス社、2001年）を出版し、西尾幹二が共産党〝特別党員〟で、「つくる会」教科書運動は共産革命の一環だと世間に警鐘乱打した。

第一節 『日本書紀』神武紀の、宮崎県関連記述すべてを削除しよう！

（1）神武天皇紀の冒頭の、次の文には強い違和感を覚える。後から強引に挿入したようだ。

「長《ひとな》りたまひて日向国の吾田邑《あたのむら》の吾平津媛《あひらつひめ》を娶《ま》きて、妃《みめ》としたまふ。手研耳命《たぎしみみのみこと》を生みたまふ」（紀188頁）。

手研耳命は、神武天皇の「皇后」との次皇子（綏靖天皇）に弓矢で射殺される（紀219〜220頁）。手研耳命の母・吾平津媛は、神武東征にも東征後も、大和盆地に行かれていない。すなわち、この射殺で、この母子の血筋は絶える。皇統譜に**初めから存在しなかった**に同じ。つまり吾平津媛は、初めから非在だった。第十二代・景行天皇により挿入されたようだ。
景行天皇による、宮崎県南半（日向国）の隼人《はやと》征討「巡幸」が史実であれば、日向国の制圧で、武力鎮圧を避け、この地から妃を娶《めと》る、非軍事的な和平方策を採った可能性は高い。加えて、（宮崎県から妃を迎えるこの一文に限るが、景行天皇みずから改作されたとも推定できる）「神武天皇紀のほんの一部改作」も（備考）、隼人との講和方法として有効で合理的。なぜなら、創作「初代・神武天皇も、この地から妃を娶られた」が、皇統譜の『帝紀』に記述されれば、日向国の隼人は降伏し景行天皇に仕えても、弥生・古墳時代の強烈な〝土着宗教〟「祖先崇拝教」において、祖先の行為を継承したことになり、祖先に対し申し開きができる。

（備考）この「神武天皇紀一部改作」は、景行天皇が和平のためになされたとの推定もできるが、景行天皇の妃となられた宮崎県出身の妃が、大和に還幸後、景行天皇におねだりした可能性も高い。

が、景行天皇紀「日向国〝巡幸〟」記述は、神武天皇が日向国の女性との結婚など万が一にもなかったことを逆に鮮明にする。強大な軍事力を有する303年即位の天皇みずからが親征せねばならないほど、日向国の反・大和朝廷の姿勢は勇猛で過激だった歴史を明らかにしているからだ。それより三百年前の神武天皇が仮にも日向国に入れば、必ず鎧袖一触で殺された。神武天皇が、必ず殺害されるのが必定の地方から妃をとるなど、スーパー妄想の極み。
さらに、もう一つの問題。日本書紀の頭注は（紀188頁）、上記引用文の「吾田邑」を、「薩摩国阿多郡阿多郷（薩摩半島）」とする。思わず失笑（備考）。この頭注は、初歩的歴史事実に違背する。第一。景行天皇の隼人征討「巡幸」は、宮崎県南半分を制覇すると、すぐ熊本県の熊《くま》襲《そ》征討に向かわれ、鹿児島県薩摩半島には行幸されておられない。第二。「薩摩国阿多郡阿多郷（薩摩半島）」は土地が痩せており、妃を出せる富裕な豪族が存在しない。

（備考）宮崎県日南市に吾平津神社があり、吾平津姫を祀っている。また、宮崎市に吾田（あがた）神社があり、神武天皇／吾平津姫／手研耳命を祀っている。吾平津姫と手研耳命は、戦争（武力決着）をせず和平妥結のため已むを得ざる策として景行天皇が〝天皇の大権〟で創られた架空の人物。また、両神社は、平安時代中期以降に、『日本書紀』をうのみに建立した、史実に基づかない〝村おこし神社〟。両神社は解体すべきである。

（2）『古事記』が、書紀とほぼ同文を記述している問題も、検討を避けるべきではない。下敷きにした『帝紀』『旧辞』が同じだから当り前だと看過してはいけない。例えば、『古事記』は、「神武天皇は《筑紫ひむか》人で、《日向国》人でない」とする。つまり、阿多（吾田）は、福岡県糸島市にも存在する平凡な言葉だから、薩摩の地名でないとの謂い。

天武天皇は、手元に置かれた『帝紀』『旧辞』を読みながら、同時にそれを担当する朝廷官吏から説明を聞きながら、「（神武天皇は）ひむかに坐しし時、**阿多**（吾田）の小椅君（おばしのきみ）の妹、名はあひら姫を娶（めと）して生める子は、多藝志（たぎし）美美命、次に岐須（きす）美美命」の文にある（記161頁）、「阿多（吾田）」を、薩摩半島の地名だと思われてはいない。吾田は、全国に、人名を含め何百／何千もある平凡な言葉だからだ。

「阿多」は、宛て漢字「吾田」の「田」の通り、弥生時代の日本では「斎田」と同じ、毎年春になると全国に何千何万も生まれる、浄めの神事を行った水田を意味する普通名詞。江戸時代以降の日本では、薩摩半島にたまたま地名が一つ残っただけ。つまり、吾田を薩摩半島の特別な地名と決めつけるのは、無学・無知・無教養。大学教授なら学者欠格。

（3）記紀の宛て漢字「吾田」は、邇邇芸尊《ににぎのみこと》が娶った「木花開耶姫《このはなさくやひめ》」の正式名、「神吾田鹿葦津姫《かむあたかあしつひめ》」などにも使用されている。その日本書紀の文章が次。

「（邇邇芸尊は）日向の槵日（くじひ、くじふる）の高千穂の峯に降到（あまくだ）りまして、そ宍の胸副國（そししのむなそふくに、「痩せた未開墾の荒れ地」）を…」「（産着に包まれた赤ん坊で高天原から降臨された皇孫はあっという間に二十年が経って二十歳頃となり）時に皇孫、よりて宮殿（みや）を立てて…海濱（うみへた）にいでまして一（ひとり）の美人を見（みそなは）す。…汝（いまし）はこれ誰（た）が子（むすめ）ぞ…」「大山祇神（おほやまつみのかみ）のむすめ。名は神**吾田**鹿葦津姫、またの名は木花開耶姫」（紀154頁）。

【読み方】

①「高千穂」は、「峯」にかかる枕詞。意味をもたないから、「くじふる峯」と読む。

②皇孫は、臣籍降下するに、唐津湾に面する荒れ地を伊都国の王から賜った。この「そ宍の胸副國」については、私は、ＪＲ筑肥線の南側「波多江」駅から「筑前深江」駅までの「東西十数㎞、南に約一㎞」の細長い帯状の土地をイメージしている。この荒れ地が「ににぎ尊を戴く集団」により十全に開墾され、最高レベルの水田となり、稲がタワワに実るようになったがゆえに、御名「ににぎ尊」と呼ばれるようになったと推定している。

③「大山祇神」は、国つ神。大きな製鉄・鉄剣製造所を営む、敬仰される地元の名門。「山」は、山幸彦の「山」と同じく、製鉄を指す。伊都国の今津湾に面する一帯は、弥生中期、出雲国と並び、製鉄や鉄剣製造で日本一だった、と推定できる。

さて、「神**吾田**鹿葦津姫」の「吾田」を、古事記の頭注も（記131頁）、日本書紀の頭注も、無知蒙昧をさらして、「薩摩半島の吾田（阿多）」とする。ならば、記紀の頭注は、薩摩半島の何が「大山」か、「そ宍の胸副國」とはどこの未開墾の荒れ地か、「海濱」はどの「海浜」か、を特定せねばならないのに、これをしていない。「海浜」とは唐津湾東南端の浜辺を指し、「そ宍の胸副國」は上記②。③の「大山　おほやま」とは、福岡市西区の今宿周辺や今宿上ノ原あたりの、大きな製鉄工房を指す。「山」を〝山岳の山〟と解するのは、古代の国語知らず。『古事記』頭注の杜撰な謬説は、さらに目を蔽《おお》う。「木花開耶姫」の正式なお名前「神吾田鹿葦津姫」から二文字「吾田」を取り出すこと自体、『古事記』宛て漢字に無知なド素人の間違い。これは、美称「神」を省き、三文字「吾田鹿」と一文字「葦」の二つに分けるもの。

前者の「吾田鹿　あたか」は「熱い→あったかい→あたか」で、「高温の熱さ」を指す。後者の「葦」は、沼の葦の根元にできる褐鉄鉱や砂鉄を表徴する。双方を合体させた「吾田鹿＋葦」は、〝高温の熱で溶けた鉄〟の意。「津」は「の」。現代語に訳せば、「溶鉱炉の姫」。

なお、日本古典文学体系の『日本書紀』上は補注で、「アタ＋カシ＋ツ＋ヒメ」と間違い読みをしている。正しくは「アタカ＋アシ＋ツ＋ヒメ」。葦はアシと訓む。母音連続の法則を持ち出し、アシのアを脱落させるのはトンデモ大間違い（紀569頁）。
（4）結論。神武天皇が福岡県糸島市にご生誕され、当時の唐津湾東端から東征にご出陣されたことは、多くの傍証や証拠で明らか。一方、「ひむか三代」や神武天皇が、宮崎県の日向国の人と示す傍証や証拠は一つも存在しない。「宮崎県の日向国の人でない」証拠は数多い。
すなわち、書紀に唐突に挿入された「神武天皇は、宮崎県（日向国）の人」だと明示する、間違った記述は削除すべきである。この削除すべき箇所には次があろう。

A、日本書紀「日向国の吾田邑の……生みたまふ」（2行）、紀188頁。
B、日本書紀「その庶兄……自ら元悪を誅ふ」（16行）、紀219～20頁。
C、古事記「日向に坐しし時……二柱坐しき」（2行）、記161頁。
D、古事記「故、天皇崩りまして……とまをしき」（18行）、記165～7頁。

要は、記紀に仮にも史実に重大に違背する間違いがあれば、バッサリと削除するか、修正してあげるのが、津田左右吉／井上光貞／直木孝次郎らに**殺された記紀**に、生命を再度吹き込み復活させる第一歩である。

第二節　皇紀二千六百年式典の糾弾・唾棄こそ、『記紀』復活の第一歩

戦後日本で、1940年に挙行の皇紀二千六百年式典を批判・非難した者は、極めて少ない。戦後の古代史学者のほとんどは共産党員・共産主義者。皇紀二千六百年式典を挙行した戦前・戦中日本人もまた共産党員・共産主義者。前者が仲間の後者を非難するわけがない。

皇紀二千六百年式典は、スターリン崇拝・共産主義者の大東亜戦争〝完遂の煽動〟

古代史学者とは、天皇制廃止を狙い、実在の「神武天皇〜神功皇后」を日本史上から抹殺する（嘘歴史「実在しない」を捏造する）〝**紙上ジェノサイド**〟に全力疾走する革命家たち。一方、1940年11月10日に開催された「皇紀二千六百年式典」は、スターリンの命令「蔣介石を殺害し、毛沢東の赤い支那をつくれ」「英米蘭に対する日本自滅の戦争に反対する動きを封殺せよ」「好戦ムードを日本国中に醸成しろ」に従った〝ハーメルンの魔笛〟。

現実に、「恩賜財団・紀元二千六百年奉祝会」創設の1937年7月7日、その副総裁で首相の近衛文麿は、独断専行で蔣介石殺害戦争（日中戦争）を開戦した。そして、「皇紀二千六百年式典」1940年11月10日の約一年後、日本はパール・ハーバー奇襲の対英米蘭戦争を開戦した。ユダヤ人ジェノサイドの狂人ヒトラーとの日独伊三国同盟「締結」は1940年9月27日で、「皇紀二千六百年式典」の直前。〝日本国の破滅アジェンダ〟「日独伊三国同盟↓皇紀二千六百年式典↓日ソ中立条約（1941年4月）↓対英米蘭戦争」は、密に連関している。

日本は、〝日本列島全土をスターリンのソ連に献上する〟ため、1937年7月〜45年8月、親日国や友邦国に戦争する狂気の逆走をした。日本国の歴史を冒瀆する「皇紀二千六百年式典」のバカ騒ぎは、この狂気を勢いづける阿片として考案された。

紀元前に〝ご即位〟されていない神武天皇。皇紀「660年」捨象こそ真実

「皇紀二千六百年式典」の問題は二つ。

第一。これによって、紀元元年前後の神武天皇の正しいご即位年を、六百六十年間も昔に遡らせる、スーパー歴史改竄を広く日本国民に摺《す》り込んだ。（天照大神のご生誕を紀元前150年頃と仮定すれば）**天照大神が前漢製の白銅鏡から民族宗教〝鏡教〟を創唱**されたのは、紀元前110年前後。天照大神の五代孫・神武天皇の大和盆地でのご即位が、紀元元年よりはるか前に遡ることは万が一にもない。紀元前660年、天照大神はまだ、お生まれになられていない。

このように、「皇紀二千六百年式典」は、神武天皇の即位年を660年以上も改竄した〝嘘歴史〟捏造。この捏造を、国を挙げた祭りを通じて日本国民に洗脳するのが目的。自民族の嘘歴史は、ブーメラン的に日本国を直撃し、必ず日本をして歴史無き野蛮国か、国家無き〝亡国〟の地球放浪者に貶める。スターリンの命令「皇紀二千六百年式典」の目的とは、これ。

第二。「皇紀二千六百年式典」は、ひむか三代や神武天皇の故地を宮崎県だと大々的に嘘宣伝する全国運動でもあった。ために、ひむか三代や神武天皇の〝本当の故地〟福岡県糸島市が、

完全に抹殺された。要するに、「皇紀二千六百年式典」は、ひむか三代や神武天皇の故地を、〝史実〟福岡県糸島市から〝架空の虚妄〟宮崎県に、ワープ（空間移動）させた嘘づくり運動。

そもそも那珂通世が、1897年の明治時代、偉大な論文『上世年紀考』で、日本書紀記述の神武天皇ご即位の西暦年（＝紀元前660年）を正確に算出したのは、私と同じく、記紀を正しい記述に進化させんとの、皇室尊崇の学問的動機。ところが、戦前日本の共産主義者たちは、那珂通世の意図を逆撫《な》でし、共産革命「1940年は皇紀2600年」運動を展開した。

〝真正の学者〟那珂通世が目指したのは、神武天皇の**実際のご即位西暦年**の割り出し。が、「1940年は皇紀2600年」の〝阿波踊りバカ騒ぎ〟は、那珂の「ご即位西暦年を割り出す」学問自体を、排撃・無視する国民行動になった。那珂通世は1908年に死没。1940年の〝バカ騒ぎ式典〟に遭遇せずに済んだ。これだけが、彼へのせめてもの供養。

私が、神武天皇のご即位西暦年の〝割り出し研究〟をした理由は、那珂通世の遺志を継ぎ、彼の業績を抹殺状態のままにしてはならないという学問的動機。

日本書紀の神武天皇のご即位は、実際より六百六十年ほど遡り過ぎているが、日本書紀はどのようにして、この引き延ばしをしたか。

そこで、宝算百歳越えの古代天皇十二名から、総計六百六十年（お一方当たりの平均五十五歳）を供出して頂いた。それが表1のゴチック数字。表1から日本書紀が讖緯《しんい》説の辛酉《しんゆう》革命にこだ

表1；宝算100歳越えが“12天皇”の『日本書紀』
——ゴチックは、この12天皇から総計660年を是正

初代 神武天皇	127歳→**72歳**	第九代 開化天皇	115歳→**60歳**
第二代 綏靖天皇	84歳	第十代 崇神天皇	120歳→**65歳**
第三代 安寧天皇	57歳	第十一代 垂仁天皇	140歳→**85歳**
第四代 懿徳天皇	77歳	第十二代 景行天皇	106歳→**51歳**
第五代 孝昭天皇	114歳→**59歳**	第十三代 政務天皇	107歳→**52歳**
第六代 孝安天皇	137歳→**82歳**	第十四代 仲哀天皇	52歳
第七代 孝霊天皇	110歳→**55歳**	第十五代 応神天皇	110歳→**55歳**
第八代 孝元天皇	117歳→**62歳**	第十六代 仁徳天皇	112歳（備考）→**57歳**

（出典）宝算は、那珂通世（三品彰英増補）『上世年紀考』、養徳社、14～5頁。
（備考）仁徳天皇の宝算を書紀は書いていないので、在位87年に即位年齢「仮定」の25歳を足して112歳をつくった。

わり、十二名の天皇の宝算を強引に引き延ばし六百六十年遡ったのがわかる。

それでもなお、古代ではあり得ない八十歳台が御三方おられる。表1の仲哀天皇と応神天皇の間に、実態は天皇の神功皇后（宝算69歳）を加えて、御三方から二十歳ずつ引けば、六十歳台にできる。

【那珂通世の偉大な二論文】

那珂通世は、〝『日本書紀』編纂者は讖緯説を信奉し、神武天皇の即位年を推古天皇九年より一蔀《ぼう》（1260年）前の辛酉に定めた〟と推定。また、神武即位が実際の歴史より六百六十年も早まった理由は、これだろうとした。これが、1897年発表の『上世年紀考』（注2）。

那珂通世は、これより九年前1888年、『日本上古年代考』を著し、「神武天皇が日向に生まれ給ひしは西洋紀元前第一世紀の中頃にして、大和の橿原の宮に大八島しろしめししは西洋紀元の頃なるべし」と推論（注3）。那珂通世と中川八洋の推定は、ほとんど一致。

要は、『日本書紀』の天皇宝算は、第十六代の仁徳天皇までは、適当だった。この原因は、弥生時代と古墳時代の日本人が「年齢数えをしない／年齢に関心がない」民族文化だったからだ。皇室も、この文化において、宝算を記憶記録する制度を整備しなかった。結縄《けつじょう》その他の手段で天皇のご年齢を記録するようになったのは、第十七代天皇以降。また、大和朝廷の暦担当官が干支を正確に駆使できるようになったのは第二十七代・安閑天皇以降。それ以前の大和朝廷の暦は、百済の暦学者の見よう見まね。

第二十七代・安閑天皇の崩御は535年。神武天皇の即位を中川仮定「紀元後10年」とすると、古代天皇全二十七名の「平均在位年」は、「（535－10）年÷27名＝19・4年」。神功皇后を天皇とすれば、天皇は二十八名となり、「（535－10）年÷28名＝18・8年」。これは、「古代天皇の即位25～30歳、崩御50～55歳」の範囲内。古代天皇全員の実在を裏付ける。

記紀への姿勢が那珂通世と中川八洋は同じ。津田／井上らは、これとは百八十度逆

那珂通世『上世年紀考』は、古代史研究にとり最重要な古典。那珂通世はまた、「日本書紀は、神武天皇の即位年を、西暦換算で紀元前660年にした」を確定した不朽の学問業績だけに限らず、記紀研究者のあるべき姿勢と指針を後世に残した。古代史学問の不世出の師匠だった。私の記紀研究は、〝わが師〟那珂通世の次の戒めと基本ルールを拳々服膺《けんけんふくよう》し、それに忠実に従っている。中川古代史学とは、那珂史学でもある。つまり、記紀再生学。

A「正史に記せる事なりとも、疑はしき事あらば、飽くまでも精査して、古史の事実を確むるは、史学を講ずる者の務むるべきことなり」

B「正史なりとて、いたずらに之を墨守し、（**皇紀二千六百年式典のように**）乖謬《かいびゅう》悖理《はいり》の事までも固執せんとする時は、ついには人をして古史全体の真偽までも疑はしむるに至るべし。これ、余が最も悲歎に堪えざるところなり」。

C「史書の誤謬を指摘するは、これを破壊せんがためにあらず。その誤謬を訂《ただ》して、正実に帰せしめんがためなり」

D「勅撰の正史なりとて、（**皇紀二千六百年式典のように**）その紕謬《ひびゅう》のところまでも曲庇《きょくひ》して、これに阿附《あふ》せんとする時は、これ正史の佞臣《ねいしん》にして、賢けれども、『日本紀』を監修したまへる崇道盡敬《すうどうじんけい》（の）皇帝（天皇）の御心にも違《たが》ふなるべし」（注2、4～5頁、丸カッコ内中川）。

記紀の誤謬を糺して記紀を護持する。これが古代史家のあるべき姿勢、あるべき精神。神武天皇ほか古代の天皇は記紀記載の通りにご存在され、また記紀の皇統譜の基本部分は何一つ誤記載のない史実に従った正確な記述。なのに、やたらに難癖をつけ罵倒し記紀を破壊することに狂奔する津田左右吉／井上光貞／直木孝次郎／水野祐らは、古代史家ではなく、暴力団。まさに共産革命家の面目躍如。彼らは、古代史を日本国民から剝奪して、日本人を家畜同様の〝歴史なき日本人＝ヒト〟に改造せんとする、レーニン／スターリンの化身。

一方、上記BとDが該当する日本の民族系は、これら〝悪魔のごとき反・古代史学〟津田左右吉／井上光貞／直木孝次郎／水野祐らに、右手に剣、左手に『上世年紀考』をもって斬り込もうとはせず、むしろ共鳴して秋波を送る。彼らのアパシー的な惰弱は、日本人の意識がすでに無い、家畜的な動物のレベル。神武天皇のご即位は西暦紀元元年の前後と推定した、那珂通世の偉大な学問業績を平然と無視する脳内空洞の民族系は、スターリンの命令「日本の皇紀元年は西暦紀元前660年」だと、今も、やんやと騒ぎ続ける。馬鹿は死んでも治らない。

日本書紀は、六百六十年ぶんの新規天皇三十名を、なぜ捏造しなかった？

『日本書紀』編纂官たちは、一種の占星術的な讖緯説を信じ、皇紀紀元を六百六十年ほど引き伸ばした。この六百六十年は、在位年数「平均二十年」からして、天皇三十名に相当。天皇十二名の宝算を百歳以上に引き延ばす〝信用失墜方策〟より、新規天皇三十名を創作した方が、明らかに後世を騙せる。しかし、編纂官たちは、「新規天皇三十名の捏造」を発想しなかった。

『日本書紀』とは、天皇と皇族とその主要臣下に関する皇統譜すなわち戸籍簿。伊勢神宮の天照大神に報告する聖なる戸籍簿。一ミリであれ作為すれば、天照大神だけでなく、皇祖皇宗への冒瀆的な不敬行為になると怖れるから、そのような発想自体が起きない。

そもそも、津田左右吉や共産党員古代史学者の人格は、悪意の塊の上に、完全に狂っている。『日本書紀』の下敷き『帝紀』『旧辞』の編纂官たちが、六世紀、この『帝紀』『旧辞』の編纂にあたり、個人的な見解を自由に書き入れ改作できたと、**絶対にあり得ない真赤な嘘歴史**を主張する津田左右吉とその後継・共産党員古代史学者たちは、暴漢以上の暴力団（注4）。

神武天皇から平安時代前半までの大和朝廷官吏にとり、「天皇は皇孫（すめみま、ににぎ尊）の化身」で皇孫と同体（備考）。天上より地上に降りてこられ、崩御すれば昇天され「すめろき（崩御後の天皇）」になられる神。この考えは、柿本人麻呂の歌「大君（おおきみ）は神にしあれば天雲（あまぐも）の雷（いかづち）の上に廬（いおり、行宮）せるかも」に表徴されている。特に、十世紀頃までの宮廷官吏にとり、歴代天皇は〝現《あき》つ神《かみ》〟で、聖なる「神」（注5）。

（備考）天皇とは、「皇孫＝神」になる儀式である大嘗祭を経ておられる。大嘗祭とは、新天皇が天の羽衣を身につけられ天上に戻られ「ににぎ尊」に化身し、再び地上に降りてこられる儀式。

つまり、キリスト教徒が「第二のキリスト」「第三のキリスト」を創作しないように、大和朝廷の宮廷官吏もまた、想像上の天皇を創作することなど発想すらできない。何人《なんぴと》も、「天皇＝神」を創ることはできない。「天皇＝神」は、天照大神と血がつながった後裔のみで、この後裔の中から三種の神器を肌身離さず、さらに大嘗祭を経た者に限られる。

この絶対〝法〟を遵守しながら、後漢に発生した讖緯説に沿って国史を編纂するに、『日本書紀』編纂官は、皇紀元年を「12名×55歳＝660年」ほど過去にずらす策しか頭に浮かばなかった。そして、実在する天皇十二名に〝平均五十五歳ほど長生きしてもらう〟ことにした。

これに対し、悪魔のごときカルト天皇制廃止教団の信者である共産党員古代史学者は、天皇制度〝誹謗中傷のチャンス〟とばかり、「天皇十二名の宝算が百歳以上とは、いかに日本書紀はデタラメな創作であることか」と、記紀を誹謗する大合唱に声を張り上げる。

記紀に対する共産党の誹謗〝大合唱〟から記紀を守る方法は簡単。「その通り。百歳以上の天皇はいません。皇紀は六百六十年ほど長すぎ。それがドシタ？」と反駁すれば、万事解決。

注

1、西尾幹二『国民の歴史』、産経ニュースサービス、1999年。頁数は本文。
2、那珂通世（三品彰英増補）『上世年紀考』、養徳社、1948年。
3、那珂通世「日本上古年代考」、1888年。辻善之助編『日本紀年論纂』に所載。
4、例えば、井上光貞は、「神武天皇は実在の人物ではなく六世紀に述作された」とする津田左右吉の世紀の狂説を支持し、「不変の価値を持つ」と絶賛。井上光貞『日本国家の起源』、岩波新書（1960年）、76～77頁。逆だろう。神武天皇の実在こそ、ニュートン力学に匹敵する真理的な史実。つまり、「神武天皇は実在」論こそ〝不変の価値〟で、歴史に燦然と輝いている。
天皇の皇統譜＝記紀を編纂する作業は、朝廷の編纂官にとり、「神々」の系譜史づくり。「編纂者が記紀やその下敷き史料を自由に改作できる」など、万が一にもあり得ない。つまり、共産党員古代史学者は、自分たちがやっている記紀〝勝手放題改竄〟の大犯罪を隠蔽すべく、示し合わせて、記紀がさも〝捏造された史書〟と言いがかり（因縁）を付ける。
これは善良な一般人を襲って金品を奪うに、「お前、俺を殴ったな」と難癖をつけて恐喝する暴力団のやり方。津田左右吉や井上光貞らは、血塗られた暴力団の集団。

5、私は、大東亜戦争から日本を救って下さった昭和天皇に「神」を観想している。神でない限り、三つの奇跡「ポツダム宣言／ヒロシマ原爆／〝反共GHQの進駐〟」を起こしえない。私は、大和朝廷の宮廷官吏が「天皇とは神」と考えた彼らの天皇信仰に深く共鳴する。

米国国務省のユージン・ドーマンは、昭和天皇を神（God）と尊崇し、「神を救いたい」一心でポツダム宣言を起草。英国では神が国王・女王陛下を救うのだが、ドーマンは「日米両国はGod（＝昭和天皇、現つ神）の命を救うべく、大東亜戦争（太平洋戦争）は中止！」と訴えた。それがポツダム宣言。なお、英国の準・国歌「国王陛下万歳」の歌詞は「God save the King」。一方、ポツダム宣言は、「日米両国政府はmust save the God（昭和天皇）」。

【附記】戦後日本の政治における〝保守偽装極左（自民党）による保守潰し〟

学界や論壇だけでなく、戦後日本の政治も、〝共産党の代行政党〟自民党による赤色革命の連続を一大特徴とする（表2参照）。それは、自民党は保守政党と目されているから、**保守偽装極左**（自民党）**による保守潰し**でなくて何であろう。日本は、今では〝世界最悪の共産社会〟に改造されているが、その多くは自民党による共産化による。これはまた、一億日本人の中で、現在、共産主義者もしくは共産主義シンパでない者は、数えるほどしかいない事実と一致する。現在、反・共産主義の日本人は、私を含めても〇・一％未満だろう。

表２；保守偽装勢力の「保守潰し」は、最初「無思想・無気力化」。次に「日本赤化革命促進」

林房雄の『大東亜戦争肯定論』、1965年。	竹山道雄ら戦後の保守知識人は、大東亜戦争否定論。隠れ共産党員の林房雄は、この保守潰しとして、朝鮮総連（KGB説も根強い）から巨額の報酬で、本書を書いた。
佐藤栄作首相の「非核三原則」、1972年。	1960年までの保守は国防第一。核武装論は、仮に核武装に至らなくとも、国内の反戦・反国防をぶっ潰す効果は絶大だった。非核三原則は、日本から国防精神まで腐蝕的に消し去った。
田中角栄首相の「中共との国交回復」、1972年。	保守の反共は、これで成立しなくなった。
田中角栄首相の「超福祉国家路線」、1973年。	家族解体／勤勉（独立自存）など道徳の一掃／経済の衰退と財政の破綻を目指すものだが、自民党内のこの声は、角栄の人気で消された。日本人が“福祉バラマキ無限要求”をする堕落と腐敗は、ここに始まった。
田中角栄首相の「対ロ経済協力＝日本は無料で搾乳される乳牛 or ロシアの奴隷国」、1973年。	返還されない毛鉤に釣られて、一方的にロシアに経済的利益を献上する慣行が確立。
中曽根康弘首相の共産党主催「ヒロシマ反核集会」出席、1983年８月。	自民党は反ヒロシマ等で、やっと反共を維持していた。が、これで自民党から最後の反共が消えた。
“祖国叛逆”「大東亜戦争肯定論」「東京裁判史観」がドグマのカルト団体・日本会議。1980年～。尚、天皇在位奉祝は、正体隠しの迷彩服。	共産党の反米闘争支援／戦前戦中の朝日新聞の赤化煽動報道の無罪放免／固有の領土“ロシア献上”等を目的とする“共産党の別働隊”日本会議が、ロシアKGBが中心となって創設された。
小渕恵三首相は、日本版『共産党宣言』である「男女共同参画社会基本法」を立法、1999年。	日本は、これをもって、共産化と亡国路線を確定した。日本の国家滅亡は不可避。
西尾幹二の「学校教科書“共産党史観”大注入」、1997～2000年。	日本会議は、西尾幹二の“学校歴史教科書《共産党一色化促進》”運動に全面協力した。

第Ⅱ部

〝天才軍略家〟神功皇后の新羅ご親征、〝その皇子〟応神天皇の平壌攻撃

神功皇后（320～389年）『名高百勇伝』歌川国芳より

第一章

〝東洋のクレオパトラ〟神功皇后の新羅ご親征は〝史実〟

記紀をすべて創作としてしまえば天皇のご祖先を抹殺でき、天皇制度の正当性の基盤を破壊できる。また、「皇室の祖先は嘘つき」と、現・皇室に対し致命的な中傷誹謗を流布できる。天皇制度を自壊せしめるに、プロパガンダ〝記紀は嘘ばかり〟は、実に有効な共産革命方法。故に、凶悪な共産党員たちは、その一つとして、日本の歴史に燦然と実在される神功《じんぐう》皇后のご存在を否定すべく、あらん限りの詭弁と難癖をつける。表1は、この嘘歴史を捏造する共産党員学者の一部。

例えば、神功皇后の新羅〝ご親征〟年に関する記紀記述の不正確さを批判することは、学術的には間違いではないが、この不正確さは、「神功皇后は、新羅征討をされていない」の根拠にはならない。歴史学なら、神功皇后の新羅ご親征に関する実際の関与形態を明らかにする。難癖をつけるだけでは、歴

表1；“歴史の大偽造”「神功皇后“非在”説」を嘘宣伝する“赤い学者”たち

津田左右吉	『日本古典の研究』上・下、岩波書店、1948年、1950年。
池内宏	『日本上代史の一研究』第四／五章、近藤書店、1947年。
直木孝次郎	「神功皇后伝説の成立」『日本古代の氏族と天皇』、塙書房、1964年。
井上光貞	『神話から歴史へ』、中央公論社、1965年。
上田正昭	『日本の歴史２　大王の世紀』、小学館、182～90頁、1973年。
塚口義信	『神功皇后伝説の研究』、創元社、1980年。
前田晴人	『神功皇后伝説の誕生』、大和書房、1998年。

史学ではなく、悪質な天皇制廃止運動。

まだ記憶記録時代の四世紀の歴史を、それから三百五十年も経った八世紀初頭に編纂した記紀の記述が、厳密な正確さを欠くのは当たり前の話。しかも、『書紀』が記す神功皇后の新羅ご親征の年は、(学界通説の)日本書紀の干支を120年二運(めぐり)繰り下げ是正をするので、320年。朝鮮半島の史料『三国史記・新羅本紀』では、346年と364年の二回が記録。書紀の320年は、346年に訂正すれば済む話。

訂正せずとも、二十六年間のズレしかない。が、表1の共産党員たちは、たった二十六年間のズレで、「神功皇后は、実在しない」の根拠だと大騒ぐ。これは、悪意ある罵倒で讒言《ざんげん》。歴史学ではなく、天皇制廃止の共産革命〝詭弁学〟。

346年／364年／369年に新羅征討を実行された神功皇后

『三国史記』の記述が次。

①346年の『三国史記』新羅本紀の記述は、次の通り。

「倭兵、にわかに風島に至り、辺戸を抄掠す。また進みて**金城を囲み**、はげしく攻む」(注1)。

②３６４年の『三国史記』新羅本紀の記述は、次の通り。

「倭兵、大いに至る。…倭人、大いに敗走す。追撃してこれを殺しほとんど尽く」（注１）。

３４６年の新羅征討は、仲哀天皇のご遺詔を直ちに履行された神功皇后の〝ご親征〟。神功皇后は、新羅の首都・金城（慶州）まで兵を率いられたのではない。松浦半島の呼子《よぶこ》で出撃する将兵に檄を飛ばされたか、対馬まで日本海軍を率い、対馬の和珥津（わにのつ、鰐浦）で新羅に向かう大規模な日本海軍（陸戦をするので「海兵隊」）を閲兵されたか（図１参照）、のいずれか。

いずれであれ、七世紀に斉明天皇が半島の白村江《はくすきのえ》へと出撃する（唐の海軍の五倍という）大海軍を、難波から四国の熟田津《にぎたつ》を経て博多まで率いたのと同一だから、語彙「親征」は正しく、日本書紀の「神功皇后新羅〝ご親征〟」は史実に正確な記述。神功皇后の御誕生が３２０年なら、神功皇后の新羅征討は、御年26歳（３４６年）と44歳（３６４年）と49歳（３６９年）のとき。

３６９年の新羅征討は、日本書紀から確定できる。

なお、「神功皇后の崩御３８９年、応神天皇の即位３９０年」は確定できるから、〝絶世の美女〟神功皇后の宝算は69歳（備考）。

（備考）〝東洋のクレオパトラ〟神功皇后は、オードリー・ヘップバーンの頬をふっくらさせた龍顔ではなかったかと、私は想像を逞しくしている。神功皇后の国防・外交に関わる頭脳（＝高いＩ

Q）は、チャーチルに比肩できるレベル。並みの表現では「天才」。

神功皇后は〝応神天皇の摂政〟ゆえに、『日本書紀』は、皇室の慣習すなわち〝法〟に従い、「皇太后」と記述。が、北畠親房『神皇正統記《じんのうしょうとうき》』は「天皇」としているように、実態的には天皇。日本書紀も、実質的な天皇と扱っており、ときどき「天皇」と記述。第十五代・応神天皇は、「346年に生誕、在位は390年（44歳）～413年（67歳、崩御）」と確定できる。

応神天皇の父君・仲哀天皇の崩御は、神功皇后がご懐妊された346年。在位期間は（日本書紀によれば）八年だから、仲哀天皇の即位年は338年。ご懐妊中に、新羅ご親征で対馬の和珥津《わにのつ》まで大海軍を率いられた神功皇后は、対馬から急いで博多湾にUターン。福岡県粕屋郡宇美にて、仲哀天皇の皇子・応神天皇を無事ご出産あそばされた。

『三国史記』が記す〝346年の神功皇后ご親征〟を、『日本書紀』は「秋九月に軍を召集して出撃。冬十月に対馬の和珥津から新羅に突入。新羅降伏。…」と記述（注2）。『三国史記』は、日本側が敗走したとするが、『書紀』は逆に日本が大勝利したとする。勝利か敗北かなどマイナーな問題だから、いったん無視し、両国の史料とも「親征」だと記録していることに着目しよう。346年の〝神功皇后ご親征〟の史実に、疑う余地は存在しないのだ。

なお、問題は、記紀の出撃季節の記述。対馬海峡の海が最も穏やかなのは、現在の4月～5月頃。ご親征は、この季節。とすれば、記紀の記述は数ヶ月ほど遅れている。

図１：346年、日本海兵隊の新羅“征討”（神功皇后は和珥津まで）

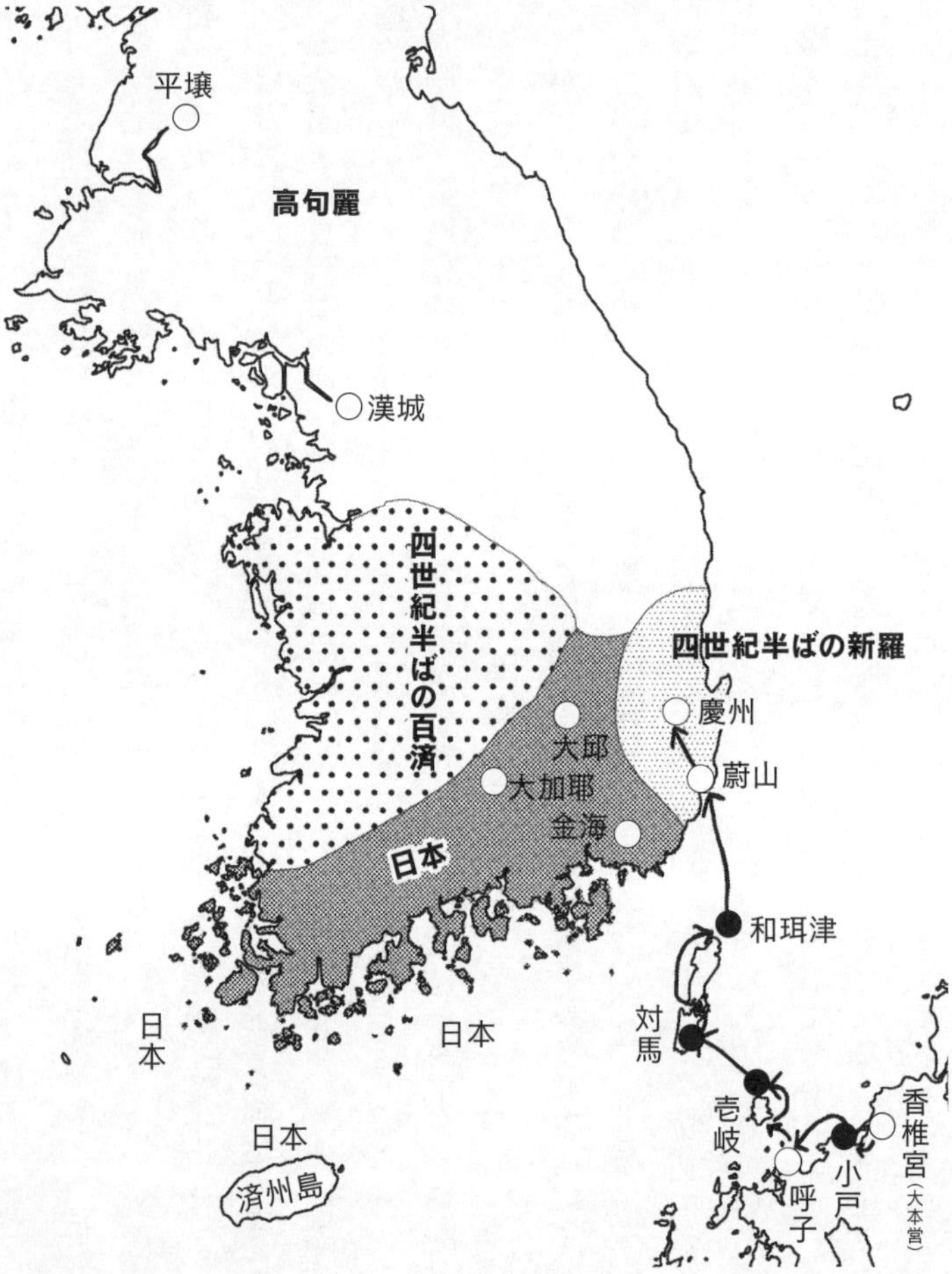

313年に朝鮮情勢が〝急変〟。「半島の南半分」防衛〝ご聖断〟は仲哀天皇

日本の古代史学界は、歴史学者としての素養が皆無の、度外れに頭が悪い劣等生が集まるヤクザ集団。記紀を正確に読むことすらまったくできない。その上、脳内がスイカよりも赤く、意図的に史実を改竄することしかしない。彼ら全員、〝学者以前〟のキワモノ。

このため、記紀から簡単に推定できる、史実「仲哀天皇こそが新羅征討の立案者で、ご即位と同時に、七年を要して軍船数百隻以上を建造し、一万人以上の兵士の甲冑や弓・剣を製造した」ことすら、彼らは推定できない。仲哀天皇は、大量の造船工場を設置した穴門《あなと》（下関）に向かわれる前、紀伊半島に行幸。これは操船を得意とする「舟師」数百名と造船技師を徴募するため。紀国は水軍のメッカだった。が、こんな初歩知識すら、日本の古代史家は知らない。

仲哀天皇が、（日本武尊《やまとたけるのみこと》の怨霊を避けるため奈良から遠隔でなければならないが、近江あたりにせず）敦賀に都を構えられたのは、敦賀は新羅からの帰化人の最大居住地で、新羅の情勢や地理を諜報intelligenceできたからだ。母方が新羅系コリアンの皇族・神功皇后を皇后にされたのも、とびぬけた頭脳と美貌もさることながら、新羅攻略時の参謀としての起用だっただろう。

なのに、日本書紀は、新羅征討を立案され侵攻軍を準備なされた仲哀天皇こそ新羅征討の功

労者とせず、神功皇后のみの大功績とする。私は、この理由がさっぱりわからない（注３）。出撃直前に御病気になられたことが朝廷内では相当に不評だった、とも考えにくい。なお、仲哀天皇が、急遽、敦賀の神功皇后を博多に呼ばれたのは、病が重く余命いくばくもなく、「私の代わりに新羅を討て！」との遺詔（天皇の遺言）を伝えるためだろう。

では、なぜ仲哀天皇は、３３８年、新羅征討を〝ご聖断〟なされたか。３１３年、朝鮮半島に大激変が発生したからである。朝鮮半島には、景行天皇の御代３１３年、「親日」支那人が植民地を営む楽浪郡／帯方郡が消滅し、高句麗《こうくり》という（日本にとって）敵対的国家が誕生した。

この大激震は、（百済／新羅の北辺から南側の）朝鮮南部を従来のまま日本の勢力圏として維持し、三十八度線で半島を分割し、この線で、日本の「対高句麗」防衛線を構築する以外に、日本の発展に欠かせない〝先進文明国〟支那帝国との交通線（sea lines of communications、ＳＬＯＣ）を護れなくなる事態の発生であった。

百済は日本と連携して高句麗と戦う友邦だが、新羅は高句麗と同盟を結び日本に敵対する以上、「新羅を征討し日本の直轄地にせねば、日本は財政の数分の一を賄う韓半島の《準・日本領》権益すべてを失う」は、仲哀天皇ほか大和朝廷の全体意思だったろう。日本武尊の皇子で、ＤＮＡに高度な軍事指揮官力を相続されていた仲哀天皇にとり、**大和朝廷初の渡洋外征**は、さほど困難ではなかった。

【閑話休題】

①第十二代・景行天皇の即位を303年と仮定すれば、第十三代の成務天皇と合わせた在位期間は、303〜338年の三十五年間。平均で一代二十年以内であり、現実的な範囲にある。

②「成務天皇／仲哀天皇」の都が、神武天皇の故地である奈良県の大和盆地／大阪湾の河内周辺ではないことは、他の天皇と顕著に異なる。日本武尊の異母弟に当たる成務天皇の都は、近江の高穴穂宮（たかあなほのみや）。日本武尊の皇子・仲哀天皇の行宮は、敦賀の笥飯宮（けひのみや）。いずれも皇后の出身地。この理由を探求した論文は、どうも皆無。私は、大和盆地を蔽《おお》っていると恐れられた日本武尊の怨霊を避けるためだった、と推定。なお、両天皇の御所が怨霊から逃れるために大和盆地から遠く離れた地理的位置に定めた事実は、日本武尊が「ご実在された」史実の裏返し的な証左。

補足。日本武尊に関わる記紀の記述は、尊の薨去《こうきょ》後に自然的に生まれた民間伝承を余りに過剰に採録しすぎ文学的。これが、歴史学的記述を求められる史実〝日本武尊の実在〞の信用低下になった主因のようだ。が、記紀に採録すべきでなかった文学的伝承が過多であることは、日本武尊の実在性を否定する根拠にはならない。このような主張は、反・歴史学のはなはだしい暴論・詭弁の類。

日本の国防は、親・高句麗の新羅潰し／〝高句麗の敵〞百済の友好国化／任那〝堅持〞

神功皇后の治世における対半島外交・軍事政策は、余りに完璧で余りに華麗に過ぎた。韓国保護国化のための1905年の統監府に酷似する、任那「日本府」も創設された（369年）。ゆえに、大和朝廷内では、仲哀天皇の功績も応神天皇の功績も、神功皇后お一人の偉業だったと信じられた。記紀編纂の八世紀初頭は、仲哀／神功／応神の「三」天皇から三百年以上が経つ。なおのこと、この誤解は、朝廷の揺るぎない「常識」になっていただろう。

（備考）神功皇后を「天皇」とすることは、何ら問題はない。

日本軍が高句麗領内深くに攻め込んだのは（図2）、広開土王の碑文によれば404年。応神天皇の御代。が、この高句麗戦争を含め、記紀は三韓征伐として神功皇后お一人のご功績と讃える。確かに、応神天皇が高句麗と二回にわたる戦争ができたのも、そうできるよう、346年から営々と準備されたのは神功皇后である。この故に、「新羅征討の勝利はすべて神功皇后のご功績」だけに留まらず、「高句麗ほか三韓の征伐は、神功皇后お一人のご功績」という「常識」が生まれたのだろう。

なお、表2で示すように、応神天皇の御代、391年の大規模な対新羅戦争も、400年と

図２：応神天皇の侵攻ルート（404年）

表2；神功皇后と応神天皇の対朝鮮征討（侵攻）

（以下、神功皇后の、346～389年の御在位中）		
346年	第一回新羅侵攻（半島東南端の蔚山から、金城に直攻）	新羅本紀、40頁 日本書紀　上、336～42頁。
364年	第二回新羅侵攻（仝上）	新羅本紀、40頁
369年	第三回新羅侵攻（百済と連合し任那の卓淳国から攻める）	日本書紀　上、355頁
382年	第四回新羅侵攻（将軍・襲津彦が叛乱し、無為に化す）	日本書紀　上、359～60頁
（以下、応神天皇の、390～413年の御在位中）		
391年	第五回新羅侵攻（任那方面から攻める？　日本全面勝利、新羅は日本に服属）。新羅本紀では393年。	広開土王碑文、90頁 新羅本紀、41頁
400年	第一回対高句麗戦争（新羅領内）	広開土王碑文、92頁
404年	第二回対高句麗戦争（高句麗領内）。帰路、新羅攻略（405年）	広開土王碑文、92頁 新羅本紀、42頁。

（備考）新羅本紀は、岩波文庫の『三国史記倭人伝』。日本書紀は、岩波書店の日本古典文学大系。広開土王碑文は、岩波文庫の『三国史記倭人伝』。卓淳国とは、任那（加羅諸国その他）のうち、新羅に最近接する（日本に服属の）小国。

404年の対高句麗戦争も、日本書紀には記述が無い。400年前後の大和朝廷では、文字記録がほんの少し試行され始めたばかりで、記憶記録が主体。**記憶記録官**の〝職〞は、家系ごとに相続される。また、この数名の記憶記録官に、〝記録〞を命令するのは、天皇の大権。390年に即位されたばかりの応神天皇は、超多忙で、391年の大規模な対新羅戦争および400年と404年の対高句麗戦争を記憶記録するよう命じるのを失念されたのか？　それとも記録を命じられた記憶記録官の何代か後の子孫の記憶力が悪く、忘失したのか？

朝廷記録の文字化を推進された欽明天皇の御代は、この391年から百五十年後。記憶記録官の家系では六代目に当たる。この六代のうち一人の記憶力が〝お粗末〟なら、これら三つの渡洋外征の歴史は消える。実際は、これではないか。

神功皇后の実在と『日本書紀』の学術的史書性を証明した七支刀

話を、「神功皇后の三韓征伐は、史実も史実」という歴史学テーマに戻す。
（1）日本書紀の神功皇后紀52年、すなわち西暦372年、百済の肖古王は、七枝刀（ななさやのたち）を神功皇后に献上した（注4）。七枝刀は現在も、石上《いそのかみ》神宮の宝剣として祀られている。銘文によれば、**369年**に日本の天皇（神功皇后、支那語表記は「旨」）に献上すべく造ったとある。百済は、369年、日本を宗主国とした。七枝刀は、これを証する献上物。百済に朝貢させるのも「三韓征伐」だから、〝三韓征伐は神功皇后〟としても、学問的には正確。
百済が日本とは戦わず、同盟路線を採ろうと決心したのは、**364年**に新羅が日本に軍事的に制圧された、その衝撃によると考えられる。364年、『三国史記』の記述とは裏腹に、新羅は破局的な敗北を喫し、莫大な賠償をその後、日本に貢ぎ続けることになった。

七枝刀の製作開始は遅くとも368年。それは隣国の破局的な大敗北364年から四年後。なお、「ななつさや」の謂われは、戦場の「必勝」「不死身」。霊験あらたかな吉兆の縁起物。

以上の事柄だけでも、『日本書紀』神功皇后紀は学術的にも最高レベルで歴史事実を伝える史書なのが明らか。正確でない部分は多々あるが、造作と目される部分は一ヶ所もない。

なお、369年に献上された〝魔力ある宝刀〟を、大和朝廷＝日本政府が三年間も放っておき、**372年9月**になってやっと献上儀式（同盟締結儀式）を執り行ったのは、慎重な神功皇后が百済の真意を探っていたからだろう。百済が371年に高句麗に侵攻し大勝利したこと、および百済が東晋に朝貢し、その見返りに**372年6月**に東晋から官位「鎮東将軍領楽浪太守」に冊封されたこと（注5）、の二つから神功皇后はようやく同盟国に認めたと考えられる。

【蛇足】

七枝刀に関する劣等学者のスーパー謬説を発見。注6に紹介。学者以前の田中俊明は、現在価格で五千万円をはるかに超える高価な七枝刀を、〝同盟の証〟ではなく、日・百外交関係開始の記念品だと、三歳児にも負けない戯言を唱えている。初の百済外交使節団の来朝は367年。もしその記念品なら、367年に持参している。刀は武器で、「ともに戦おう」の軍事同盟誓約の証。外交記念品にはしない。

(2)神功皇后紀に、「神功皇后は仲哀天皇の崩御直後に新羅ご親征をなされた」とある（注

2）。これは、『三国史記』が裏付ける（注1）。すなわち、日本書紀は、百％正確な史実を記述。

（3）日本書紀「神功皇后紀」記述の最大のチョンボは、神功皇后を『魏志倭人伝』の卑弥呼になぞらえたこと。これは、「320年生誕～389年崩御」の神功皇后を、「170年生（仮定）～248年薨去」の百襲姫《ももそひめ》に錯誤することだから、神功皇后を百五十年ほど遡らせ過ぎ。このミスは、共産党員学者に、神功皇后〝創作〟の証拠だと悪用された。が、この程度のミスで、日本書紀・神功皇后紀の史実性は揺るがない。こう解釈するのが真の一流歴史学者。

なお、この種のミスは、日本書紀全体に無数。なぜ、このようなミスを日本書紀の編纂は大量に犯すのか。編纂官たちが史料偏重主義だからだ。彼らは、何でもかんでも史料を書紀に組み込んだ。例えば、『魏志倭人伝』など無視すれば済むのに、逆に重視し、神功皇后になぞらえるミスを犯した。編纂官たちは、『魏志倭人伝』を読んだ直後、「神功皇后が《親魏倭王》？オカシイな」と思ったはず。素直に、自分たちが懐いた最初の疑念に従うべきであった。

日本書紀の「369年、日本・百済連合軍、新羅に侵攻」も史実。書紀は史実だらけ

（4）『書紀』は、神功皇后49年＝西暦369年に、日本の海兵隊は、任那の一つ卓淳国（とくじゅのくに、現在の大邱《てぐ》）で百済軍と集結し、連合して新羅に攻め入り、これを撃破した、と

する（注7）。この年は、百済が日本に献上する七枝刀を完成させた年。まさに日本・百済同盟が実態的に締結された両国の記念すべき年に、両国は連合軍をつくって共同軍事行動を実践した。私が、この記録を「正しい」と判断した理由は、次の三つ。

A、百済との友好関係が無ければ、広開土王の碑文で明らかな391年のケースのような、日本の対半島外交・軍事政策のトップ目標、高句麗との本格的な戦争はできない。日本が直轄領「任那」から北上して黄海に面する高句麗の諸城に攻め入るコースは、多くは百済の領内をトレパスする。日本の高句麗攻めを百済が黙許か協力することは、絶対条件（図2）。

B、新羅が一定以上の軍事力を持てば、必ず、日本軍の北上を、東側から襲い切断しにかかってくる。新羅の軍事力を弱体化しておくのは、日本にとって最優先課題。だから、仲哀天皇は、即位直後の338年、その準備に早速お取り掛かられた。

C、対高句麗戦では、大量の兵器、すなわち刀や槍や甲冑もまた相当量が必要。また、logisticsの食糧補給その他の兵站が半島で準備できなければならない。それらを、日本から海上輸送することは、当時の（排水量20トンの）小型構造船ではまったく不可能。これが、「任那」を政治機構化することが、日本の〝対半島〟外交の至上命題となった理由。

【Cの補足】半島攻略の橋頭保「任那」の諸小国群を、日本の実質的な属国にしておくことは、外交・軍事政策上、絶対不可欠。「**任那**」は、対高句麗戦に万が一も欠かすことはできない**日**

本国の領土でなければならなかった。幸運にも、神功皇后が369年に創建された「任那」日本府は、朝鮮を保護国化したときの韓国統監府（1905～10年）と同一レベル。「任那」は、その後、永く日本に帰属する領土でありつづけ、日本国を大いに裨益した。

近頃の古代史学者が戯《たわ》ける「任那日本府は、日本総領事館／日本政府の現地連絡事務所のようなもの」とは、噴飯物の架空の捏造歴史。任那の諸国には、戦時には食糧徴発や兵士・軍属を徴用。額は相当に軽減されていただろうが、平時に徴税もしていたと考えられる。それでも任那の小国群は、新羅が大嫌いで日本が大好きだった。済州島は日本領だったが、369年、同盟の誼《よしみ》に日本は百済に割譲した。『魏志倭人伝』も、三世紀初頭の朝鮮半島の南部を「日本領」だと記述している（注8）。

また、現在の日本の学界では、「任那」の領域を極度に狭くする〝反・歴史〟が横行。「任那」の領域は、新羅の五倍以上。任那は、加羅地方だけでなく、半島の南西部一帯も含む。

このことは、日本人が埋葬されている前方後円墳が、「全羅北道から11ケ、全羅南道から2ケ」発掘され（注9）、ここが日本人居住域だった事実とも符合する。これら墳墓の築造は、五世紀後半から六世紀中葉。この時期、百済はこの地をまだ領有していなかった。

さらに、支那が、**朝鮮半島にも「朝鮮人の国家があるぞ」**と認識した最初が、魏の261年

（注10）。それは後漢が奴国（那の津国　なのつくに）を〝日本人の国家〟と公認した57年からでも、二百年後。実際にも朝鮮半島での朝鮮人の国家は、新羅と百済が最初。また、第五代・孝昭天皇が、「大和朝廷の国は（米粒ほどの〝ちっちゃな〟奴国なんかとは違って）堂々たる国家だから、金印を授与して頂きたい」と、後漢に懇願・直訴したのが107年。この107年を起点にしても朝鮮の国家誕生は、日本に遅れること百五十年。

朝鮮半島の朝鮮人は、水田稲作／製鉄・鉄製品製造／漢字／暦学／機織《はたおり》・染色の、五分野では日本より先進的。が、国家統治機構と国家統一では日本より二～三百年も遅れた後進国。後者での日本国の先進性は、天才的な神武天皇が、西暦元年前後に大和朝廷を建国されたから。

なお、西暦元年から100年までの日本列島では、大和朝廷の版図は（奈良盆地の南半分から奈良県全土と大阪府北部へと拡大していたとはいえ）まだ小さく、奴国や出雲国とのドングリの背比べを抜け出した程度。大和朝廷が突然その規模を膨脹させたのが第五代・孝昭天皇の106年。播磨の国を制覇したからだ。

その勢いで孝昭天皇は、翌107年、臣下の安曇氏の軍隊を派兵して奴国の王を大和朝廷の臣下に編入した。当然、奴国から金印も召し上げ、志賀島《しかのしま》に遺棄した。志賀島は、奴国を裏切り、伊都国《いつくに》出身の神武天皇の大和朝廷に馳せ参じた、元は奴国王の臣下・安曇氏の領地。金印が発見された場所は、奴国時代の安曇氏が構えていた居館の床下のようだ。

３６９年の日本・百済同盟の締結は百済を北進させ、日本の「任那」支配を盤石化

話を戻す。３６９年の日本・百済共同の対新羅戦が歴史上重要なのは、これにより日本は、七つの小国を糾合した「任那」を制度化したからである。七つの小国とは、慶尚南道の昌慶《ちょんぎょん》／金海《きめ》／陜川《はぷちょん》／咸安《はまん》&慶尚北道の大邱《てぐ》／慶山《きょんさん》／高霊《こりょん》（注11）。この年、百済領内で、日本政府代表団と百済の国王・王太子とが会談。百済国王と日本の千熊長彦《ちくまながひこ》が山に登り同盟を誓約した。

この同盟締約の直後３７１年、百済は、日本との同盟で勢いを得て、「精鋭の兵三万を率いて、平壌を攻めた」とある（注５）。実際にも、この勝利で百済は、６６３年に滅ぶまで、その国家の礎をつくることができた。一方の日本も、「任那」という半島における政治機関を固め、半島経営を盤石なものにした。

なお、「任那」の語源は定かでない。広開土王の碑文３９９年の条に、高句麗軍が新羅救援軍を派遣し、「**任那**の加羅（現在の高霊）まで迫った」と、「任那」の二文字がある。「任那」はどうやら朝鮮語。何らかの朝鮮語に漢語を宛てたものと考えられる。

日本の対高句麗戦は、応神天皇の御代。３９１年だけでなく４０４年（備考）にも決行。このときの日本は、「帯方界」まで攻め込んだとある。「帯方界」は、ソウル（漢城）よりはるか

北の、平壌の近傍。書紀には、この記事はない。『三国史記』に405年、日本軍が新羅の明活城に攻めてきたとあるから（注12）、応神天皇軍は、高句麗をその本拠地近くまで深く攻めた帰路、ついでに新羅攻略をしたようだ。

（備考）仁徳天皇の即位は414年と推定できるから、404〜5年は応神天皇の御代。

これほどまで半島で展開する日本の強力な軍事力の情況からして、日本の任那も、百済も、五世紀中はまったくの安泰だった。実際に、日本のこの軍事態勢にガタが来るのは、それから百五十年が経った六世紀半ば以降。任那滅亡は562年、百済滅亡は663年。

神功皇后の高句麗〝封じ込め〟→逆転（任那滅亡と百済滅亡）→天武天皇の唐〝駆逐〟

日本に敵対的な高句麗の南下を防ぐには、日本の直轄領「任那」を維持し、新羅を弱体化し、百済をして絶えず高句麗に攻め込ませる策がベスト。この対半島外交の基盤を完璧に構築されたのが神功皇后。この神功皇后の〝対半島〟戦略を堅持したのが応神天皇。346年から405年までの、神功皇后&応神天皇の六十年間の対外行動史は、百点満点。

なお、外交は軍事力や戦争能力と不可分。非・軍事外交など、〝狂人のみが懐く妄想で狂気〟。そもそも共産党・朝日新聞が大好きな〝非・軍事外交〟など人類の世界史には存在しない。

が、応神天皇から百五十年。情勢はがらりと変化。新羅が強国として勃興したからだ。新羅は、隆盛してゆく勢いの中で、562年、「任那」を併呑した。日本は、（任那以前の）弥生時代から六百年間以上も保持してきた朝鮮半島の橋頭保と権益のすべてを失った。そして、唐帝国の半島支配の野望が、これに加わった。

高句麗は、唐の猛襲を受け、急速に疲弊した。唐はこのとき、先に百済を滅亡させ、高句麗を南方からも攻めることにした。660年、唐は百済に大軍を投入し、ほとんど滅ぼした。

滅ばんとする百済を救援すべく、海軍力で唐に勝る日本は、白村江で決戦に臨んだ。が日本は、ミッドウェー海戦と同じく、戦術の稚拙から五倍優勢なのに一気に敗北した。「（クレオパトラの）アクチウム沖の海戦、白村江の海戦、ミッドウェーの海戦」という優勢側の敗北は、これから東シナ海・南シナ海で起きる、日米海軍の対「中共」〝大敗北〟の凶兆と心せよ。

ともあれ、663年の百済の完全滅亡によって、高句麗は西と南の「二正面」から唐軍の進撃を受けることとなった。高句麗に防衛の方法はなく、668年あえなく滅んだ。

この機に、新羅は、旧・百済領を領有すべく、唐との同盟を反故《ほご》にし、〝反・唐〟に、外交を百八十度逆に転換した。新羅は唐を半島南部から駆逐し、675年、百済領を〝併呑〟した。ために、唐は678年には朝鮮半島南半から完全に手を引いた。朝鮮半島はこの後、「北部が渤海、南部が新羅」の時代へ移行。

日本では、天智天皇（近江朝）のような百済復興を夢見る勢力と、大海人皇子《おおあまのおうじ》（後の天武天皇）のように新羅の〝反・唐〟政策を応援し、日本にとっての軍事脅威である唐を朝鮮半島南部から駆逐すべきとする国防重視派とが対立していた。壬申の乱（672年）での後者の勝利とは、国防重視派の勝利だった。渡洋海軍力を持つ唐帝国は日本に侵攻できるが、新羅は海軍力ゼロで日本への脅威はゼロ。天武天皇の対半島外交の方が、天智天皇に優る。

神功皇后の高句麗〝排撃〟のための、朝鮮南部に対する〝外交・軍事政策〟は、天智・天武天皇の時代に、半島に進出せんとした唐帝国からの日本国の安全確保という別の国防政策に変化したが、日本国を支那帝国や朝鮮北部勢力から守るという基本姿勢では、三百年後の天武天皇にしっかと継承されていた。〝外交・国防における天才軍略家〟神功皇后の輝きは、その美貌とともに、天武天皇のビスマルク的な対新羅〝外交〟で、再び燦然と煌《きら》めいたのである。

注

1、佐伯有清『三国史記倭人伝』、岩波文庫、1988年、40頁。

2、『日本書紀』上巻、日本古典文学大系、岩波書店、335～40頁。

3、仲哀天皇紀には、天皇の主要事績がほとんど記述されていない。この問題解明には、まず記憶記録官の制度とその実態を考察する必要がある。が、日本の古代史学界は、神武天皇に始まる記憶記録官制度に関する研究を検閲的に禁止し、学術論文は一本もない。

記憶記録官制度を解明すると、記紀になぜ〝歴史事実と無関係な伝承〞が多いかの理由が浮き彫りになり、津田左右吉流の「天皇の事績記述が少ないのは、歴史を創作した証拠」という嘘八百が瞬時にバレるからである。現に、仲哀天皇紀の記述90％以上は、仲哀天皇の事績ではなく、後世に産まれた、史実と無関係な伝承ばかり。どう読んでも、二世代後あたりの朝廷内での雑談。下級官吏の記憶記録官は、とりとめのない話が好きなようだ。

記憶記録官制度について、私見を述べておこう。まず、「神武天皇の頃は二人、崇神天皇以降は七人だった」と仮定する。文字記録への転換とそれによる帝紀・旧辞の編纂は、欽明天皇～推古天皇の御代。記憶記録官を全員解職したのは、推古天皇。稗田阿礼《ひえだのあれ》の祖父は、このときに解職となった最後の記憶記録官の一人だったと、私は仮定。

記憶記録官は、命じられた皇統譜や天皇事績を朗誦で記憶する。例えば稗田阿礼は、天武天皇に暗記を命じられた『古事記』を毎日、朝6時～夕方6時頃まで一日十時間ほど朗誦。一週間ほどで全文を朗誦し終わる。つまり、これを年五十回ほど繰り返し、暗記した文章すべてを、一週間ごとに一字一句正確に確認する。これを約三十年間繰り返し、最後に太安万侶《おおのやすまろ》の前で朗誦し、『古事記』が文字化された。稗田阿礼は、古事記を一千五百回ほど朗誦か？

4、上掲『日本書紀』上巻、３５８頁。
5、鈴木武樹編訳『三国史記』、大和書房、１９７５年、１６５頁、ほか。
6、田中俊明『大加耶連盟の興亡と「任那」』、吉川弘文館、１９９２年、２０３頁。そこに「七枝刀は、３

66～7年以来の両国の通交関係の開始を記念したもの」と、〞スーパーお馬鹿〞説が開陳されている。

7、上掲『日本書紀』上巻、355～6頁。

8、「**その**（倭の）**北岸**狗邪韓国」とある。「狗邪韓国」は、現在の釜山の北方に位置する「金海《きめ》」のこと。帯方郡の支那人官吏は、「金海」が日本国領土の北辺だと看做していた。『新訂 魏志倭人伝』、岩波文庫、39頁。すなわち、弥生時代から、朝鮮半島東南部の「金海」から済州島を含めた半島南西部に至るまで、それらは日本の準・領土だった。この故に、日本から楽浪郡・帯方郡への、「昼間は航行、夜は上陸して眠る」の半島沿岸南西部をぐるりと時計回りに沿った、当時の「丸木舟」の航海が全く安全だった。

9、吉村武彦ほか編『前方後円墳』、岩波書店、2019年、260頁。

10、末松保和は、『任那滅亡史』（吉川弘文館、1949年）で、次のようにまとめている。「中国との直接通交の文献上の初見が、（日本人は金印の57年なのに）朝鮮人のそれは日本に（二百年以上）後れて261年であった。朝鮮人が受けた待遇は、日本と比較すると隔絶してひどかった」（68～9頁、カッコ内中川）。

11、上掲『日本書紀』上巻、356頁、619～20頁。

12、上掲『三国史記』、55頁。

第二章

津田左右吉は、神功皇后〝紙上ギロチン処刑教〟の狂祖

生まれつきの大嘘つき津田左右吉は、狡猾な〝虚言癖〟を駆使する、重度の「パラノイア型虚言病」だったろう。日本の古代史学界を跋扈《ばっこ》する共産党員の古代史学者の大群は、この「パラノイア型虚言病」津田左右吉を継承している。ために、日本では正しい真実の古代史は根底から破壊され、今や日本国民は、古代史を有さない〝歴史なき野蛮人〟に成り下がった。

（〝人民主権型の木偶《でく》の坊〟天皇を奉戴すべしとする）奇々怪々なコミュニスト津田左右吉とは、〝日本民族の歴史を抹殺〟し、日本民族を精神から死滅させんと、祖先が残してくれた我らその子孫たる日本人が誇る偉大で正しい古代史の破壊に専念した、〝反・歴史の嘘歴史〟捏造の大家だった。津田左右吉のように凶悪な犯罪者人格は、学界でも数少ない。

津田左右吉〝歴史改竄〟病は、河上肇ら大正コミュニズム猖獗《しょうけつ》時代の産物

神武天皇から神功皇后までの歴代天皇を日本国の歴史から抹殺する、津田左右吉の最初の著が、1919年刊行の『古事記及び日本書紀の新研究』（洛陽堂）。コミュニズムが猖獗《しょうけつ》する大正時代の、ニコライ二世皇帝とその家族全員が、レーニンに銃殺された1918年の翌年。

この著から「び」「新」の文字を削ったのが改訂版『古事記及日本書紀の研究』で1924年の刊。『津田左右吉全集』第一巻の、『日本古典の研究　上』は、1924年版の『古事記及

日本書紀の研究』と『神代史の研究』を合本し1948年に出版（いずれも岩波書店）。『古事記及日本書紀の研究』は、共産党員が、ルソー『人間不平等起源論』や河上肇の訳「スターリン1932年テーゼ」と同列の、天皇制廃止のバイブルとした。日本国民にとっては、三大害毒書の一つ。

津田左右吉は、『日本古典の研究　上』の「まえがき」で、「記紀や古語拾遺が我が国の上代史を記したものであるように昔から思はれてきたのは、**今日の学問**から見れば、まったく間違ひ」と宣言した（『全集』第一巻、2頁）。この口調、マルクス『共産党宣言』を彷彿《ほうふつ》とさせる。が、『記紀』も『古語拾遺』も、日本古代史の史料的価値は最高級。この故に、この「まえがき」の一文は、〝津田左右吉とは正常な歴史家でない〟と、みずから宣言したもの。

この「まえがき」の執筆が1946年11月である事実は、津田左右吉が極度な妄想にとり憑《つ》かれているのを示唆する。この時点、『記紀』否定、『古語拾遺』否定は、日本中探して津田左右吉一人。津田左右吉は、口から出任せのデタラメ捏造歴史こそ、これからのスターリン型の共産国家・日本の新しい学問（一般通念上の〝非・学問〟）になると堅く信じていた。津田左右吉は、古代史に関する赤いカルト宗教教団を創設し、自分自身がその教祖になろうとしていた。津田左右吉は、『日本古典の研究』を、カルト教団用バイブルとして刊行した。

津田の神功皇后不在論は、超薄っぺら論文「新羅に関する物語」、たった一本

津田左右吉は、正常な学者ではない。いや、正常な人格を持つ人間ですらない。麻原彰晃などと同類。故に、津田の神功皇后不在論は、『津田左右吉全集』第一巻87頁～137頁にある、わずか五十頁の薄っぺら論考一本。つまり、たった五十頁の雑文・雑談エセーで、『日本書紀』『新羅本紀』で確定している〝神功皇后の史実〟を完膚なきまでに粉砕した積もりなのが、津田左右吉。津田左右吉を気狂いと思わない者は、正常ではない。

最低でも五百頁を必要とする学術的な大テーマに、五十頁という手抜き論考など、良心ある普通の学者なら決して書かない。しかし、良心が一欠けらも存在しない〝天性の詐言師〟津田左右吉は、非・学術性の法螺話で神功皇后不在論を捏造できると決行。その初稿は、津田が46歳の1919年。神功皇后不在論など、学問的にまったく成立しないのは、次の二点で自明。

第一。神功皇后の年譜（史実）、すなわち実在は、史料から表1のごとくに確定できる。仮にも神功皇后の実在を津田左右吉が不在にしたいのなら、この表1自体が断じて成り立たないことを、学術的に証明しなくてはならない。が、津田は、この純・歴史学的な論及ができない。まったくしてもいない。

表1；神功皇后の年譜は、一部推定を除き、ほとんどが完全確定

320年	ご誕生	推定
339年	仲哀天皇と御成婚。皇后となる。芳紀まさに19歳	『日本書紀』上、322頁。
346年	ご懐妊→仲哀天皇崩御→応神天皇をご出産（26歳）	『日本書紀』上、330頁、340頁。
346年	第一回新羅攻略（半島東南端の蔚山（ウルサン）から川を遡行し直攻）。	『日本書紀』上、336〜42頁。『新羅本紀』、40頁。
364年	第二回新羅攻略（仝上）	『新羅本紀』、40頁。
369年	第三回新羅攻略（百済と連合し任那の卓淳国から攻める）	『日本書紀』上、355頁。
382年	第四回新羅攻略（将軍・襲津彦が叛乱し、無為と化す）	『日本書紀』上、359〜60頁。
389年	崩御（宝算69歳）	『日本書紀』上、360頁。

裏返せば、津田左右吉の神功皇后不在論によって、神功皇后の実在が証明されている。が、以上の〝津田の学的犯罪〟を指摘した学者や知識人が、戦後日本の七十七年間、私を除き、一人もいない。日本国から、知性も知力も消え失せて、すでに久しい。日本人が家鴨や豚に成り下がっているから、津田左右吉のような〝重病〟の欠陥人格の反・学者が、（著作の形で）いまなお日本の全国の大学構内や図書館を闊歩できるのである。

第二。しかも津田左右吉は、表2の応神天皇は存在するとしながら、応神天皇とは連続的で不可分の関係にある、表1の神功皇后を史実でないと主張する。すなわち、「神功皇后は歴史上存在しないが、その皇子たる応神天皇は史実（存在する）」と言うのは、両者の

表２；応神天皇の主要年譜は完全確定（推定部分なし）

346年	ご誕生（父君は仲哀天皇、母君は神功皇后）	『新羅本紀』、40頁。『日本書紀』上、336〜42頁。
390年	ご即位（44歳）	『日本書紀』上、363頁。
393年（広開土王の碑文では391年）	第五回新羅攻略	『新羅本紀』、41頁。広開土王の碑文、90頁。前者では、新羅は日本を撃退。後者では新羅は全面敗北。
400年	第一回高句麗戦争（新羅領内）	広開土王の碑文、92頁。
404年	第二回高句麗戦争（高句麗の奥深く）	広開土王の碑文、92頁。
405年	第六回新羅攻略	『新羅本紀』、42頁。
407年	第七回新羅攻略	『新羅本紀』、42頁。
413年	崩御（宝算67歳）	晉書「安帝紀」。『日本書紀』上、380頁に、「崩御の年、応神天皇派遣の阿知使主ら呉より筑紫に至る（帰国す）」とあり、崩御413年はここから確定できる。「呉」とは江南地方を治めた支那帝国「東晋」を指す。

出典；新羅本紀も広開土王の碑文も、『三国史記倭人伝』、岩波文庫、1988年。

間には母子関係が無いとの主張。だが、これほどまでに噴飯物の奇矯な歴史捏造に対して、これを粉砕する／糾弾する健全な日本人が、２０２３年の中川八洋まで一人もいなかった。１９１９年からすれば、百四年間いなかった。日本人はもはや日本民族ではない。日本はもはや日本国民の国ではない。

少なくとも次の指摘ぐらい、なぜ一億人という大人数がいながら、百年以上にわたって日本人は一人もできないのか。神功皇后と応神天皇の歴史学的論及は、共通する同一の史料を用いる。片方は存在しないとし他方は存在するとすれば、「存在しない」とした方の史料は史料価値なしとして排除されるから、「存在する」とした証拠史料には使えない。津田左右吉の、かような〝反・歴史学〟の詭弁など小学生でもわかる。が、一億日本人は小学生の知力すら無い。

津田は同一史料で「応神天皇の新羅征討は史実。神功皇后のそれは創作」とヨタ話

津田左右吉の論文すべて、学術論文として耐えうるものは一本もない。ところが、この詐言師・津田左右吉を、さも一流の学者かに、戦後日本は見做してきた。これは、犯罪カルト教団の共産党が、津田左右吉について教育界と出版界で美化し聖化する神話を凄まじい量で大々的に宣伝して日本人の頭に刷り込んだ洗脳大作戦がもたらした結果。が、一般日本人の知性が劣化を加速して学的判断力を完全喪失した、〝ナレの果て民族〟の惨たる状況の結果でもある。

津田の主張の論旨は、曖昧模糊《あいまいもこ》が堂々巡りする不明瞭きわめるキワモノ。たとえば、津田の次の諸言説を読むと、笑い転げるほかない。矛盾と齟齬《そご》が無限にサイクルしている。神功皇后の新羅征討という明らかすぎる歴史事実を否定する、論理力を欠如した彼の底なしの非・事実主義は、津田左右吉の、捏造妄想に遊ぶ気狂いという病いから産まれている。

A「応神朝の頃に、兵力をもって新羅を圧服したといふことは（広開土王の碑文や三国史記の史料から）歴史的事実」。

B「けれども、（神功皇后の新羅征討という）物語そのものは架空の構想から成立つてゐる」

C「新羅の発展が直接に我が国の勢力と衝突したといふやうなことは、地理の上からも想像せられない」

D「（六世紀の我が国の対新羅政策は**任那**の防衛・維持であった。このことからすれば、その二百年前の四世紀の神功皇后時代においても新羅と日本の）衝突の原因が加羅になければならぬ」

E「（新羅の圧迫に加羅など任那諸国は、）昔から関係が深いツクシ人が服属した大和朝廷に後援を求め、日本はこれに応じて加羅保護のため（朝鮮に出兵したにすぎない）」（注1、117頁、丸カッコ内中川）。

上記A～Eを読むと、津田左右吉が〝学者以前のキワモノ〞なのが一目瞭然。大嘘「神功皇后の新羅征討は史実ではない。日本書紀がデッチアゲた創作小説にすぎない」を、躍起に吹聴するだけの、凶悪・凶暴な〝嘘つきオジサン〞が、津田左右吉の真像。

神功皇后とは、神武天皇が紀元後10年頃に「日本国」の基盤を建設されてから三百五十年間の時を経て、支那大陸の諸「帝国」の海軍力よりはるかに強大な海軍力を有する、四〜五世紀の世界史に突出する**軍事強国・日本**の兵力を、新興の小国・新羅に対し、良質の鉄だけでなくそれ以外の税（織物その他）も課す目的で、近代史の言葉で言えば、〝植民地支配による収奪〟を目的に、新羅に投入した。近代史に譬えれば、十九世紀の大英帝国ヴィクトリア女王陛下のインド植民地政策のミニ版が、四世紀の神功皇后の新羅征伐であった。

ところが、この対外行動は、1910年頃に始まり、1917年から本格化する、日本で猖獗したマルクス主義の階級史観に従えば、「（四〜五世紀の）大国・日本はブルジョアジー、小国・新羅はプロレタリアート」の構図での、〝ブルジョアジーのプロレタリアート搾取〟にほかならない。神功皇后と新羅征討を歴史から抹殺するのは、ブルジョアジー絶滅を宗教信条とする、〝反・真実の狂人〟マルキストの当然の行動。

マルクス主義の信者は、階級史観を規範として歴史事実を改竄する宗教義務を、（仏教徒の経文読経に相当する）言動（信仰告白）で示さねばならない。北朝鮮や中共のように、共産体制国家では事実も歴史もいっさい無視されるのは、これ。同じく、日本のカルト教団の狂信者マルクス主義者も、このイデオロギーに違背する事実に対しては、恣意的に生殺与奪する宗教義務を果たさねばならない。

マルキスト河上肇の〝嘘八百〟『貧乏物語』が朝日新聞に連載されたのが1916年。その三年後の1919年、津田左右吉の〝嘘八百〟『古事記及び日本書紀の新研究』が、共産革命のアジ文書として刊行された。史実「神功皇后」「新羅征伐」を抹殺する〝歴史の大改竄〟は、津田左右吉にとって、逃避できないマルクス主義信仰の告白だった。

（備考）日本でマルクス主義がマルクス・レーニン主義へと凶悪化するのは、1918年〜25年の揺籃期を経た1926年以降。1926年からの日本列島はマルクス・レーニン主義一色。

「嘘で固めた歴史捏造こそ、プロレタリアート革命に奉仕する〝正義の歴史学〟だ」（津田左右吉）

話をB〜Eに戻す。

①B。津田は、新羅征討を〝歴史の創作〟とする。ならば、四回（393年、400年、405年、407年）も新羅征討に兵力を半島に派兵した応神天皇も非在として抹殺すべきだろう。が、津田は、Aのごとく、「応神天皇は実在する」と言う。何という悪辣《あくらつ》な二枚舌か。

②C。強大な海軍力を有する軍事強国・日本と、海軍力ゼロの新興小国・新羅の間に、国家的衝突など、一ミリも存在しない。日本は、新羅が産する高品質の鉄や織物などを賦課で入手したく、一方的に新羅に攻め込んだ。だが、国際政治がチンプンカンプンの津田左右吉は、戦争は国家間の対立・衝突から発生すると考える。世界史において戦争のほとんどは、2022年に

ロシアがウクライナに侵略したように、強国が小国に恣意的に攻め込む形態がほとんど。日米間の太平洋戦争のような、国家間の衝突が戦争へとエスカレートしたケースの方が稀。

③D&E。津田左右吉とは、加羅など任那に関する知見をまったく欠く。歴史を知らない〝ほとんどお馬鹿〟の非・歴史学者。まず、日本の準・領土であった四〜五世紀の「任那」の支配域は、現在の「釜山港、大邱、木浦、済州島」の四点を結ぶ長方形の内側で、面積だけなら346年の新羅の五倍以上。対馬海峡はすべて〝日本国の内海〟。新羅が保持する対馬海峡に面する港はただ一つ、蔚山《うるさん》のみ。釜山港を有する任那・加羅諸国は、西側側面からの新羅侵攻ルートを日本に提供する、親日のミニ国家の集合体。なお百済は、対馬海峡の海に接しておらず、当然、対馬海峡側に港を一つも有していない。

神功皇后でなくとも、大和朝廷にとり、対日「独立」意識のある新羅を日本に帰順・服属させることは、その産出する最高級の鉄からも、優先すべき国策だった。仲哀天皇は、加羅に、1905〜10年の韓国統監府のような、大和朝廷の政治軍事の拠点を築き始めたと考えられる。が、神功皇后の第一回新羅侵攻（346年）は蔚山ルート。加羅はまったく関係しない。また、新羅は、346年時点、加羅に攻め込む力はまだまったくなく、加羅が日本に救援を求めること自体ありえない。荒唐無稽な嘘つきが常習の津田左右吉はまた、狂的妄想がひどかった。

その時代々々の歴史事実の知見を欠く、〝スーパー欠陥歴史学者〟津田左右吉は、後年の歴史をもって、数百年前の歴史にすり替える狂癖も重篤だった。例えば、上記Dのように、新羅が強大化して日本の朝鮮権益やその勢力圏を犯すようになった六世紀の話を、津田は二百年間も昔に遡らせ、四世紀の神功皇后時代の半島政策に摺り替える。

あるいは津田は、Eのごとく、663年の百済救援の話を三百年間も遡らせ、「四世紀の加羅の情況とは、七世紀の百済の情況だった」と妄想・仮構し、〝真赤な嘘歴史〟「神功皇后は加羅救援のために半島に軍事侵略した」を捏造する。津田左右吉が口から出任せの嘘歴史を捏造する原因は、マルクス主義からだけではない。古代史の歴史を探索できない自分の学者としての致命的な重大欠陥を、後年の歴史をモデルにして嘘歴史を創作することで埋める、(理工系教授の実験データ改竄と同じ)凶悪な犯罪者性が、津田の持病だったからだ。〝狂人〟津田左右吉を分限免職しなかった早稲田大学も、大学の社会的責任に違背する〝反・大学〟だった。

新興の弱小国・新羅は、日本より丸三百年遅れて国家となった、本当の後進国

弥生時代以降の古代において、日本に比し、製鉄&鉄製品の製造／織物／暦学／文字などでは朝鮮の方が先進的。この事実から大きな誤解が日本人の先入観となる。「朝鮮は先進国、日本は後進国」という間違った逆さ歴史観。これが、日本人の頭にしみ込んだ。

が、国家体制や統治機構になると、日本と韓半島朝鮮人の間には、三百年の差があった。高句麗・新羅・百済の三韓は、先進国・日本に遅れること三百年を経て、ようやく国家になった。しかも、これが朝鮮人の初の国家。日本に比すれば、朝鮮とは〝政治の超・後進国〟。

現に、346年、神功皇后が侵攻した新羅は、国家として産声を上げたばかりの弱小国。すなわち、神功皇后の新羅ご親征は、先進強国・日本が、新興の弱小国・新羅に対し、「お前たちが国家を持つなどまだ早い。日本国に服属する一地方の政治団体のままでいろ」を強制する軍事力の行使。しかし、日本と朝鮮に関する古代史に無知蒙昧な〝似非《えせ》学者〟津田左右吉は、次の荒唐無稽な嘘歴史を嘯く。津田左右吉とは、詐欺犯など刑法犯罪者に似た詐言犯罪者。

F「大和朝廷が朝鮮半島に政治的経略の手を伸ばしたのは、すこぶる突飛な話」「日本国民の実生活、またその文化の程度、からすれば不相応なことでもあった」（注1、118頁）。

四世紀の日本の陸軍力は、すべて渡海させることができたなら、後進の弱小国・百済や新羅を、鎧袖一触で粉砕できるレベルの強大さだった。だが、歴史事実がまったくさっぱりの〝歴史のスーパー白痴〟津田左右吉は、「新羅征討など（日本の国力・軍事力からして）**不相応**であった」と、事実を百八十度逆さにする。

仲哀天皇・神功皇后は、少なくとも七年間の歳月（338〜45年）をかけて、百済・新羅を日本に服属させ、高句麗を現在の平壌以北に押し戻し、朝鮮半島南半分を完全な日本支配下に置くための海軍力増強を行った。皇后の新羅ご親征は、その嚆矢だった。大和朝廷の陸軍力も、隼人や出雲そして蝦夷など国内の反乱勢力との永年にわたる戦いで強大になっていた。

しかも、唐帝国に対峙する斉明天皇の海軍力が唐の五倍だった以上に、神功皇后時代の海軍力（海兵隊）は、新羅・百済に比すれば天文学的なレベル。神功皇后の渡洋海兵隊は、「武装兵士十名、馬一頭」積載の排水量20㌧の軍船を一千隻ほど保有していた。馬を積載しなければ、武装兵士は一隻につき十五名以上となる。一方、新羅や百済は、軍船ゼロ隻。

（備考）仲哀天皇・神功皇后は馬を相当数〝徴発〟した。北九州市門司区には「軍馬を集め訓練した馬寄（まいそう）」が地名として残っている。神功皇后に関する伝承のほとんどは史実。この門司区馬寄では、毎年、夏に馬寄〝盆踊り〟が開催されている。

また、対馬海峡側に、新羅の港は蔚山《うるさん》一つ、百済はゼロ。対馬海峡域は、西は黄海から東は日本海まで〝日本国の内海〟。これがどうして、日本が新羅に侵攻するのは、「国力的に分不相応だった」と言えるのか。天才軍略家の神功皇后は、有り余る日本の軍事力の、ほんの一部を朝鮮半島に投入しただけ。が、〝スーパー歴史白痴〟津田左右吉は、次のように吠える。

G「新羅征討の動機の一つに（朝鮮半島が先進国であるから）文化的意義があったので、大和朝廷が昔の帯方郡通いをしたツクシ人の後を追うたのではないかとも思われるが…」「（先進国の）百済方面に交通を試みた形跡はない」「新羅の文化は、日本より低かった（先進国ではなかった）」（注1、118頁、丸カッコ内中川）。

ただひたすら〝詐言に生きた大ペテン師〟津田左右吉は、〝歴史知らず〟の上に、国際政治は〝スーパー白痴〟。また、**〝度外れの他国知らず〟**。だから、四～五世紀の神功皇后・応神天皇の〝朝鮮半島の軍事的支配〟政策と、神功皇后の時代から四百年前の、紀元前二世紀～紀元後一世紀の奴国（なのつくに）や伊都国（いっくくに）が楽浪郡・帯方郡に朝貢して〝先進国・支那帝国の先進技術を獲得する**ツクシ人外交**〟との区別ができない。軍事行動と非軍事の外交とがゴチャゴチャの津田のIQは、酒を飲んでラリッてる幼稚園児レベル。

津田はまた、右記Gのごとく、金印「漢倭奴国王」の57年の時代と、346年以降の神功皇后の時代とを同一視する。丸三百年の時間的経過が把握できない津田左右吉の異常な非・歴史感覚は、戦国時代末期とその三百年後の明治時代を同一視する狂人と同じ。

時間軸が無い津田左右吉は、時間軸が不要な農業や漁業の職業ならできる。が、時間軸の学問たる歴史学に最も不向き。彼の歴史学は、必然的にハチャメチャ嘘歴史の巨大倉庫にならざるを得ない。これほど〝歴史白痴〟の歴史破壊主義者を、〝歴史学の泰斗〟に逆さヨイショしたのが共産党。ために日本は古代史を喪失し、今や〝歴史なきディアスポラ民族〟に転落。

まずGで、誰しも異様に思うのは、津田が、奴国や伊都国の人々を、カタカナを用いてわざわざ「ツクシ人」とすること。私は最初、早春に〝つくし（土筆）ばかりを食べる人〟かと思い違いした。再度読み直し、文脈から〝奴国や伊都国の日本人〟を揶揄し蔑視する津田一流の造語だと知った。津田語「ツクシ人」には、「俺様はマルキストという〝進歩した人間〟だぞ、弥生時代の日本人なんぞ進歩以前の未開人だー」の差別イデオロギーが漂っている。

弥生時代の奴国や伊都国の日本人は、**支那人**の植民地「楽浪郡・帯方郡」すなわち前漢と後漢を先進国と看做した。が、**朝鮮人**の朝鮮半島を先進地域と看做したことは一度もない。同様に、神功皇后時代の日本人も、新羅や百済や高句麗を先進国とみなしたことはない。

日本は、新羅や百済が持つ製鉄技術や織物技術あるいは文字や暦学という個々の先進テクノロジーや知見を欲しがったが、両国を、国家としては後進国（＝文明的には日本よりはるかに劣る未開の国）だと蔑視していた。故に、当時の国家間関係の大原則「下位の国は、上位の文明国に〝服属を誓う朝貢〟をなすべき」の秩序履行を求めたのである。

支那人・朝鮮人の瀬戸内海「航行」を禁止し北陸経由にした日本史を知らない津田

津田左右吉の大ペテン論文『古事記及日本書紀の研究』を読むと、津田左右吉が歴史学者なら当然に具備すべき基礎的な歴史事実をことごとく知らない〝スーパー無知〟で学者以前であること、及び自己流の創作（思い付き）を連鎖的につないで非事実をデッチアゲていく、プロの詐言師の手口が、鮮明に浮かび上がってくる。

後者の例を一つ。上記のGは、津田が「神功皇后の日本は、新羅を先進国と勘違いしていた」と、実態を転倒した創作をしているのを明らかにする。そんな勘違いなど、ナポレオン級の天才IQの神功皇后はなされていない。

また、津田は、「四～五世紀の百済は、日本より先進国だった」と思い込んでいる。神功皇后に対し、先進国・百済と交流を持とうとはしなかった愚かしい皇后だと嘲笑している。通常の歴史家がこんなトンデモ間違いを犯すだろうか。津田の〝爆笑を誘う非事実〟「百済は、日本より先進国だった」論は、百済が五世紀初頭に旧・帯方郡地方を領有した結果、百済は帯方郡の文明を継承したとの、狂った妄想から生まれている。

帯方郡は、313年に楽浪郡が高句麗の傘下に入った以降、支那帝国との絆がズタズタとなり、日本が新羅を攻めた346年時点、すでに、往年の**高度な先進文明の帯方郡**は跡形もなく消えていた。しかも、百済が旧・帯方郡を領有したのは、応神天皇の高句麗戦争（404年）で、日本が旧・帯方郡を一旦領有し、それを百済にわけ与えた結果。そのときの旧・帯方郡は、先進文明の匂いも影もない、支那人と朝鮮人とが雑居する荒涼と廃れた町や村。

歴史学者の素質も素養も論外だった津田左右吉について、もう一例。上記FとGに続く、注1の書の120頁で、津田は、歴史学博士ではなく〝歴史学白痴〟だと自己証明している。

H「馬韓海峡（＝下関）から瀬戸内海へ入られなかつたとて、（日本海廻りで出雲を経て）遠くツルガに来たと言ふのも事実とは思われぬ」（注1、120頁、丸カッコ内中川）。

Hは、『書紀』垂仁《すいにん》天皇紀が収録する「敦賀」の地名由来伝承（『日本書紀』上、258頁）に対し、津田左右吉が高飛車にヤクザまがいの難癖をつける一文。が、これは、「俺様は嘘歴史家なるぞ」と、明白な歴史事実の真っ向否定。以下、この証明。が、その前に閑話休題。

『書紀』の考察にあたり、伝承の部分を〝歴史性なし〟とそのほとんどを無視する私、中川八洋（**本物の学者**）と、歴史性を有さない伝承について歴史事実でないと執拗に言及してイチャモンをつける津田左右吉（**ペテン師歴史学者**）との間には、歴史学方法論に決定的な相違が存在する。このHは、史料解読における中川と津田の、力量と知性と人格（道徳性）の相違を端的に鮮明にする。古代史を専攻する大学院生は頭をフル稼働させ、以下の考察を精読するように。

国法「瀬戸内海を外国人に見せるな」制定は、孝元《こうげん》天皇の勅命か。が、津田は……

（1）鹿のごとく角が生えた大加羅国の王子の来日譚を（『書紀』垂仁天皇紀二年）、事実か否かとこだわる津田の人格は真面でない。「下関」（備考）とは、外国人を一人も瀬戸内海に入れないための関所。第八代・孝元天皇の勅命で設置されたようだ。それなのに、そんなものはなかったとは、津田の歴史改竄は狂気。なお、外国人に瀬戸内海航行を解放したのは、神功皇后。

（備考）現在の、山口県の下関／中関／上関は、江戸時代初期、徳川幕府の命令でつくられた。ここでいう三世紀の「下関」は、中川の造語。なお、淡路島の北端に設置された、大阪湾から河内湖に侵入する不審者を明石海峡で拿捕する沿岸警備隊の基地を、仮に「上関」と名付ける。

通常、古代史学者は『魏志倭人伝』を具《つぶさ》に読む。多くは暗記する。私も諳《そら》んじている。『魏志倭人伝』で、〝大和朝廷の日本国〟（支那表記「邪馬台国」）への魏の遣使は伊都国《いつくに》の迎賓館に留め置かれ、奈良盆地の天皇への直接の謁見《えつけん》は許されなかった。学者なら、この理由を突き詰める。この理由を明らかにしたのは、中川八洋一人。この理由は二つ。

第一。魏帝国に、日本国の天皇が男性（第八代・孝元天皇、第九代・開化天皇、第十代・崇神天皇）なのを隠蔽しているのがバレないように。また纏向《まきむく》にある神宮の斎宮《いつきのみや》であられた第七代・孝《こう》霊《れい》天皇の皇女・百襲姫《ももそひめ》（＝支那表記「卑弥呼　ひめみこ」。魏はマンマと騙され百襲姫を天皇だと誤解し「女王」とし、〝親魏倭王〟の称号を与えた）をさも元首かに嘘宣伝しているのがバレないようにするため。要は、事実隠蔽工作の〝瀬戸内海《鎖国》〟だった。

第二。魏帝国の遣使に、（侵略する場合の侵攻コースとなる）最高軍事機密の瀬戸内海の存在を知られないよう、大和朝廷は用心深く、親日だった後漢の後に出現した魏帝国（220～65年）を信用しなかった。魏が帯方郡を支配した238年以前からだろうが、支那人を奈良盆地に入れる時には、日本海廻りを強制した。しかも、乗船は津屋崎、下船は舞鶴に限った。江戸時代、外国使節の上陸を長崎にしたが、当時の支那人用の舞鶴はこれと同じ。

要は、大和朝廷の首都がある奈良盆地に一気に攻め込まれないよう、大量の軍船を一気に運べる**海上高速道路「瀬戸内海↓大阪湾↓河内湖」ルート**を、最高軍事機密にしたのである。

国防上の、この対支那人対策は、情報洩れを防ぐため朝鮮人にも厳格に適用された。三世紀後半頃から対日渡航能力を得た任那・新羅・百済の朝鮮人はすべて、敦賀で下船・上陸させ、「瀬戸内海↓大阪湾↓河内湖」ルートの利用を禁止した。垂仁天皇（259～303年在位）の御代、〝大加羅国の大臣が敦賀に下船〟した伝承譚は、百％正確な史実。『日本書紀』の記述（紀

258頁）は、根本部分では、歴史事実をしっかと記録している。『魏志倭人伝』は、大和朝廷に行くルートとして、伊都国《いっくに》から日本海廻りで出雲を経由し舞鶴で下船し、奈良盆地の大和朝廷に到達するまでの距離や日数を明記している。これを最初に正しく読んだのが、〝本物の古代史学者〟笠井新也（注2）。津田左右吉が、笠井論文を無視し、いっさい言及しないのは、真赤な嘘歴史を捏造せんとの犯罪企図からだ（『津田左右吉全集』第二巻、付録第二「魏志倭人伝の邪馬台国の位置について」）。

（2）上記Hは、では何のために津田は書いたのか。津田の目的は、次のIの伏線か。

I「敦賀が外人来着の港となったのは、欽明朝における、高句麗人の来朝以降である」「加羅人・百済人・新羅人が、敦賀から往来するのは、地理上不自然」「歴史事実が明らかに知られる時代において事実上、そんな例は一度もない」（注1、121〜2頁）。

舞鶴や敦賀は、古来より仲哀天皇の時代まで大和に行く支那人／朝鮮人が下船・上陸する港であった。が、この厳然たる歴史事実を「存在しなかった」「嘘の創作である」と嘘宣伝する導入として、津田は上記Hを大上段にがなり立てた。欽明天皇の御在位は539〜71年で、神功皇后が瀬戸内海を外国人に開放してから、すでに百年も経っている。

なお、外国人の上陸港は敦賀や舞鶴に限定するとの国法は、第七代・孝霊天皇の御代か、遅くとも第八代・孝元天皇の200〜220年の頃。いずれでも欽明朝の時代は、それから三百年以上が経つ。つまり、この国法制定について、津田左右吉は、三百年以上という天文学的な歴史捏造をする。妄想に次ぐ妄想が〝史上空前の悪魔的狂人〟津田史学の本性だった。

しかも、「地理上不自然」など、どうして言える。逆だろう。朝鮮半島の朝鮮人たちは、弥生時代、福岡県の糸島市や博多地方だけでなく、島根県の出雲地方にすら、相当数が移住してきた。津田左右吉は、日本の古代史に関する知見を、まったく有さない。

（3）津田左右吉が上記HとIの嘘を展開したのは、次の大嘘Jを捏造するのが目的か。

J「神功皇后がツヌガ（敦賀）に行宮《あんぐう》を置かれたといふ話も、また同じこと（＝同種の〝歴史の捏造〟）であつて、外国と交渉のあるこの津（敦賀港）を、外国を征服せられたといふ物語のある神功皇后に結びつけたのである」「新羅に対する航路とこの津（敦賀港）とは何の関係もない」（注1、122頁、丸カッコ内中川）。

神功皇后を歴史から抹殺すべく、神功皇后ゆかりの敦賀を歴史から抹殺しようというわけだ。神功皇后とのご成婚に際し、仲哀天皇は、新婚の行宮（かりみや、かりきゅうでん）を敦賀に建設されたが（『日本書紀』上、322頁）、津田はこの「行宮」も嘘だと吠える。しかも、紀元後200年頃から、外国人の上陸港は（佐賀県の「呼子」を除けば）敦賀あるいは舞鶴のみとしてきた歴史事実を三百五十年もずらし、「紀元後500年半ばから」に改竄するマルクス主義の〝狂人〞革命家・津田左右吉の歴史捏造のアクドサには、大量殺人鬼の気迫が漲っている。

『日本書紀』仲哀天皇紀を全否定せんとする津田の犯罪意図も、このJに明らか。なぜなら、『日本書紀』上、322頁の真ん中にある五行（注3）を、このJは原爆でぶっ飛ばすからである。この五行が無くなると即、仲哀天皇紀全てが完全な白紙になる。津田は、小論考「新羅に関する物語」を、日本書紀の仲哀天皇紀と神功皇后紀を真白にする犯意で書いている。

なお、紀元後200年頃から百五十年間も続いた国法を転換し、朝鮮人に大阪湾・河内湖を開放したのは、神功皇后の御代で四世紀後半。日本への侵攻力を持つ支那の朝鮮植民地が消滅したからだ。また、新羅などからの貢物の船を着岸させ荷を下ろし奈良盆地の南部域に運ぶに、ここに港を開港するほかなかったからだ。そして、応神天皇の御代に、この河内湖の港は大幅に拡充整備された。仁徳天皇は、河内湖を干拓して潰し、大和川と淀川を大阪湾に直結し、大規模な港を大阪湾に面して建設した。仁徳天皇は大阪人にとって「神様」である。

記紀は、地理（地名と行動経路）と日時だけを読み、伝承や神懸かり譚は捨象せよ

私（中川八洋）と津田左右吉とは、古代の『日本書紀』読みで、対極的な相違がある。私は、『日本書紀』記述の中で、地名や行動ルートや日時、及び記述の目的や主旨だけを抽出し、残りはばっさり捨象する。このため、例えば、『日本書紀』仲哀天皇紀で言えば、私の手元には十分の一以下の文章しか残らない。一方の津田は、何でもかんでも、『記紀』の記述すべてにケチをつける（注1、88～116頁）。

私の方法論を具体的に例示すれば、①「熊襲征伐を託宣によって新羅征討に変更した」の部分は、「新羅征討を敢行するに当り、朝鮮遠征軍の背後を熊襲に衝かれないように牽制的に打撃を与えておいた」に読み替え、記述のほとんどを無視。つまり、〝神の託宣〟は、史実であろうが、新羅征討の史実確定には無関係・無用なので無視。あるいは、②両天皇・皇后紀には、魚に関わる伝承が余りに多いが、これもすべて捨象し無視。

次。私は作業として、天皇・皇后の行幸啓コースには頭を使う。例えば、神功皇后は、敦賀から山口県長門郡（穴門）に約二ヶ月かけて行啓されておられる（339年5月にご出発と仮定すれば、7月5日ご到着）。皇后であるから、各上陸地点で多くの祭事にご臨席されたからだろう、

と推測。そして、『魏志倭人伝』によれば、「福岡県津屋崎→島根県出雲」は水行20日間、「出雲→舞鶴」は水行10日間だから、合計30日間あれば「敦賀→山口県豊浦」は十分なのに、二倍の日数をかけた事実を確認する。

このように、行動日数の検証には一つひとつ細かく作業した。例えば、346年2月5日に崩御された仲哀天皇の玉体を、博多・香椎の行宮から、山口県豊浦宮に仮安置したとあるが（『日本書紀』上、328頁）、香椎宮での諸行事に七日間をかけたとし、豊浦からの香椎宮への武内宿禰《たけのうちのすくね》の帰還は2月22日とあるから、「香椎宮↑↓豊浦宮」往復に十日間を費やしている。これは、当時の船速と一致する、など。

また、新羅征討に不可欠な軍船の建造の造船所についての考察。書紀によれば、仲哀天皇は339年6月、山口県豊浦に行幸され、ここに長期滞在用の「宮」を建立《こんりゅう》されておられるから、豊浦が軍船建造の造船所だと推定した。実際の新羅征討軍の出撃は346年。造船所建設の339年から七年間、年平均百四十艘のペースで総数一千艘を製造したと推定すると、実態と一致する。このことから、新羅征討は仲哀天皇が企画され、最後の出撃だけを神功皇后が代行されたことがわかる。香椎宮は、戦争指揮の大本営。

また、書紀の記述からして、神功皇后の新羅ご親征軍が「対馬→蔚山」の直行コースで突入していることも明らか。津田がデッチアゲる新羅の西方に位置する加羅経由のコースなどまったくナンセンス。また、新羅の首都・金城（慶州）を占領したことは、金城の中心部を流れる川名「阿利那禮河《ありなれがわ》」の記載で（『日本書紀』上、338頁）、充分に証明されている。「阿利那禮河」は、宮崎道三郎が、新羅の首都を流れる閼川（あつかわ）に比定。だが、性格がひん曲がっている上に嘘をつく、〝詐言の狂気〟が人生の津田左右吉は、広開土王碑にある「阿利水」（＝京城を流れる漢江の別名）をもって、「阿利那禮河」だと強弁する（注1、98頁）。証拠も傍証も何一つない、口から出任せの〝嘘八百〟。

これは、津田左右吉が学界のルールを無視し、人民裁判方式で論文を書きまくっているからだ。学者は枢要な先行研究と異なる説を提唱する場合、それを否定する根拠を明らかにしなくてはならない。が、この川名は、宮崎説の方が妥当で津田のは悪質な嘘。これは両説を並列させると一目瞭然。そこで津田はバレないよう、自分の嘘説のみ、花火大会よろしくぶち上げる。

仲哀天皇・神功皇后紀を罵詈雑言を浴びせて抹殺する津田左右吉の狙いは何？

日本書紀や古事記の仲哀天皇紀・神功皇后紀の記述に関し、学術的な根拠を一つも挙げず口から出任せの創作嘘を書き並べて、あらん限りに誹謗中傷するのは、何らかの目的を達成するためなのは言うまでもない。そう思って、この津田左右吉流の〝罵詈雑言のエセー〟を読み続けていると、卒倒するような津田の狙いが、直截《ちょくせつ》な表現でぶち上げられていた。

K「神功皇后の新羅親征が事実でないとすれば、仲哀天皇がツクシへ行かれたことが事実でないことは、この点からもまた知られ、応神天皇の生誕に関するいろいろな物語も、また事実でないことになる」（注1、111頁）「神功皇后の親征が事実でないとすれば、応神天皇がツクシで、また仲哀天皇の崩後に生まれられたことも事実でないことになる」（注1、112頁）。

実在の史実が明瞭な神功皇后を抹殺し神功皇后不在説を捏造宣伝する目的から、津田左右吉は、手練手管の嘘と詭弁を展開した。神功皇后を日本の歴史から抹殺すれば、同時に仲哀天皇を抹殺できるばかりか、さらに応神天皇を由緒正しい天皇ではなく、九州のどこかのいかがわしい豪族の出自に貶めることができる。

神武天皇から続く日本の輝く由緒正しき天皇の尊貴・尊厳を、〝日本の天皇の祖は、応神天皇という九州の素性定かでない豪族の出にすぎない〟という真赤な嘘の皇統譜に摺り替えて貶めるべく、〝赤い悪魔〟津田左右吉は、〝記紀は創作であって史料でない〟との、荒唐無稽な「記紀＝小説」説を捏造したのである。

津田左右吉の『古事記及日本書紀の研究』の方こそ、歴史学とは無縁な〝狂〟小説。実際にも、津田左右吉の『古事記及日本書紀の研究』は、歴代天皇を紙の上で次々にテロル的に処刑するテロリズムが爆発するばかりで、それ以外は何一つない。〝史上空前の嘘つき狂人〟津田左右吉とは、ロベスピエールと同類の大量殺人テロリストであった。

注

1、『津田左右吉全集』第一巻、岩波書店、1963年、頁数は本文。

2、笠井新也「邪馬台国は大和である」『考古学雑誌』12巻7号（1922年3月5日発行）。

3、「二年の春正月の……に、氣長足姫尊を立てて皇后とす。……。」「二月の……に、角鹿（敦賀）にいでます。すなわち、行宮をたててまします。……。」

第三章

「万世一系」爆殺を狙う、神功皇后〝抹殺〟と応神天皇「初代天皇」説

大嘘「応神天皇が初代天皇だ！」をプロパガンダすれば、神武天皇／邇邇芸命《ににぎのみこと》／天照大神／「万世一系」を、ダイナマイトでぶっ飛ばす威力で抹殺できる。この大嘘を吐くに、応神天皇をご出産された〝母〟を、事前に処刑しておく必要がある。〝狂信的な天皇制廃止〟カルト宗教団体の日本共産党が、神功皇后不在論を捏造・大宣伝する理由は、これ。

1959年、共産党員専用の学会誌『歴史評論』103号に〝大嘘つき〟直木孝次郎が発表した論文も、この一つ。直木孝次郎は、この論考で、神功皇后を歴史から抹殺すべく、歴史偽造をあらん限りの詭弁で展開。五年後の**1964年**、直木孝次郎は、共産党の指示通り、この神功皇后不在論とペアの〝歴史の大捏造〟「初代天皇である応神天皇は、九州から近畿に侵入してきた田舎豪族」を嘘宣伝した。彼の「応神王朝論序説」(注1)が、それ。

直木孝次郎の1959年神功皇后不在論と1964年「応神天皇が初代天皇！」は、今では文科省の歴史教科書検定官の絶対物差し。直木のこの二つの論文に違背するいかなる記述も、小中高の歴史教科書では、ほんのわずかも許されない。市販されている吉川弘文館『日本史年表・地図』も、4〜5頁で、応神天皇より前の十四名の天皇と神功皇后を、歴史から葬った。

荒唐無稽な歴史大捏造「〝九州の豪族〟応神天皇が近畿を征服して初代天皇」

要するに、津田左右吉の直系愛弟子で凶悪共産党員・直木孝次郎が喧伝した大嘘「神武天皇から神功皇后までは机上の創作。天皇は第十五代・応神天皇に始まる」は、今では最高レベルの〝歴史の真実〟かに扱われ、〝歴史の真実〟「神武天皇・神功皇后は実在する」の方が、学界・教育界・出版界から放逐された。〝悪質は良質を駆逐する〟どころではない。

この直木孝次郎とほぼ同時に、同じく共産党からの命令で、「応神天皇が初代天皇」論をプロパガンダした共産党員がいた。天皇制廃止狂の井上光貞である。井上光貞が、「応神（備考）は征服者であったのではないか。応神は九州に興《おこ》った豪族ではないか」という、突拍子もない大嘘を、犯意をもって書いたのが、**1960年**の岩波新書版『日本国家の起源』（注2）。

これを敷衍《ふえん》したのが、前述した1964年の直木孝次郎「応神王朝論序説」。〝嘘付き共産党員コンビ〟井上光貞／直木孝次郎によって、2000年に入った頃より、日本国すべての小中高では、真赤な大嘘「〝九州の豪族〟出身の応神天皇こそ、近畿に侵入して日本を征服した初代天皇」が徹底的に刷り込まれるようになった。日本の小・中・高・大の教育現場は、オウム真理教のサティアンよりひどい、嘘歴史を刷り込む洗脳専門の巨大な刑務所になっている。

（備考）共産党員は押しなべて、「応神天皇」とすべき正しき言葉・語彙を、わざわざ「応神」と呼び捨てにする。このように、日本国最高の身位「天皇」を〝抹殺〟するのは、彼らが〝天皇殺し〟という凶暴なカルト宗教信条からの、血塗られたテロリストだからである。

どの豪族かも比定せず、両親も不明な「九州の豪族が初代天皇」など、狂人の戯言

応神天皇のご誕生年と崩御年は史料から十全に確定済み。応神天皇の出自も明々白々。応神天皇の母君は神功皇后、父君は仲哀天皇なのは、単純明快に明らかで、疑義は一ミリもない。坂本太郎は、井上光貞や直木孝次郎らの上記の史実冒瀆に、「いかなる天皇にも父母がおられるのであり、この父母を消し去る歴史改竄など言語道断」と憤懣《ふんまん》をぶつけている。

九州の一豪族上りが突然、大阪に大本営を設け、万を超える日本国陸軍の大部隊を指揮し、漢城（ソウル）よりはるか北、平壌近くまで攻め込むことなどできるはずもなかろう。しかも、その兵力や輜重《しちょう》の過半は、半島の「任那《みまな》」から徴用・徴発。半島の朝鮮人たちも、どこの馬の骨かわからぬ九州の一豪族の「増税」「大徴発」命令に従うことなど万が一にもあり得ない。

朝鮮三国にその名を轟かせた〝母君〟神功皇后の威光あって初めて、大規模な対高句麗戦争（400年、404年）の遂行が可能。さらに、少し後になるが、応神天皇が江南地方の東晋（支那帝国）に使節を派遣したが、敵国の高句麗が道案内している。高句麗は、412～3年、対日和平の道を探っていたから、朝鮮半島全域で泣く子も黙る〝神功皇后の皇子〟ゆえに、高句麗と二度にわたって干戈《かんか》を交えた仇敵・応神天皇に対し便宜を図ったのである。

要は、〝日本一の反・学者〟直木孝次郎と井上光貞は、現在の日本人が奉戴する皇室は、由緒正しい出自でなく、九州のどこの馬の骨かわからぬ田舎豪族が大阪に流れ着いて皇室の初代に即《つ》いたのだと、その高貴な血脈を転覆的に破壊することに全力疾走。〝カルト教団の信者〟共産党員が夢に見る、狂妄のユートピア「共産社会」では、ヨハネ黙示録と同じく時間が止まり歴史がない。ために、天照大神からすれば二千年をはるかに超える歴史を有する、偉大にして高貴な皇室のご存在ほど、反・共産社会の最たるものはなく、憎くて憎くてたまらない。歴史ある皇統をぶっ壊すことは、人類史上〝最残忍なカルト教団〟日本共産党の邪教ドグマ。

札付き共産主義者の井上光貞と直木孝次郎らが、「皇室の祖先は、瀬戸内海を大阪まで流れ着いた九州の豪族で、〝両親不明の捨て子〟」に捏造する大犯罪を平然と行うのは、共産党のカルト教義に忠実な〝狂〟言辞。共産党員古代史家が、皇室の歴史をあらん限りに破壊するのは、〝歴史そのものの抹殺を宗教教義とする〟共産主義者の信仰告白でもある。

神武天皇の制覇は、奈良盆地南半／大和川／河内湖／淡路島北端

天皇制廃止が宗教教義の〝コミンテルン河上肇の直系〟井上光貞や直木孝次郎が、応神天皇をもって〝新王朝の誕生〟とする荒唐無稽な歴史を大捏造するに、応神天皇の都が大和盆地で

はなく、初めて大阪（難波）に造営したことも屁理屈の一つにする。「神武天皇系の王朝ならば、都（皇居）は必ず奈良盆地の南半」だと思い込んでいる一般日本人の先入観を悪用。

　初代の神武天皇は、福岡県の糸島半島「伊都国《いつくに》」から奈良盆地に侵入し、日本国家の起源を創られたとき、奥まった奈良盆地に閉塞したのではない。神武天皇の最初の支配領域は、奈良盆地南半のほか、それを絶対安全にする**大和川／河内湖／淡路島北端**が加わる。応神天皇は都を河内湖のほとりに建設されたが、そこは奈良県の橿原と同格の神武天皇の故地の一つ。応神天皇と仁徳天皇の巨大な御陵も、神武天皇の故地に建造されている。

　神武天皇は、大和川／河内湖／淡路島北端を当初から掌握された。外敵を大阪湾・河内湖・大和川で百％確実に排撃するためである。また、大阪湾と河内湖を結ぶ〝水の道〟の防衛は絶対で、この水道に闖入《ちんにゅう》せんとする瀬戸内海からの外敵を海上で阻止すべく、沿岸警備隊の武装丸木舟部隊を、神武天皇は淡路島北端に駐屯させた。この淡路島の沿岸警備隊は、神功皇后が廃止するまで、瀬戸内海への外国人排除の監視基地であり続けた。

　今は大阪府の、河内湖やそこに注ぐ淀川の下流域は、橿原と同じ地位を持つ神武天皇の故地だから、ここに皇居を建立し陵を築造するのは、橿原に建立するのと同じ。なお、応神天皇以降、ここに重要産業（武器製造）の工場を建設した。大和朝廷の軍事力が強大化し、瀬戸内海からの侵入外敵の排撃などいとも容易で、気にする必要がなくなったからだ。

が、共産党員の古代史エセ学者たちには、このような基礎的な歴史学的知見も常識もまったくない。だから、応神天皇の都「大隅宮《おおすみのみや》」が現在の大阪市内にあって、神武天皇以来の橿原その他の奈良盆地南半ではない事実に、「すわー、血統が違うぞ」「応神天皇・仁徳天皇の王朝は、神武天皇から神功皇后までの十五名の天皇・皇后の王朝と別だ」と小躍りした。

井上光貞や直木孝次郎ら、共産党員の古代史エセ学者たちは、「奈良県の大和に東征した神武天皇も第二代の綏靖《すいぜい》天皇以降の歴代天皇も、大嘗祭の禊は、大和川を下り、自分の領地内の河内湖を小舟で漕いで淀川の下流（海水が混じる。西向き）で挙行されていた」ことを知らない（備考1）。応神天皇が皇居（内裏と政庁）を大阪に遷都されたのは、朝鮮半島への海軍力を投入する必要からの大海軍基地と巨大造船所と兵器工場とをここに建設したことに伴い、有事には大本営となる内裏と政庁が、その傍であった方が便利だからだ。

（備考1）古代天皇の祖先（伊都国の王族）は、福岡県福岡市西区にある小戸（おど）神社の西側の海で禊を行った。神武天皇が、海水が混じる淀川の河口の方を選ばれたのは、小戸の海との近似性を好んだからか。なお、伊都国と那津国の国境は室見川。

大阪（難波）が、神武天皇の故地なのは、万葉集に収録されている大伴家持《おおとものやかもち》の歌（聖武天皇の御代）にもはっきり詠われている。「皇神祖（ひもろき）の　遠き御代にも、押し照る　難波の国に…」（注3）とあるように、神武天皇は、難波に、軍事的な柵（城）のほか、様々な神事での禊を目的とした離宮を造営されていた。後代の天皇が、大嘗祭の禊に淀川の河口を用いる慣習は、神武天皇の踏襲。なお、大嘗祭の禊で、河内湖に注ぐ大和川の河口が忌避され、淀川の河口が選ばれたのは、清流性と混入海水（塩分濃度）の比率からだろう。

（備考2）イザナギ・イザナミの国生みの話が淡路島なのは、淡路島の押さえと守りがあって初めて奈良の橿原の安全が保障された、大和朝廷誕生の最重要な軍事拠点だからだ。「神話↓史書記載」ではなく、「史実↓神話的表現で史書記載」である。

（備考3）神武天皇が構築された不可分の要地「橿原／大和川／河内湖／大阪湾に侵入する不審船を阻止・拿捕する淡路島北端の海軍基地」四ヶ所は、満洲における「首都・新京／南満州鉄道／遼東半島の日本海軍の軍港・旅順」に酷似している。

裏返せば、井上光貞や直木孝次郎の説は、「首都・新京は、南満洲鉄道が無くとも、遼東半島の旅順港が無くとも、満洲全土の首都機能を果たしうる」とする奇説妄論。すなわち、井上光貞や直木孝次郎の説は、皇室破壊を目指す凶悪な讒言であるとともに、軍事的視点を欠く無知蒙昧が爆発した暴言。

朝鮮「武力制覇」が優先国策↓造船&兵器生産の大規模化↓合理的な大阪「遷都」

神功皇后による果敢で偉大な新羅征討（新羅の服属化）と百済「弟分」化は、三つの国益追求から実行された。第一。高句麗の朝鮮半島南下を阻止し、百済・新羅を防波堤（バッファー・ゾーン）にする。第二。新羅や百済から良質の鉄鉱石ならびに製鉄技術者を確保する。第三。日本の準・領土である広大な任那を、新羅や百済に支配させない。

第二について、記紀から例を挙げる。神功皇后紀「摂政五年＝350年」（第二回新羅征討）は、新羅征討将軍・葛城襲津彦《かずらぎのそつひこ》が、「新羅にいたりて、（鉄鉱石産出の地である）**蹈鞴**《たたら》の津に宿りて」（注4、丸カッコ内中川）と、新羅で真っ先に占領したのが敵城ではなく、鉄産地だったと記録している。蹈鞴とは、製鉄のこと。『古事記』応神天皇の条に、「百済国が、卓素という名前のコリアン製鉄技術者（＝手人）韓鍛《からかぬち》を大和朝廷に献上」（注5）との記録もある。

朝鮮半島攻略の上記「三大目的」を効率高く円滑に遂行するに、都（天皇の内裏と朝廷の政庁）を橿原などの奈良盆地南半に置き続けるか、それとも港がある大阪に遷都するか、いずれが合理的かは自明なこと。実際にも、大阪に巨大な対半島政庁（外務省＋迎賓館＋参謀本部＋製鉄・武器製造工場管理庁＋造船工場管理庁）を、神功皇后が創設されただろう。応神天皇は、母君の橿原と大阪の「二都」主義を合理化して、大阪に一本化した。

応神天皇の大隅宮の内裏や政庁は発掘されていないが、それを後継する、孝徳天皇・天武天皇の御代の（大阪に造営された）内裏と政庁は発掘された。その模型は、大阪歴史博物館に展示されている。応神天皇・仁徳天皇時代の大阪は、製鉄ならびに鉄刀・武具の一大産業地帯だった。この事実は両天皇の陵の陪塚《ばいちょう》からの発掘物で証明されている。

新羅征討の発案者は仲哀天皇。その実行者が神功皇后と応神天皇。「父君、母君、皇子」の二代三名による偉業によって、日本のGDPは一気に二倍以上へと奇跡の経済大成長を遂げ、かつ日本は世界史上に記録される海軍大国へと変貌した。663年の白村江の戦いで、日本側の軍船数は七百隻をはるかに越え、唐海軍百五十隻の五倍だったように、斉明朝時代の日本は、**世界随一の大海軍国**になっていた。

この原点は、仲哀天皇・神功皇后・応神天皇という、先見の**慧眼ある偉大な軍略家三名**による、朝鮮半島攻略と鉄資源「大量獲得」外交の成果。いや、本当の原点は、第五代・孝昭天皇が特使の安曇氏に命じて「奴隷百六十名」を大船隊をもって帯方郡（そして洛陽？）まで運んだ、107年の渡洋海軍力に始まる。なのに、第五代・孝昭天皇から斉明天皇に至る、五百五十年に及ぶ日本の〝巨大〟海軍力構築史に関わる論文が一本もないのは、どういうわけだ。

「神」諡号《しごう》〝四天皇〟のお一人、応神天皇の「対」高句麗戦争の偉大

難波（大阪）に首都を遷都した応神天皇は、404年の高句麗戦では、一万人の兵力を派遣

したとすれば、任那での現地徴発兵士の分までを考えれば、刀や槍は最小でも同数を生産したはず。また、鏃《やじり》は、一人三十本の矢を支給するとして、最低でも三十万ヶを生産しなければならない。現地の徴用兵士の分を考えれば、五十万ヶ以上の鏃を生産したはず。

任那を、現在の日本領事館のようなものになぞらえる、コミュニスト歴史改竄者が後を絶たない。任那は、（朝鮮保護国時代の）韓国統監府に似た日本国の現地政府機構の下で、完全な統治を行っていた。そうでない限り、対高句麗戦で、任那地方の朝鮮人全員が日本側に加勢して対高句麗戦に協力する情況など生まれない。任那コリアンは率先垂範して、①新羅を武力で封じ込めることに協力（新羅が高句麗側について日本と戦うことがないよう威圧する）、②半島に上陸した日本の巨大軍隊の再編成への協力、③任那で徴発する食糧など兵站の完備の協力、等々をなしている。

また、対高句麗戦は、大規模な日本陸軍が百済をトレパスして北上するから、百済の全面協力（道案内）が無ければ、可能でない。すなわち、新羅を軍事的に封殺し、百済を日本の準・同盟国にし、「任那は準・日本国領土、任那コリアンは準・日本国民」にした神功皇后の偉大な対外政策の〝大成功〟が無ければ、応神天皇の対高句麗戦など万が一にもあり得なかった。

天皇諡号で「神」があるのは、神武天皇／崇神《すじん》天皇／神功皇后／応神天皇の四名のみ。この四名全員に共通しているのは、軍事的才が抜きんでていること。そして、日本国の領土・国土の拡大と富の増大に絶大な貢献をなしたことも共通する。

漢風天皇諡号を創った〝特別な教養人〟淡海三船《おおみのみふね》（皇族、722〜85年）は、古代天皇に関する歴史知見が半端ではなく、神武天皇以来の全天皇の御事跡を知り尽くしていた。天皇諡号を詳査すると、淡海三船の方が、『日本書紀』編纂者より格段に歴史に精通している。例えば、『日本書紀』は、応神天皇の二度にわたる高句麗戦を記録していない。が、「応神天皇」と「神」を諡号したように、淡海三船は、応神天皇の高句麗戦を知っていた。また、神武天皇と崇神天皇が別人であるのを知っていたから別の諡号にした（備考）。

このことは、推古天皇の下に蒐集《しゅうしゅう》された帝紀・旧辞の史料群（『日本書紀』編纂官グループが活用）とは別に、皇室の内部に、朝廷の機構とは別の、天皇の事蹟と皇統譜を正確に語り継ぐ特別な私的組織が存在したのを示唆する。

（備考）日本古典文学大系の『日本書紀』の崇神天皇と神武天皇の和訓みには重大な誤りがある。前者を「**御肇国天皇**　はつくにしらす　すめらみこと」（注4、248頁）と訓むのは正しい。一方、神武天皇を「**始馭天下之天皇**　はつくにしらす　すめらみこと」（注4、213頁）と訓むのは間違い。宛て漢字が全く違うから、その訓みは全く異なるはず。特に、神武天皇には「国」の宛て漢字はないから、「くに」とは決して訓めない。

720年時の神武天皇の訓みは、「始めてあめのしたをしらす　すめらみこと」であったはず。すなわち、神武天皇が、「はつくにしらす　すめらみこと」の崇神天皇と異なるのは、かくも自明。共産党員学者が流した「神武天皇は、崇神天皇モデルの創作」という真赤な嘘は、排撃されねばならない。

なお、坂本太郎らの『日本書紀』の神武天皇の訓みは、編纂から二百年が経った平安時代半ば（950年）頃の、教養ある平安貴族の訓みの再現。720年の編纂時の訓みではない。

四世紀、朝廷の記憶記録官は、まだ文字を使ってはいない。天皇や天皇の側近から命令された通りに記憶する職業が記録官。しかし、記憶は、この命令を記憶で継いでいくから、その家の「子供→孫→曾孫→玄孫」と代を重ねるごとに忘却が重なっていく。一方、漢文力で選ばれた日本書紀の編纂官たちは、欽明天皇から推古天皇の御代に集められた、(記憶記録官の記憶を文字化し）文字化された様々な史料を、支那人専門家から学んだ暦学でつないでいく作業をする。その編纂作業は、基本的にコピペ。彼らは、一文字も創作した文を加えてはいない。

だから、応神天皇紀を例とせば、三国史記／広開土王の碑文／支那帝国の史書が、朝廷に集められた文字史料のコピペである『日本書紀』の不備を補っているように、『日本書紀』は、皇統譜の部分を別とすれば、「伝承記録〝集大成〟」的な特徴を顕著とする。

江戸時代後期の新語「万世一系」は、思想ではない。生物学・医学的な科学事実

共産党員とは、「事実転倒、真実破壊、歴史否定」の狂カルト宗教団体である共産党の信者である。党員の直木孝次郎や井上光貞が、この狂カルト宗教のドグマ「事実転倒、真実破壊、歴史否定」の狂信者なのは、当然だろう。

例えば、次の直木孝次郎の口から出任せは、これを証明している。①「直系相続による万世一系の皇統を尊重する**思想**が強くなった七世紀」（注1、197頁）、②「書紀編纂の時代には宮廷貴族の間に万世一系の**思想**が確立しており」（注1、177頁）などは、反・歴史の極み。

江戸時代後期の十九世紀初頭に造語された新語「万世一系」は、皇統譜を眺めた公家たちの「仁孝《にんこう》天皇の御代が、なんと百二十代」との感嘆・感激の表現。この新語は、公家の巌垣松苗《いはがきまつなへ》（大舎人助《おおとねりのすけ》兼音博士《おんはかせ》）が著した、ベストセラー『国史略』（1826年）が最初。

その巻第一に、「歴正天皇　正統**一系**　亘**万世**而不革」とある。この書は明治時代に入るや、売れに売れた。しかも、王羲之《おうぎし》に似た美しい書体のゆえに、子供たちの習字の手本になった。明治憲法に「万世一系」を用い、日本中にこの四文字を広めた井上毅《いのうえこわし》は、幼少期、『国史略』で漢字と文章を学んだのだろう。なお、歴史学界の定説は、お粗末にも巌垣松苗を知らず、伝

搬ルート「巖垣松苗→岩倉具視」の後者「岩倉具視」を、その造語者にしている。
話を直木孝次郎に戻す。彼は、十九世紀の新語「万世一系」を、七世紀の言葉だと強弁する。直木孝次郎とは噴飯物の学者以前。凶悪共産党員・直木孝次郎の犯罪性は、これで終わらない。生物学的・医学的な用語「万世一系」を、思想＝イデオロギーだとするからだ。井上毅の皇室典範『義解』を読めば歴然だが、語彙「万世一系」は、百二十代以上にわたって連続する皇統に、他系の血が混じっていない事実の表現。思想ではなく、生物学を公式化した科学語。
もう一つ、「万世一系」がらみで、直木孝次郎は、絶句するほかない歴史捏造をする。読者には次の三引用文をまず頭に入れて頂きたい。

Ａ「王朝は応神より始まり、それ以前はすべて後の加工的な造作である」（注1、179頁、**天皇**の二文字を削除）。

Ｂ「応神・仁徳が神代に続くとする伝承の痕跡ではないかと思われるものが、その姿を文献に留めている」（同、応神**天皇**の「天皇」や仁徳**天皇**の「天皇」を削除）。

Ｃ「神代の神功に、人代の応神が接続する」（注1、180頁、神功**皇后**の「皇后」を削除）。

ＡＢＣの三引用文は、直木孝次郎が「神代→初代・応神天皇」説を展開していることにほかならない。つまり、神武天皇から神功皇后までの天皇「十四代＋α」は神代で、人代ではない、つまり天皇でない、と直木は主張している。そして、「（仲哀天皇と政務天皇と日本武尊は）直系相続による**万世一系の皇統を尊重する思想**が強くなった七世紀において、応神朝とそれ以前のプレ応神朝の、**〝両王朝を結ぶ〟**ために造作された」と強弁している（注1、197頁）。こうなると、直木孝次郎は、「万世一系」に関して、荒唐無稽な珍説を展開していることになる。

なぜなら、『日本書紀』編纂は、第四十四代の元正《げんしょう》天皇の御代だから、皇統三十代（＝四十四代－十四代）では万世一系にはならないが、これに「十四代＋α」を加えて四十四代にすると万世一系になる、と直木は主張していることになるからだ。直木孝次郎の論文など学問ではない。共産党製の核爆弾〝反・学問〟を爆発させた天皇テロルの革命文書にすぎない。

語彙「万世一系」は、百二十代の仁孝天皇の御代に造語されたように、それは**血の連続の長大性**という生物学の表現。「数」への〝ケチつけ〟「代数が三十だと万世一系にはならないから、四十四代にして、万世一系をでっちあげた」とは異次元の言語。

元正天皇の御代、大伴氏など四十四代続いている臣下は二十～三十ほどあり、代数を四十四にしても、天皇に権威が発生するわけではない。直木孝次郎は、史実「神武天皇～神功皇后」を抹殺すべく、次から次に嘘歴史のへ理屈捏造に精を出している。

「応神天皇が皇統史の初代天皇」の根拠を何一つ挙げない、〝詐言師〟直木孝次郎

直木孝次郎の〝真赤な嘘〟「応神天皇が初代天皇」の歴史捏造は、歴史学的証拠を何一つ挙げておらず、超キワモノ説以上の嘘八百。しかも、直木の主張は、自家撞着がはなはだしく、破茶目茶。例えば、「応神天皇以前」を、注1の書の179頁あたりでは、上記のABCのごとく「神代だ！」と喚いていたのに、197頁では、突然、「応神王朝とそれ以前のプレ応神王朝」とする。「プレ応神王朝」なら、「人代」ではないか。それとも直木は、「神代」を王朝と言うのか（大爆笑）。

（1）〝大嘘つき〟直木の嘘歴史は、九州の豪族上がりの応神天皇が、九州から大阪に侵攻して、そのまま天皇となり日本国を統治した、というスーパー荒唐無稽。これが事実なら、大阪だけでなく、岡山県や兵庫県の軍事勢力は、こぞって、この九州の田舎豪族の侵略軍を阻止せんと戦争を起こしている。が、そのような戦争の痕跡は一つもない。また、仮に大阪に入城しても、奈良県・滋賀県・兵庫県・岐阜県・福井県からの大部隊が、排撃の大規模な防衛戦争を起こしているはず。なのに、そのような痕跡も皆無。由緒正しい近畿周辺の名門氏族が、唯々諾々と九州の田舎豪族の配下になることなど万が一にもない。

（2）また、九州の素性定かでない一豪族が、神武天皇以来の聖なる故地・難波を簒奪して、その直後に日本全国に号令して一万人もの兵士を徴用し、また武器と軍船を大量生産し、高句麗まで遠征して一大戦争をする（404年）など、漫画でも描けない。むしろ、この召集された一万人の兵士が必ず叛乱し、この九州の田舎豪族を直ちに殺している。

直木孝次郎だけでなく、共産党員学者はみな、悪魔的な大嘘つき。この種以外の普通の正常な人間は、共産党員には一人もいない。大学の歴史学者から共産党員を全員〝懲戒免職〟にする立法をしなければ、日本の古代史（＝歴史学）は、嘘、嘘、嘘の大洪水で跡かたなく死に絶える。いや、すでに日本の古代史学は死に絶えている。

（3）九州の一豪族が応神天皇の正体だと強弁するなら、直木孝次郎は、九州のどこにいた豪族なのかを具体的に明示しなければならない。また、どれだけの兵力をもって、大阪に攻め込んだか、も明らかにしなければならない。大和朝廷の軍事力は、新羅を服属させ、その産出する最高級の鉄鉱石を収奪できるほど強大であった。〝韓半島の雄〟高句麗と、渡海させた僅かな兵力ですら対等に戦える戦力を保持していた。大和朝廷の日本とは、支那帝国に次ぐアジア屈指の軍事大国。九州の武装した一豪族など、大和朝廷の前では、鎧袖一触に粉砕される。

（4）それ以上に、「応神天皇は初代天皇」論の、ベンサムの言う、「竹馬に乗ったナンセンス」性は、直木孝次郎が〝九州の豪族出身〟応神天皇の父母や家系を語らないこと。

『古事記』『日本書紀』とは、皇統譜（＝皇室の祖先の戸籍）に、記憶記録官が記憶した多少の事績や伝承を付け加えたもの。つまり、記紀編纂の目的の第一は、司馬遷の『史記』のような一般通念の史書ではなく、皇室のいわゆる「戸籍」と臣下の祖先の「戸籍」の記録文書。この特徴において、編纂官たちの恣意や創作が混入する余地は一ミリもない。

『古事記』に至っては、皇室内部で使う皇統譜で、皇室外の朝廷官吏にも見せていない。皇統譜としての正確さのみが太安万侶の編纂に要求された。実際にも、『古事記』は、元明天皇に太安万侶と稗田阿礼が御進講した後、一千年間も門外不出。秘伝的な皇統譜。天才・本居宣長が読破するまで、一千年以上、誰一人として読んでいない。

話を直木孝次郎の真赤な嘘歴史〝捏造〟問題に戻す。皇室の祖先やその臣下たちの祖先は、弥生時代の紀元前150年頃に発祥した。弥生時代とは、**祖先崇拝を絶対とする宗教規範**に呪縛された社会。故に、一定以上の勢力を持つ弥生時代の豪族は、祖先の系譜を〝命より大事〟と、祖先崇拝を日常としていた。

すなわち、豪族でありながら、「父母の名前も知らない」「祖先の系譜も知らない」など、古代の日本では万が一にも起こりえない。直木孝次郎が仮にも、（現実には万が一にもありえない）〝暴論狂説〟「九州の豪族出身の応神天皇が初代天皇」を主張したいなら、応神天皇は日本国統治において不可欠な祖先の系譜を周辺に提示して尊崇を獲得したはずだから、応神天皇の父母の名前やその祖先の系譜を提示し、自分の説の正しさを証明しなくてはならない。
しかし直木孝次郎は、それらを提示できない。よって、応神天皇は「九州の豪族でない」ことが逆に証明されている。応神天皇の母君は神功皇后、父君は仲哀天皇である。その十五代前の祖先が神武天皇である。これら事実は、揺るがない史実の中の史実。なぜなら、この史実を転覆できる、いかなる歴史事実も発見されていないし、存在していないからだ。

注

1、直木孝次郎「応神王朝論序説」『日本古代の氏族と天皇』、塙書房、1964年、頁数は本文。
2、井上光貞『日本国家の起源』、岩波新書、1960年、206頁。
3、『万葉集』四、日本古典文学大系、岩波書店、1962年、423頁。
4、『日本書紀』上、日本古典文学大系、岩波書店、1967年、350頁。
5、『古事記』、日本古典文学大系、岩波書店、1958年、249頁。

第四章

神功皇后〝抹殺〟は、マリー・アントワネット「ギロチン処刑」紙上再現

神功皇后は、小中高の教科書では「記紀が創作した嘘歴史で、歴史学的に非在」と断定されている。今や共産党員しかなれない文科省の教科書検定官は、神功皇后の実在性を僅かでも匂わす表現があれば、教科書出版会社に、「削除！」を断固と命じる。「実在するとの説もある」との両論併記的な記述すら、文科省の真赤な教科書検定官は目鯨《めくじら》立てて許さない。

神功皇后を歴史から抹殺せよの〝反・歴史の極み〟は、表1にリストした天皇制廃止〝狂〟三人組「津田左右吉→**直木孝次郎**／井上光貞」の共産革命史観から燎原のごとく広がった。現在、この三人を批判し否定する普通で健全な学者は、日本の大学には一人もいない。日本の学校教科書のほとんどは、このうち最も過激な直木孝次郎のを丸写ししている。

那珂通世／中川八洋の〝古代史学の王道〟年表重視主義に牙を剥《む》く津田／直木

直木孝次郎『日本古代の氏族と天皇』を読めば誰でも感じるが、歴史学的な神功皇后「不在」の研究ではなく、神功皇后に対する〝憎悪感情〟「殺したい、殺したい」を爆発させているだけ。ルソー&ロベスピエール的な王様ギロチン殺しを、歴史学に仮装し、紙上の文字でのテロルである。要は、直木孝次郎は、「天皇制廃止」を、捏造歴史で実現せんとする。〝**反・事実／反・真実**〟を絶対信仰する共産主義者とは、麻原彰晃以上に狂っており、真実追求の学問

表１；神功皇后「抹殺」の捏造歴史学は津田に始まり、戦後、共産党員が大々的に宣伝流布

津田左右吉	「日本古典の研究」『津田左右吉全集　第一巻』岩波書店、87～137頁。初出；**1919年**刊『古事記及**び**日本書紀の**新**研究』（洛陽堂）。
直木孝次郎	『日本古代の氏族と天皇』塙書房、1964年、153～72頁。初出；『歴史評論』**1959年**４月号。
井上光貞	『日本国家の起源』岩波新書、**1960年**、91～108頁。

（備考）塙書房は共産党の直営出版社。『歴史評論』は共産党直営の学会誌。大学では誰が共産党員かを調査する時、『歴史評論』執筆者を、いの一番にチェックする。

など決してしない。

もう一つ。直木孝次郎の神功皇后不在論の背後に、亡霊のように「１９３２年の５・15事件↓１９３６年の２・26事件↓１９４５年の８・14事件」が浮かんでいる。確かに直木と革命軍人は同種。昭和天皇に対する銃殺も辞さない共産革命「１９３２年の５・15事件／１９３６年の２・26事件／１９４５年の８・14事件」と、天皇・皇后・皇族皆殺しのカルトを狂信する〝天皇制廃止教の狂信者〟直木孝次郎の神功皇后テロル（歴史からの神功皇后抹殺）は、同一の思想／同一のテロリスト行動から産まれている。

さて本論。歴史学は年表暗記から必ず始めるように、年表が命である。古代史研究の場合は、年表が無いから、年表づくりから始めるのが、その学問の第一歩。なのに、古代史の年表を作成したのは、明治維新以降、那珂通世と中川八洋の二人しかいない。日本に古代史学が存在しない原因は、これ。

この意味で、**那珂通世『上世年紀考』**は、歴史学の研究史上、最高に優れた業績。が、大正時代に入るや、〝那珂通世つぶし〟〝那珂通世無視〟が、古代史にかかわる学界と官界の趨勢となった。大正時代からの学界と官界は、共産主義者やアナーキストの独壇場。戦後日本は、この戦前の延長上で、その支配構造を百倍以上に強化した。

なお、ここで言う「官界」とは、ロシアGRU官僚が跋扈した、**1930年代の赤い文部省**や、この赤い文部省が主導した、1940年の「皇紀二千六百年式典」という嘘歴史崇拝〝ドンちゃん騒ぎ〟などを指す。

那珂通世に話を戻す。彼は、初代の神武天皇に始まり、主要天皇の事績について、初めて西暦年を推定した。一般通念上の「年表」は添付しなかったが、**『上世年紀考』**から、彼の年表は誰でもつくれる。私も純粋な歴史学的方法論で年表づくりに手を抜かず、「神武天皇のご即位は紀元後10年頃」「応神天皇の崩御は413年」など、次々に確定（推定を含む）した。

年表こそ最重要なのは、年表は嘘つき古代史学者を炙《あぶ》り出す高性能の嘘発見器になるからだ。例えば、神功皇后を抹殺した場合の、虚偽の年表をつくるとしよう。すぐに広開土王の碑文にある日本軍の侵攻を率いた天皇を特定できなくなり、重要な歴史事実が消える。あるいは『三国史記』新羅本紀の記述と整合できる天皇が不在となり、歴史事実がぶっ飛んでしまう。このように年表は、共産党古代史学者が常習とする、古代天皇の抹殺や、歴史事実の改竄を、即座に炙《あぶ》り出す。

歴史学は、かように年表と不可分の学問。年表化した歴史事実を尊重すれば、記紀に記述された天皇全員を〝ご実在〟にする以外の日本歴史は存在しえない。記紀に記述された天皇全員を実在とした場合のみ、年表化した歴史事実と整合し、真正の歴史学となる。

一方、〝反・学問の赤い詐言師〟三人組「津田左右吉／直木孝次郎／井上光貞」は、年表を絶対につくらない。年表をつくれば、自分たちがデッチアゲた嘘が瞬時にバレるからである。ために、この極赤三人組は、重要な歴史事件ですら、年表的に「……は○○年」という記述を徹頭徹尾に避ける。彼らの〝年表拒絶〟や〝年表からの逃避〟の異常行動は、歴史の捏造・改竄がバレないようにする犯罪者の狡猾な手口である。

〝真っ赤な嘘〟神功皇后不在論は、天皇制廃止に誘う〝天皇「紙上」殺害テロル〟

さて、人類史上空前に人間大量殺戮をドグマとする〝カルト宗教団体〟共産党の信者・直木孝次郎の捏造歴史論文に斬り込もう。今では学校教科書検定の絶大な指針となった、〝神功皇后は実在しない〟を「証明した」とする、直木孝次郎の『日本古代の氏族と天皇』第二章第二節「神功皇后**伝説**の成立」は、笑止にも二十頁の超ミニ論考。**四百頁や六百頁**ではない。

天皇と同格の神功皇后は、朝鮮半島攻略という、日本史上に特筆される重大な歴史を創られた。その外征と内政は、歴代天皇の中でも際立つ偉業の連続。仮に実在されないのなら、これら主要な外征・内政は、どの天皇がなされたかを指摘しなくてはならない。仮に、この主要な外征・内政の歴史事実が二十件あるとすれば、それが神功皇后の業績ではないと立証するには、大雑把だが、学問の世界の常識では一件につき最小限・原稿用紙35枚（単行本では二十頁に相当）の学術論文が必要。つまり、最も薄くても「二十頁×二十事例＝四百頁」の一冊の本で、神功皇后〝不在〟の仮説をやっと提唱できる。直木孝次郎の「たった二十頁の超ミニ論考で、俺は証明できた」など、まさしくペテン師の戯言で、嘘吐き共産党員の典型。

クルトワほか『共産主義黒書』（恵雅堂出版）が証明しているように、自国民大量殺人が宗教信条の直木孝次郎が書いた〝スーパー極赤〟『日本古代の氏族と天皇』は、共産党の嘘歴史〝創作〟のあらゆる手法が、小学校五年生でもわかる露骨さで、ふんだんに駆使されている。これほどあからさまに**歴史史料を捏造・抹殺する犯罪本**を、文科省教科書検定官が金科玉条に教科書会社に命令し、そんな嘘歴史で学校教育が公然・平然と行われているのは、日本人がすでに真実も歴史も〝要らない〟と投げ捨てた、家鴨や豚並みに家畜化しているからである。日本はすでに国家でない。一億日本人は、生物学的ヒトであっても、日本国民ではない。

さて、三つの歴史史料『三国史記・新羅本紀』『広開土王碑文』『日本書紀・神功皇后紀』だけでも、中学二年生なら誰でも、神功皇后の歴史年表を作成できる（第Ⅱ部　第一章　表2）。なのに、直木は日本人を騙すため決して作らない。

直木孝次郎が証明する「共産党員とは、無実者をデッチアゲ冤罪で処刑する悪魔」

第Ⅱ部第一章表2の年表を見ながら、次の直木孝次郎の嘘八百詭弁を、じっくり観察しよう。

1、直木「四世紀末葉の新羅征討は事実であるが、日本の最大の強敵は高句麗だった。記紀が記述するなら、建国まもない弱小の新羅に対する勝利よりも、強大勇武な高句麗との決戦の物語が伝承されるのが当然ではないか。少なくとも新羅征服談とならんで高句麗決戦が伝えられるべきである」（注1、155頁）。

神功皇后を殺せ！　の血塗られた狂気が漂う、なんとも恐ろしい歴史改竄。なぜなら、神功皇后は対高句麗戦争をなされておられない以上、「強大勇武な高句麗との決戦の物語」をどうやれば記録できるのか。共産党とは、不可能なことを、誰かまわず強要しては、リンチする。書けない者に、どうしてこれを書かなかったと詰《なじ》り、「嘘つきメ！」と冤罪のレッテルを貼り付ける。このように、冤罪で人を貶める〝狂〟宗教を日常とする共産党員の悪魔的狂気性が噴火しているのが、歴史改竄を生涯の職業とした直木孝次郎の著作物の全て。

神功皇后は、「高句麗は日本国の脅威」だと正しくご認識され、この高句麗の南下を排撃するべく、新羅と百済を日本に服属させ、新羅と百済の北端をもって高句麗の南下阻止の防衛線にしようとなされた天才的な軍略家。つまり神功皇后は、新羅と百済を日本に服属させ、高句麗と日本（＋任那）との間の、緩衝地帯にする戦略を遂行された。

なお、神功皇后の新羅侵攻は、四世紀末葉ではない。３４６年という四世紀半ば。直木は、意図的に約五十年も遅らせている。

２、直木「神功皇后新羅征討は５６２年の任那滅亡後に構想された」。この根拠として直木は、「新羅は一戦を交えず降伏の演技をした、６２３年の推古天皇の新羅征討未遂とよく似ている」と詭弁し、「神功皇后伝説は、六世紀以降の史実と相似の関係が求められる（「見えてくる」？）」（注1、１５５〜６頁、丸カッコ内中川）とする。

この主張、意味がよくわからない。神功皇后は、軍事的に服属を強制すべく、新羅と激しい戦争を戦われた。一方の推古天皇は、任那の再興を念頭に三百年前の「宗主国・日本、隷属国・新羅」の関係を復活させるべく、新羅征討を実行なされようとした。しかし、三百年前とは打って変わって一流の外交力と軍事力を具備するに至った、強国・新羅の「対日」懐柔策に翻弄され、東アジア髄一の海軍力を誇る軍事的優位を持ちながら、推古天皇の対新羅行動は頓挫した（『日本書紀』下巻、204〜8頁）。

七世紀の新羅の外交力は、四世紀の神功皇后の時代とはまったく異なって超一流。三百年の歳月を経て新羅外交は、東アジア髄一の最高レベルに成長していた。だから新羅は、623年から半世紀後、唐帝国をも手玉に取り、あっという間に唐帝国を朝鮮半島から叩き出した。

ところが直木孝次郎は、軍事制圧一本槍で成功し続けた神功皇后の対新羅〝従属化〟強硬政策と、来目皇子《くめのおうじ》の薨去による新羅〝征討〟計画の放棄（603年）や新羅に騙されて新羅制圧の最後の機会を永久に失った623年など、連続した外交失敗の推古天皇の一貫性がない対新羅政策という、似ても似つかぬこの二つを、真赤な嘘「相似の関係／一致する関係」にデッチアゲる。直木孝次郎とは、嘘付きプーチンを越える〝殺人鬼的な虚偽小説家〟である。

『三国史記』『日本書紀』などから明白に史実と断定できる346年の神功皇后新羅〝ご親征〟その他を、「562年の任那滅亡後に構想（創作）された」と嘘歴史に塗り替える直木孝次郎とは、史料『三国史記』『日本書紀・神功皇后紀』『広開土王碑文』などは地球上に存在しない、と断じる狂人。史料〝抹殺〟暴走屋。現に直木は、「神功皇后新羅征討は伝説で創作」と主張する〝世紀の捏造論文〟の中で、この最重要な三史料に一文字も言及していない。

3、直木「香椎宮《かしいぐう》問題は看過できない。新羅との関係が最も緊張したはずの斉明・天智朝の記紀には、香椎宮の記述が一行もない。いや、346年の『書紀』神功皇后前紀以後は、『続日本紀』天平九年条まで一行の言及もない。…香椎宮は八世紀になってようやく政府が認めた。七世紀後半以降に香椎宮縁起が創作され、これが神功皇后伝説に組込まれた」(注1、156〜7頁)。

馬鹿馬鹿しくて読むにたえない。が、直木らスターリン崇拝の共産党員ホラ話は、共産党の歴史偽造の手口を種明かしする。香椎宮は、仲哀天皇の行在所《あんざいじょ》。また、神功皇后が武内宿禰らと新羅侵攻戦略を軍議された大本営。当然、346年の新羅への出撃をもって、香椎宮の存在任務は終了し、大和朝廷にとって無価値になった。忘却するのが当然。

しかも、**347年から天武天皇の御代に至るまで三百三十年間の対新羅政策**はすべて、奈良県の大和盆地で軍議・詮議された。346年に限り使われた福岡県博多の香椎宮は、その後三百三十年間、この地で崩御された仲哀天皇の〝廟〞となった。大和朝廷の対新羅軍議にまったく関係しない香椎宮の記述が、347年以降の記紀にないのは、至極真当なことだ。それなのに、「香椎宮の記述が無いから、記紀の神功皇后新羅征討の史実は創作された伝説」の証拠だ！　とは、凶悪暴力団の恐喝より百万倍は恐い、カルト邪教の狂信者（党員）特有の発想。直木孝次郎を1964年、精神病院に拘禁しなかった〝日本国の怠惰〟が、日本を〝歴史を失った無歴史民族〟に転落させたのである。

4、直木「閼川《あつかわ》はソウルを流れる漢江のことで、この漢江が新羅領になったのが540〜74年の頃。すなわち、神功皇后新羅征討は346年の史実ではなく、この〝540〜74年〟以降に作為された小説なのがわかる」（注1、157〜8頁）。

神功皇后346年新羅征討で新羅王が降伏するときの降伏誓詞を、書紀は伝えている。その誓詞の中に、川名「阿利那禮河《ありなれがは》」がある（『日本書紀』上、338頁）。これが新羅の首都「慶州（金城）」を流れる閼川《あつかわ》（宮崎道三郎が比定）なのは明白。が、直木は、津田左右吉の歴史偽造をまね、慶州をソウルにワープさせ、右記4を捏造した。

直木孝次郎とは学者性ゼロ／学者の良心ゼロの〝スーパー反・学者〟。だから、閼川が漢江だと証明する学術論文を一文字も発表していない。しかも、明治時代の東京帝大の碩学・宮崎道三郎名誉教授が閼川だとすでに比定しているのを否定し、「漢江である」と主張したいなら、直木孝次郎は「閼川ではない」ことを立証する学術論文を発表するのが絶対。が、直木は、上記の引用文のたった一行、「漢江だ」と絶叫するだけ。これなら猿でもできる。

「神功皇后の先例から誕生した、推古天皇以降の〝中継ぎ〟女性天皇の制度」を転倒する直木孝次郎

神功皇后は、仲哀天皇とその皇子・応神天皇とをつなぐ**中継ぎ天皇**。が、大嘗祭も剣璽《けんじ》渡御《とぎょ》も行われておらず、天皇位には即《つ》かれておられない。ゆえに、書紀は、「神功天皇」とはせず、〝天皇と同格の、特別な皇后の神功皇后〟と記載した。

推古天皇以下八名の女性天皇は、称徳《しょうとく》天皇を除き、中継ぎ女性天皇。実質天皇なのに天皇位でなかった神功皇后のケースの不都合に鑑み、その後、〝中継ぎ女性天皇〟が制度化された。なお、称徳天皇は、後継の男系男子天皇が先に定まっておらず、中継ぎ天皇とは言えない。

が、直木は、カルト邪教の共産党員らしく、何でも逆さに転倒する狂気を発揮し、「後年の女性天皇をモデルとして神功皇后が創作された」と、因果を逆立ちさせる。「神功（皇后）は、推古（天皇）以下の女帝をモデルとして構想された人物ではないか」（注1、159頁）、と。

馬鹿馬鹿しい。源義経や織田信長を超える天才軍略家・神功皇后のような女性天皇など、八名の女性天皇にはおられない。後年の女性天皇は、軍事に稀有に突出した神功「天皇」のモデルにはなりえない。新羅を半・服属させた神功皇后は、推古天皇とは真逆で、新羅に騙された

りしない。

唐の海軍との白村江の海戦に、軍船七百隻余を率いて博多（行宮は朝倉郡）まで、ご親征された斉明天皇こそ、三百年前の神功皇后の新羅ご親征の先例に従ったのであって、その逆ではない。国運を賭けた一か八かの大勝負の決戦に天皇が〝ご親征〟される慣習・伝統は、神功皇后の先例による。

神功皇后は、対馬・和珥津《わにのつ》の高台から新羅方向に向かって、例えば、「新羅よ、降伏せよ。降伏しなければ、お前たちは皆、死ぬぞ！」と大声で叫ばれただろう。当時の日本人は、**天皇の言霊《ことだま》には神の力**が宿っており、軍事力と同等と信じていた。実際にも、この神功皇后の呪語に、約一万人の将兵は奮い立ち、蔚山《うるさん》から一気に川を遡行し山越えして新羅の首都・慶州（金城）を攻め落とした。

斉明天皇も、博多湾に高見台を造り、出撃する将兵が是非とも聞きたい、天皇の言霊「唐の海軍よ、海の藻屑となれ！」を発する予定だったはず。だが、頑健な若い健康体でも病気になる、ローリングや縦揺れの激しい百トン前後の小船での長旅は、61歳女性（現在では80歳前後の老境）の斉明天皇が耐えられるものではない。御不例になられ朝倉宮にて崩御（６６１年）。

推古天皇の任那再興計画で出陣した来目皇子も博多で病に伏し薨じている（６０３年）。３４６年、仲哀天皇も、博多で崩御された。大元帥の仲哀天皇は、かなりの数の兵卒その他を難波から下関そして博多へと率いた船旅と、七年にわたる一千隻の軍船建造によって過労死なされた御様子。四世紀の軍船は、15㌧〜20㌧。その激しい揺れに数ヶ月間さらされれば、鍛えていない通常の肉体の人間なら病に伏して死に至る。

四世紀では、漁師や軍人でない、宮廷の皇族育ちにとり船に乗ること自体、死に直面する大激務。この意味で、346年、26歳であられた神功皇后は、例外的に頑強な身体をお持ちであった。また神功皇后は天才。天才は現実世界に一度きりしか現れないから、凡人（宮廷の漢文使い）が他のケースを参考にして神功皇后物語を創作することは不可能。

さて、話を前述の直木の言説「神功（「皇后」を削除）は、推古（「天皇」を削除）以下の女帝をモデルとして構想された人物ではないか」（注1、159頁）に戻す。なお直木は、丸カッコ内で示したように、語彙「皇后」「天皇」を抹殺し、神功とか推古とかと、呼び捨てにする。共産党員は、言葉「天皇」「皇后」「朝廷」「〇〇」を憎悪する大量殺人〝カルト邪教〟教団の信者。ために、共産党員古代史学者は、「朝廷」を意味不明語「王権」に変更し（第Ⅲ部　補遺を参照）、昭和天皇とせず諱《いみな》「裕仁」で呼び捨てし、皇后陛下と言わず「雅子様」とする。

共産党員・共産主義者・アナーキストたちは、「天皇」「皇后」「皇室」などの言葉を憎悪し、自分たちのカルト宗教世界で使用禁止にして快楽する。また、革命「天皇殺し／皇后殺し／皇室廃絶」しか念頭にない、ダンス・マカブル的なカルト狂騒に全力疾走する。

つまり、〝天皇を殺したい／皇后を殺したい〟のテロルに生きる、血に飢えた彼らは、自分たちのこの狂カルトを、一般日本人に教宣すべく、一般日本人に対し言葉狩りをし、簒奪した文科省を通じて学校教育でも強制洗脳する。共産党員・共産主義者・アナーキストたちを、大学を含めた教育現場から放逐しなければ、彼らに簒奪された日本国は、その廃滅を免れえない。

「書記編纂官が帝紀・旧辞を改作し新奇な小説を挿入した」と法螺吹く直木孝次郎

〝脳内トマト・ケチャップ〟津田左右吉／直木孝次郎／井上光貞は、狂信的な共産主義者だから、彼らの人格には人間性も良心も一欠けらもない。嘘を吐き、讒謗を投げつけ、冤罪で皇族を（歴史上の天皇・皇后も含め）一人残らずギロチンで殺すことしか考えていない。次の直木の一文も、神功皇后〝ギロチン処刑〟のための詭弁で、嘘歴史の捏造。

5、直木「神功皇后が博多港の近傍《糟屋郡宇美町》で応神天皇をご出産されたという作り話は、持統天皇がまだ鸕《う》野《の》讃良《さらら》皇女《のひめみこ》時代に、のちの天武天皇の皇子《草壁皇子》を福岡市高宮に比定できる《大津宮》でご出産された史実を盗用して創作した伝説」（注1、164～5頁、この大津宮は『日本書紀』下、484頁）。

記紀は創作ばかりとする直木は、この創作の時期を「天武天皇以降になされた」にする。つまり直木孝次郎は、「神功皇后紀は、天皇の武力制圧（行幸）に随行する二名の記憶記録官の創作ではない」「帝紀・旧辞をまとめられた推古朝の朝廷官吏でもない」を絶対前提にしている。

この直木孝次郎の論法に従えば、「徳川家康と石田三成の関ケ原の戦いと天武天皇と大友皇子の壬申の乱の戦場風景はまったく同一」だから、壬申の乱は関ケ原の戦いをモデルに創作されたとなる。ともに戦場は関ケ原。ともに勝者は東軍。ともに西軍の重要部隊が裏切った。

二千年間の歴史を持つ日本国では、**歴史のそっくり**は、ごまんとある。これに対し、嘘付き〝歴史捏造屋〞の直木孝次郎は、「そっくり歴史に出合ったときは、何でもかんでも、古い歴史の方を創作だ、とせよ」と主張するのである。これ、歴史学？　それとも戯言？

神功皇后が346年の年頭にご懐妊されたが、それがどうして持統天皇の草壁皇子ご出産ケース（662年）をモデルにしたのか。神功皇后紀は、『書紀』編纂第三班の担当。草壁皇子紀は、第十班の担当。〝大嘘つき〞直木に従えば、「第三班は、第十班が持っている持統天皇の朝廷記録史料を借りた」となるが、その根拠はいったい何だ。各班は史料の読みとチェックとまとめた最終原稿で忙殺されており、自分たちの史料が紛失するおそれもあり、他班に貸すことなどしない。当時、コピー機はない。それよりも、第三班の者が仮に「貸せ」と言ったなら、

「持統天皇担当」第十班が持つ史料の中に、福岡県でご出産された記事があるのをそれ以前に知っていることになるが、そんなことどうして知ることができる。

それよりも、神功皇后のご出産と持統天皇のご出産とが共通して福岡県である事実一つから、神功皇后紀全体がなぜ創作となるのか。〝反・事実／反・真実〟を狂信する〝悪魔以上のカルト狂人〟共産党員は、毎日毎日、真実を破壊し嘘事実づくりに生きている。神功皇后の灑然たる史実を破壊尽くし、〝真赤な嘘〟「実在しない」を捏造する歴史改竄をしては、「俺こそは優秀な共産主義者だ」と自己愉悦に浸る。直木孝次郎とは、まさに血が滴る紙上テロリスト。

上記のほか、直木の論文「神功皇后伝説の成立」『日本古代の氏族と天皇』は、和風諡号からのバカバカしい難癖、神功皇后の母系と父系との異世代婚からのアホらしい難癖など、難癖の大洪水（注1、159～63頁）。が、本書の読者は読み疲れただろうから、いったん擱筆《かくひつ》。

注

1、『日本古代の氏族と天皇』、塙書房、1964年。頁数は、本文。

第Ⅲ部

神武天皇と大和朝廷をテロる

詭弁と讒謗《ざんぼう》

応神天皇（270〜310年）『集古十種』より

第一章

坂本太郎博士の復権は、史実〝神武天皇実在〟復活への第一歩

私が東大・駒場に入学したのが1963年（旧制第一高等学校の香りが残っていた最期）で、坂本太郎（1901年）が定年退官した1962年の翌年。私が中・高校生の頃、「坂本太郎博士は、定年になったら直ぐ、〝**曲学の共産主義者**〟**津田左右吉の**〝**赤い史学**〟に戦端を開き、神武天皇実在論を展開する」が、まことしやかに流れ、日本の（知識階級に限る）保守層の間で、この期待は共有されていた。

しかし、私が学部在学中（1963～7年）、坂本太郎はひっそりと国学院大学で過ごし、剣を抜いて津田左右吉に襲いかかる蹶起《けっき》などしなかった。私が中高&駒場キャンパスで聞いた噂は、がせネタだった。私はただ憮然。1982年、37歳になった私は、坂本太郎の文化勲章受章を報道で知った。坂本太郎は一流学者だからこの受賞自体は至極当然と思ったが、〝津田潰し〟をしなかった**臆病な坂本太郎の**〝**津田《恐怖症》**〟を思い出し、再び憤然。

坂本太郎は、陰では「津田史学は間違っている／狂っている」とぶつぶつ漏らしながら、東大国史学科のただ一人の教授になった1945年12月以降、「津田左右吉との学的戦争はしない」と決めていたらしい。実際にも、坂本太郎の同志で、〝真正愛国者〟山田孝雄と瀧川政次郎（備考）は、1950年前後、相当しつっこく坂本太郎に「津田左右吉に対し、全面戦争を開始せよ！」と説得したらしいが、暖簾《のれん》に腕押しだったと聞く。

（備考）書かない坂本太郎に業を煮やした瀧川政次郎が書いた「神武天皇実在論」

①瀧川政次郎「神無天皇否定説批難」『神武天皇紀元論』、立花書房、1958年。
②瀧川政次郎「神武天皇」『人物新日本史　第1　上代編』、明治書院、1953年。
③瀧川政次郎「神武天皇とはどんな人か」『文藝春秋』1952年1月号。

中央公論社は、坂本太郎に「神武天皇実在論」の執筆を何度も懇請した。が、坂本は、これを断った。代わりに、親友の（蒙古史が専門の）三流学者・植村清二に書かせ、至文堂で出版した。この坂本の愚行は、〝津田史学との全面戦争を回避する〟のを優先した坂本の怯懦《きょうだ》が原因。可もなく不可もない凡庸な植村清二『神武天皇』（至文堂、1957年）を手にするとき、坂本太郎とは一流学者だがノンポリ常識人。反共の保守主義者でなかった故に、愛国心に欠けていた、と嘆じるのは、私一人ではあるまい。

1950〜60年代、巷間では「津田史学対坂本史学」だった。1970年後半に入ると、津田左右吉の名は中高校生でも知っているのに坂本太郎の名前は世間からも学校教育界からも完全に消えた。これは、坂本太郎個人にとっては、津田史学〝粉砕〟から逃げた自業自得。が、日本国にとっては、古代史が完全に捏造されたままとなり、真に重大で由々しき事態。

〝赤い歴史捏造屋〟津田左右吉を、陰で非難する〝学者の良心の塊〟坂本太郎

以下、坂本太郎の津田左右吉批判を、その作品の中から〝落穂ひろい〟で拾い集め紹介する。坂本太郎のこれだけの見識があれば、神武天皇実在論を一冊執筆するのは簡単だし、津田左右吉の〝反・学問〟を、鎧袖一触に暴けた。

なお、津田左右吉に対する坂本太郎ボソボソ批判を〝落穂ひろい〟する前に、古代史を専攻したいと考えている中高校生や大学一年生への助言。先に、『坂本太郎著作集』第二巻（吉川弘文館）を粗読みでざっと目を通し、その後、〝狂気の反・歴史〟『古事記及日本書紀の研究』『神代史の研究』が収録されている『津田左右吉全集』第一巻（岩波書店）を読むように。

中高校生や大学一年生（13歳～18歳）だから、個々の記述内容の優劣やいずれが正しいかなどはわからないとしても、両者の史学が、大きく相違することは肌で感じよう。坂本を読むと「学問とはこういう文章で書くんだ」とか「歴史学とは、こういうものなのか」と、読後にすっきりした気分で何となく納得する。一方、津田作品を読むと、嫌な不快気分に襲われ、吐き気がしてくる。この感性の違いで、両者の極端な対立的異質性が把握できる。

それほどに、津田左右吉の記紀研究とは（歴史学でなく）**記紀罵り学**。これが、両者の本を一

冊ずつ読むだけで瞬時に理解できる。もう一度言う。古代史を志す者は必ず、先に『坂本太郎著作集』第二巻、次に『津田左右吉全集』第一巻を読み、双方を比較すること。この順序での両書の読破が、古代史を学問する者に、正しい学問態度の芽を育ててくれる。

津田左右吉に対する坂本太郎のボソボソ批判の〝落穂ひろい〟を、以下三つほど。

1、津田左右吉の記紀研究は、「〝一階〜四階は空っぽ、五階に《偽ブランド》高級品を並べた〟五階建て百貨店」（坂本太郎）。

坂本太郎は人格が過剰ソフトで、優しさ一辺倒のその人柄は、定年後も変わらず、愚痴程度の津田左右吉批判しかせず、なんとも歯がゆい遠回し婉曲《えんきょく》表現。『坂本太郎著作集』第二巻4頁に、次の津田批判がある。私なら、「津田左右吉の著作物は、〝一階〜四階は空っぽ、五階に《偽ブランド》高級品を並べた〟五階建て百貨店のような噴飯物」と、正確かつ直截に表現する。

「（古代史学者も一般の古代史好きも）記紀研究と言えば、津田博士の記紀研究の事を脳裏に浮かべられる。……（しかし、）初めから終わりまで津田博士でなければならぬ／津田博士とは離れられないという関係は、少し反省する要があろう」

「津田博士の記紀研究は…基礎的な研究というよりは、**高度な研究**（**＝基礎研究抜きの口から出任せ嘘八百**）である史料批判に力を注いだもの…たとえて言えば、富士山の裾野の方には手を付けず、一挙に五合目以上を開拓したようなもの」

「津田博士の発表された成果は、その高度の研究（＝基礎研究抜きの口から出任せ嘘八百）に力を注がれており、**驚異的な新説**（**＝驚天動地の狂説奇論**）もそこに集まっている」

「（近頃の古代史研究者は、津田博士的な方法と問題意識を共有するから）書紀のこの記事は架空の造作／後代の事実の投影／少しは事実の片鱗がある、と言った結論を出すことで、能く事終われりとする傾向がみられる」（注1、4頁、丸カッコ内中川、頁数は本文）。

坂本太郎は拙文家。その上、人格まろやか。これでは共産党員学者との闘いなどできない。国家民族の伝統と歴史と慣習の護持に、剣を抜いて左翼との全面戦争を旨とする（マーガレット・サッチャー／中川八洋／ラッセル・カークなど）バーク奉戴の保守主義者と、坂本太郎は、余りに相違。津田左右吉の〝**基礎研究抜きの口から出任せ嘘八百**〟を「高度な研究」、津田左右吉の〝**驚天動地の狂説奇論**〟を「驚異的な新説」、とオブラートで包む必要はないだろうに。

坂本太郎の次の津田評も、津田の**狂気**を「非凡」、**正常な一般日本人**のことを卑下して「凡人」と、ソフト表現。これでは批判にはならず、何を言っているのかわからない。言葉は、直截かつ厳密であること。これこそが、ルソーとフランス革命を激難した、世界史上の天才哲人バークの教えであろう。

「津田博士の研究は、**〝非凡の人（＝狂気の嘘つき）〟**津田博士の**〝非凡の努力（＝皇室に対しルソー的な狂気の罵倒を投げ続ける執念）〟**の結果。私ども多くの凡人（＝正常人）は、余りまねしない方がよいのではあるまいか」（注1、5頁、丸カッコ内中川）。

2、津田左右吉の記紀研究は、「**大雨が降った泥んこ道を、シャネルだ／プラダだ／ジバンシーだ、と超高級ドレスを纏って、12㎝ハイヒールを履いて歩く、精神異常の狂女**」に酷似（坂本太郎）。

この一文は、坂本太郎の次の津田批判をわかり易くするために、私が表現し直したもの。確かに、〝学者もどき〟津田左右吉は、狡猾な人物。『日本書紀』の本文研究をまったくしなかった。「記紀は小説、俺様は文藝評論家」が、津田左右吉の自己認識で、（研究拒絶の）批評家主義。要するに津田は、「記紀は小説なのだから、歴史家が研究するに値しない」を信条とした。このような〝非・学者〟津田左右吉に対する、坂本太郎の痛烈な一矢が次の文。

「（古代史学界の人々は）津田左右吉の記紀本文**批評的研究**の価値を激賞するが、彼の批評研究が基礎的研究にはさほど力を入れていないことを見逃している。それは、泥んこ田舎道にいきなり（ロールス・ロイスなど）高級外車を走らせているようなもの。地道に道を整備する（＝記紀の本文研究をする）ことがまず大切」（注1、230頁、丸カッコ内中川）。

だが、津田左右吉が、共産党が指揮する大合唱隊の応援ソングの中で〝古代史学界の教祖〟に祭り上げられている1967年（坂本66歳）、こんな遠回しの表現をしては蟷螂之斧《とうろうのおの》にしかならない。が、仮に、これを坂本が46歳の1947年に発表していれば、この坂本エセーは、〝津田を教祖に持ち上げん〟と、学界で鋭意策謀中の共産党を痛打していた。タイミングを二十年間も逸しては、効果ある言説でも、空を切って地に墜ち、無効無力となる。

しかも、坂本太郎は、津田左右吉が、記紀を「小説」と見做し、〝小説だから記紀に対し歴史学研究すること自体ナンセンス〟と考えていた事実に気づいていない。坂本太郎は学者としては一流だったが、世間知というか人間洞察力が、純粋無垢な幼稚園児のごとく未熟だった。

さらに、津田を**泥んこ道**で譬えるなら、「高級外車」では批判にはなるまい。「津田左右吉とは、高級ドレスを身にまとって**泥んこ道**をうろつく狂女」とか「高級ドレスを盗んでそれを着て一心不乱に**泥んこ道**を走る窃盗女」とか、もっと適切表現で譬えるべき。坂本太郎の国語表現力は、世間への発信力を余りに欠いていた。

3、〝記紀とは小説フィクション〟と大宣伝するに、〝反・学者〟津田左右吉は、証拠ゼロの『帝紀』造作説を徹底的に嘘宣伝（坂本太郎）

坂本太郎は、1957年、植村清二に書かせるのでなく、自らの『神武天皇実在論』で津田左右吉の〝犯罪的な共産党流の歴史捏造〟「皇室の祖先は、帝紀を捏造した」を徹底的に叩くべきだった。が、二十八年も遅れて1985年、坂本太郎は津田左右吉のこの歴史捏造を論難した。

「（継体・欽明朝の頃、天皇の系譜をそれまでの記憶記録から文字記録に直した）『帝紀』について、**津田博士は、その頃に造作（＝捏造）**したと言うが、私は、古来の伝承（＝記憶記録制度に基づく記憶）を筆録したもの（と考える。ために津田とは真っ向から意見が対立する）」。

「この津田博士の帝紀造作説は、戦後多くの古代史家によって大幅に敷衍《ふえん》され、水野祐氏の三王朝交代説、井上光貞氏の応神天皇始祖説にまで発展した。これらの説では、**神武天皇は架空の人物**であり、**綏靖天皇以下の数代も加上造作したもの**であり、帝紀には古い所（＝古代の歴代天皇）についてはまったく事実としての価値を持たないと一蹴するのである」（注1、234頁、丸カッコ内中川）。

この引用文を、坂本太郎が仮に1947～57年に書いていたら、当時の古代史学界は大激震に襲われた。〝反共・保守〟の肥後和男グループもいたから、絶対多数派（70％ぐらい）へと急膨張しつつあった〝ペテン師・津田左右吉らの共産党員集団〟に対する大反撃が開始され、それを30％ぐらいの少数派に引き摺り降ろしていた。要は、1957年までなら、保守が勝利する対「共産党」戦争がまだ可能な時代だった。

坂本太郎への私の愚痴はここまで。津田左右吉に話を戻す。虚言病と言うべき〝天性の大嘘つき〟津田左右吉は、実に狡猾極まりない犯罪者。故に、反論されてすぐバレる嘘「**古事記・日本書紀は、編纂関係者に造作された**」、とはしなかった。

津田左右吉は、用意周到に、奈良時代半ばに散佚《さんいつ》し、その後には一枚も残っていない、逸文すら残っていない、反論不可能な不在の『帝紀』に目をつけた。『帝紀』とは、それまでは記憶記録官の記憶で記録されていた天皇の系譜（皇統譜、皇室の戸籍）を、初めて漢文や宛て漢字で文字記録に変えた皇室の公式文書。欽明朝の頃にその最初のができ、推古朝で完成した。津田左右吉は、嘘偽りの創り話を、こうデッチアゲた。〝『帝紀』とは、朝廷が小説まがいに想像で創作したもので、例えば、神武天皇から第九代・開化天皇までの九代は創り話〞〝この創り話を、さも皇室の祖先であるかに文書化したのが、欽明朝の『帝紀』〞である、と。

この嘘八百を津田左右吉が捏造した理由は、古事記・日本書紀が下敷きにした史料が『帝紀』だから、『『帝紀』は小説」にすれば、自動的に「古事記・日本書紀は小説」という真赤な大嘘をデッチアゲられるからだ。津田は、この〝大嘘〞大宣伝を、大正時代の1919年から1948年に至るまで、延々と三十年間も執拗に続けた。

こんな津田左右吉の薄っぺらい嘘、日本人が正常なら頭をちょっと捻《ひね》れば、すぐ見抜けたはず。が、劣化し続ける日本人は、「皇室の中でも枢要な皇族だけに限ってしか見ることができない、皇室の祖先の皇統譜を、皇室自身が改竄したり創作する、自分で自分の祖先を改竄・抹殺するスーパー馬鹿げたことなど、万が一にもしない」、と思考することもできなくなった。

確かに、**〝狂気の祖国叛逆戦争〞大東亜戦争**を自省しないなど、戦後日本人は、馬鹿ばかりの痴呆集団と化した。だから、家鴨や豚と変わらぬ家畜レベルの判断力しかない日本人は、津田左右吉のこんな凶悪な嘘を見抜けない。また、道徳感情を有さない無道徳な日本人になったため、津田の大嘘に対して怒り（公憤）すら起きない。

もう一度言う。朝廷の高官にすら見せない、皇族しか見ることのできない門外不出の皇室祖先の御名（諱）や諡号や近親皇族などの記録書『帝紀』を、なにゆえに皇室自身が創作しなくてはならないのか。ほんの一部でも創作したら、自分たちの祖先がわからなくなるではないか。要は、**皇室が皇室自身の出自を改変する**など、荒唐無稽な狂言の極み。笑止千万。正常な日本人なら、津田の言説を、津田ごとゴミ焼却場に直行させる。

だが、日本では、この逆さ嘘が通常になった。**天皇制廃止のための〝古代天皇《紙上ギロチン》送り〟**というべき、共産革命のための〝狂気の大嘘〟「古代の歴代天皇は小説的捏造。だから不在！」の方が、1970年頃（注2）になると、日本の古代史学界の絶対多数説になった。〝自国民大量殺人狂のカルト宗教団体〟日本共産党の命令で、赤シャツを着て阿波踊る、共産党員大学教授たちが、一億日本人の脳裏を洗脳してしまった。

なお、注1書の234頁の引用文があるエセー（1985年）断り書きで、坂本太郎はこう書いた。「記紀の伝える神武天皇以後の天皇の系譜を否定するのが学界の常識のようになっているが、そうでない考えも成り立ちうるということを、世の中に知らせたい」（注1、241頁）、と。

これを読んだとき、私は複雑な気持ちに襲われた。なぜなら、坂本太郎は、1950年前後、山田孝雄や瀧川政次郎に「書け、書け」と説得された時には書かなかったからだ。「三十年以上も遅れて何の役に立つ！　ＴＰＯのわからぬ日本書紀バカ！」が一つ。が、坂本太郎を継いで『神武天皇実在論』を書こうとの私（中川八洋）の決心は、１９６５年／１９７１年に続いて、この坂本太郎の断り書きも動機。どんなに歳をとっても、自分の学的研究成果を書き残すのが一流学者の仕事だ、が二つ目。

「帝紀に、改作の痕跡などまったく存在しない」――坂本太郎の診断

坂本太郎は、津田左右吉とは真逆に、帝紀・旧辞には改作の痕跡はまったくないとした。神武天皇から継承した記憶記録の古伝をそのまま文字化したと確信していた。その理由は、皇統譜の部分では、帝紀を丸写しした『古事記』の、その古代天皇の「都、后妃、和風諡号」に関し、人間が頭で考えて創作できるようなものでないと、坂本は正しく感得したからである。これ、良心ある学者なら当然の常識。当然の直覚。

なお、『古事記』は、帝紀・旧辞以外の史料や資料を用いていない。一方、『日本書紀』は、大規模な国家事業だから、帝紀・旧辞のほか、支那や百済の外国史料、あるいは伊吉博徳《いきのはかとこ》ら私人の記録書など多くの史料・資料を収集し、それに基づいて編纂している。だから、どれが『帝紀』の記述かとの特定作業は、一瞬ではできない。つまり、坂本太郎は、『帝紀』の原型を

表1；三〜五百年後の人間が創作できない古事記（＝帝紀）の記述

	都	后妃の出身地（皇后はなく、「妃」は平等）
初代・神武天皇	橿原（橿原市）	日向（宮崎県）、三輪（大物主神の娘）
二代・綏靖天皇	葛城のたかおか（御所市）	磯城（三輪地方）
三代・安寧天皇	かたしほのうき穴（大和高田市）	磯城（三輪地方）
四代・懿徳天皇	かるのさかひおか（橿原市）	磯城（三輪地方）
五代・孝昭天皇	葛城のわきがみ（御所市）	臣下の妹
六代・孝安天皇	葛城のむろの秋津島（御所市）	姪。近親親族
七代・孝霊天皇	黒田のいほと（田原本町）	十市（橿原市）、春日（奈良盆地北部）
八代・孝元天皇	かるのさかい原（橿原市）	臣下の娘
九代・開化天皇	春日のいざかわ（奈良市）	丹波（兵庫県）
十代・崇神天皇	磯城の水垣（桜井市）	紀（和歌山県）

留める『古事記』の都／后妃／天皇諡号に着目し、『古事記』のそれには人為創作がなされていないと結論付け、よってその原本たる『帝紀』もまた人為創作されていないと喝破。

表1は、『古事記』の都と后妃の記述。ここから解説しよう。

記憶記録を文字化し最初の『帝紀』をつくったとされる欽明天皇（531～71年）は、神武天皇から五百年以上も後、崇神《すじん》天皇から三百年後の天皇。そして、皇統譜の部分で『古事記』が『帝紀』を丸写ししたならば、欽明朝時代の皇統譜記録官すなわち（漢文や宛て漢字の達人の）『帝紀』編纂官は、口承の古伝や記憶記録を、表1のような文字記録に転換したのである。

さて、津田左右吉。津田は、この『帝紀』編纂官が、天皇の権威を高めるとか、ほかの何らかの政治的理由から、この表1の初代から第九代までを小説よろしく捏造したと強弁する。だが、この初代～第九代が小説と同じ嘘創作だというのなら、その理由と根拠を挙げたらどうか。が津田は、この理由と根拠については一文字も書いていない。〝天性の嘘つきサイコパス〟津田左右吉は、麻原彰晃と同種。ただ矢鱈目鱈に、「帝紀は改作した！」「帝紀は創作だ！」とお経のように唱えるだけ。

換言すれば、津田左右吉の作品を読んで、「これは学問だ！」と考える大学教授や大学院生は、百％オウム真理教の信者かそれ以下の狂人サイコパス。これら大学教授は全員、懲戒解雇して大学から放逐すべき。大学院生なら、ただちに退学処分に付すべき。

さて、表1は何を語るか。神武天皇ほか初期古代天皇の領地は、奈良盆地の南半の西南部、すなわち同盆地の四分の一なのがわかる。しかも、婚姻でやっと奈良盆地の東南部を抑え、やっとこさ奈良盆地の南半分をその領域としたのがわかる。つまり、神武天皇とは地方豪族のレベル。**日本国の天皇**ではなく、**皇室における初代天皇**だと素直に記述。歴史事実をこれほど正直に語る表1のどこに、天皇の権威を高める粉飾が一欠けらでもあるというのだ。津田左右吉の〝『帝紀』改作説〟自体、津田自身の、麻原彰晃より凶悪な大法螺吹きだとの自己証明。

仮にも改作するのなら、『帝紀』は、神武天皇の支配領地を初めから日本国全土にし、妃を新潟県／群馬県／島根県から迎え入れたとするだろう。それが、初期の古代天皇は奈良盆地の西南部に都を置き、妃をその東南部から迎えてやっと奈良盆地の南半を固めたとは、いったいこのどこが改作なのか。歴史通りの真実の記載だと解るだけではないか。

「初代は小さな一地方の豪族でした」「九代目になってやっと近畿地方を領有する大豪族レベルになりました」との史実を伝える、『帝紀』すなわち『古事記』の記述には、皇室や天皇の政治的効果を高める壮麗な都も名門の妃も存在していない。〝嘘歴史捏造〟病の津田左右吉に対し、(過去の天皇・皇族にも遡及できる、新しい刑法不敬罪の条文を追加して)死刑で処理すべきであった。

戦前、内務省は、津田左右吉を出版法違反で起訴したが、馬鹿げた法的処置。津田左右吉は、古代天皇を紙上であれ、殺しまくった殺人鬼。刑法殺人罪を改正し死刑に持ち込む法的工夫をするか、狂人として日本海のサメの餌にすべきであった。「津田を法的に処分しろ」と内務省に圧力をかけた純粋民族系(備考)の蓑田胸喜の短絡的直情は、逆効果だった。

(備考)民族系は、戦前から、平泉澄や平野義太郎のようにスターリン崇拝者や共産党員の偽装組が多い。が、ほんの一部、蓑田胸喜のような〝GRU(やKGB)でない／共産党員でない〟民族派がいた。これを純粋民族系という。三島由紀夫や村松剛は、戦後日本の純粋民族系。

話を戻す。表1の妃から、第九代の開化天皇に至り、大和朝廷の支配領域が日本国へと脱皮していく様子が見えてくる。こんな理に適う自然発展的な〝歴史の中の歴史〟事実を、三〜五百年後の（欽明朝の〝漢字の達人〟）皇統譜文書記録官が、頭をひねくり回して考え付くと言うのか。歴史は〝神の見えない手〟（バーク、アダム・スミス）の営み。人智を超える神の領域。

が、津田左右吉の論法なら、欽明朝廷の『帝紀』編纂官は、「初代天皇は奈良盆地の南部すらやっとの思いで掌握できたほどに小さな地方豪族でした」と書いたから、素晴らしい創作だと欽明天皇からご褒美をもらって昇進したらしい。が、逆だろう。これが創作なら、神武天皇を田舎豪族と貶めているから、降格処分か死刑になったはず。

つまり、〝天性の虚言病〟津田左右吉は、皇統譜を口承から〝文字化〟した記録官は、みずから降格処分や死刑になるため、初代〜第九代天皇を捏造したと強弁している。津田左右吉とは、現実にはあり得ない真赤な嘘の捏造をひたすら妄想する〝気狂いの中の気狂い〟。「紙上でもいいから、天皇をギロチンで次々に殺したい」の一念に生きた〝悪魔のテロリスト〟だった。

坂本の教示「和風諡号《しごう》で津田を攻撃せよ」は適切。が、坂本こそ、しっかりせよ！

「天皇の諡号から、初代〜第九代天皇は造作であり、非在明らか。この造作をしたのが、欽明朝時代の帝紀編纂者だ」は、〝共産党員コンビ〟津田左右吉と井上光貞が、日本国中に流してきた真赤な捏造歴史。これに対して、坂本太郎は反撃している（注1、236〜7頁）。が、本人は反撃しているつもりでも、何ともすっきりしない。ほとんど空砲。敵には中《あた》っていない。そこで、私が坂本に代わり、津田・井上を斬り倒すしかあるまい。

（備考）津田や井上らは、「六世紀の朝廷が九天皇を造作した」と強弁する。六世紀は、現在の日本語と言葉がほとんど同じで、意味不明語の創作は不可能。一方、記紀の言葉には弥生中期の原初日本語が多い。今の日本人に意味不明語が多いのは、創作でなく口承記憶を文字化した証拠。

まず、初代〜第九代天皇が、仮に津田左右吉らのヤクザの難癖通りに創作だとすれば、諱《いみな》など全員に創作すればいいし必ずそうする。が、記紀は、諱がわからない天皇に関しては諱を書いていない。これだけでも、『帝紀』＝『古事記』は、記憶記録で伝わる事実をその通りに記載していることがわかる。

次。津田は「和風諡号にケチをつける」と同時に、「実在しない初代〜九代天皇をデッチアゲたのは、欽明朝の帝紀だ」と断定する。が、和風諡号は七世紀の持統天皇が追贈した。欽明朝が古代天皇の口承古伝を文字化した『帝紀』から百五十年後。つまり、和風諡号の追贈よりはるか百五十年前の欽明朝の『帝紀』には、歴代天皇の和風諡号などない。

が、津田は、和風諡号などないのに、「六世紀前半に『帝紀』が九名の天皇を造作したのは、七世紀末の**和風諡号**が証拠で、明らかか！」と主張しまくる。かくも〝狂人〟の津田左右吉は、

表2；天皇諡号から天皇の実在・不在（創作）がわかる？？？——馬鹿馬鹿しい！

	持統天皇が追贈された和風諡号（ゴチックは意味が解る、□は意味不明）	欽明朝が文字化した『帝紀』の天皇表記。中川の暫定的推定（自信なし）
初代・神武天皇	かむやまと**いわれひこ**の命	あめたりしひこほほでみの命
二代・綏靖天皇	かむ**ぬなかわ**みみの命	あめたりしひこぬなかわの命
三代・安寧天皇	**しきつひこ**たまてみの命	あめたりしひこたまてみの命
四代・懿徳天皇	おほやまとひこ すきとも の命	あめたりしひこ すきとも の命
五代・孝昭天皇	**みまつひこ**かえしねの命	あめたりしひこかえしねの命
六代・孝安天皇	おほやまとたらしひこ くにおし の命	あめたりしひこ くにおし の命
七代・孝霊天皇	おほやまとねこひこ ふとに の命	あめたりしひこ ふとに の命
八代・孝元天皇	おほやまとねこひこ くにくる の命	あめたりしひこ くにくる の命
九代・開化天皇	わかやまとねこひこ おほびび の命	あめたりしひこ おほびび の命
十代・崇神天皇	**みまきいりひこ**いにえの命	あめたりしひこいにえの命

学者ではないし、嘘つき〝大道〟詐言師。津田左右吉を、古代史学界から追放しない限り、日本国の歴史の真実は守れない。

『古事記』は、天皇表記を和風諡号で行っている。それは、持統天皇の追贈の文書から採っている。『古事記』編纂が依拠した『帝紀』は、それより百五十年前の欽明天皇御代の『帝紀』ではなく、おそらく、この原『帝紀』に、歴代天皇が増補を次々に加える方式で、完成を目指していた、この増補からだろう。

以上のことからも、「和風諡号から、九名の天皇の不在」論は、齟齬《そご》をきたす大詭弁。つまり、津田の嘘主張は初めから破綻している。ということは、津田や井上らは、「九名の天皇の不在」を主張するに、何一つ根拠を提示していない。津田・井上の〝大嘘の強弁〟「九名の初期天皇は実在しない」は、結果的には反面教師的に「九名の初期天皇は実在する」の主張。

ところで、欽明朝の御代に初めて文字化された『帝紀』で、歴代天皇はどのように表記されたのか。身位「天皇」を表記する文字の和語は、「おほきみ／すめみま」ではなく、「あめたりしひこ」か。そうすると、一つの推定として、自信はないが、表2右欄のようなものか。

【附記】〝毒饅頭〟津田左右吉を共同反撃する、〝同志〟坂本太郎／中川八洋の差異

本書は、次の坂本太郎の遺言を継ぎ、彼に代わり、私が代理して書いたともいえる。

「大和朝廷による国家統一はもちろん崇神天皇一代でできたはずはなく、大和に都した歴代天皇の力に負うたものであろうから、崇神天皇以前に多くの天皇の代のあったことは当然認めなければならない」

「初代の神武天皇にかけられた東征の物語についても一概に無稽《むけい》のこととすべきではなく、歴史事実の幾分かを含むものと解される。神武天皇はもとより、崇神天皇以前九代の天皇は実在の人ではないという（津田左右吉に始まる）説は、かなり多くの学者によって説かれるが、それは一つの**臆説（＝意図的に捏造した謬説）**にすぎず、何ら実証されたものではない」（注4、丸カッコ内中川）。

この意味で、私と坂本太郎は、〝赤い歴史捏造家〟津田左右吉の妄説狂論を撃破する同志関係。が、日本国にとって猛毒の伝染力を持つ〝赤い毒饅頭〟津田左右吉からすれば、同志で共闘する中川八洋と坂本太郎だが、実は、両者の間には要調整の相違もある。古代史を巡る両名の差異は、主に、次のAとB。坂本太郎は、①「数学力の極度な欠如→年表が作れない」、②「国語力が私よりはるかに劣る」、③「考古学の成果にいっさい関心が無い《極端な考古学排除主義》」により、誤謬AとBを犯している。

A、坂本は、〝狂妄〟「邪馬台国《九州》」説。中川は、正しく「邪馬台国＝大和朝廷」説。

B、「神武天皇即位は三世紀」説の坂本。ほぼ史実の「神武天皇即位は紀元後10年頃」説の中川。

それでも、私と坂本太郎の古代史は、重要歴史で共通するものが多い。その一つに、朝鮮半島の「任那」で、私と坂本太郎は同じ見解。今では、「任那」は単に日本の官吏が常駐していただけのような馬鹿げた〝反・歴史〟が横行しているが、「任那」とは、１９０５年からの韓国「保護国」化とほぼ同じで、大和朝廷に直属する日本国の領域であった。

つまり、任那は、新羅・百済と、朝鮮半島「南半」を三分割する準・日本国領土。その面積は四世紀の半ばでは新羅の五倍以上。この事実は、対馬海峡すべてを制海 sea-command した、三世紀以降の日本の海軍力が、支那の諸帝国と並ぶか、むしろ圧倒する規模だったこととも関連する。

注

1、『坂本太郎著作集』第二巻、吉川弘文館、頁数は本文。

2、それから約半世紀が経った2010年代、文科省・教科書検定官は、小中高の歴史教科書で「神武天皇実在論も少数意見として存在する」と書くことすら許さず、**応神天皇以前の天皇は捏造された**と明記しない限り、検定不合格とする。文科省・教科書検定官のこの超左翼〝歴史改竄〟方針は、共産党〝特別党員〟西尾幹二が主導した「新しい教科書をつくる会」（共産党の下部団体、注3）が、保守を偽装し、津田左右吉や日本共産党史観に絶大に同調し、〝古代天皇は捏造。当然、非在だ〟としたことを、根拠にしている。

なお、〝天皇制廃止狂アナーキスト〟西尾幹二は、津田左右吉の天皇制廃止を実現すべく、共産党と共謀し「新しい教科書をつくる会」運動を展開した。**〝日本共産党の外郭団体〟日本会議**（天皇在位祝賀は、正体隠しのアリバイ工作）も天皇制廃止を推進すべく、西尾幹二を応援した。この恐ろしい全貌を、最も早く、1999年夏の段階で見抜いたのは谷沢永一のみ。私も同年、「つくる会」が、裏で共産党とつるんでいるのを確定しながら、〝谷沢永一の炯眼《けいがん》こそ最も正確！〟と痛感したのは、2002年初頭。

3、つくる会の理事メンバーは、ほぼ全員が「KGBロスケ、共産主義者、マルキスト、アナーキスト、北朝鮮人」。保守系は対外偽装用の坂本多加雄／伊藤隆／福田逸《はやる》の三名のみ。

4、坂本太郎『古代の日本』、著作集第一巻、吉川弘文館、1989年、358頁。

第二章

〝赤い人格破綻〟津田左右吉の〝凶悪マジック手口〟

〝古代史改竄の狂祖〟津田左右吉は、1945年8月15日、日本の敗戦と同時に、神格化され〝日本の大学者〟に祭り上げられた。同時に、津田左右吉の著作も、①『レーニン全集』、②スターリン『レーニン主義の諸問題』&「天皇制廃止」スターリン1932年テーゼと並ぶ、日本共産化〝三種の神器〟の一つになった。

「アジア共産化／日本共産化／昭和天皇「銃殺」／日本人男児二千万人殺し」が戦争目的だった、1937年7月からの大東亜戦争八年間によって、敗戦直後の日本では、共産主義思想が蔓延し共産革命熱に、ほとんどの大卒（1950年時点、国民の上位三％）の日本国民が罹患した。この状況において、究極の反・学問を爆発させた〝天皇制廃止の劇薬〟津田左右吉の赤い著作は、日本が進むべき共産社会への羅針盤となった。彼の著作は、（一般日本人の傾向とは乖離して）日本全国のすべての大学（私が本郷在学中の1960年代半ば、短大を含めて大学進学者は約九％）を風靡《ふうび》した。

〝口から出任せ言いたい放題〟が津田左右吉の古代史「学」。すなわち〝反・学問〟

しかも厄介なのは、津田左右吉は〝木像のような《人民に奉仕する公務員》天皇を奉戴する〟考えをもつから、読み方によっては一概に天皇制廃止論者とは言えない。が、人民の意思で天皇制度を奉戴するとの津田の本意は、ギロチン送り直前のルイ十六世をイメージしており、1789〜92年のジャコバン党の王制廃止論者と同一。津田左右吉を天皇制廃止論者に括るのが学問的。

実際にも、津田左右吉『古事記及日本書紀の研究』は、戦後すぐ、河上肇と村田陽一が共訳した「スターリン1932年テーゼ」（原文はドイツ語）を体現する〝天皇制廃止のバイブル〟となった。津田左右吉を、天皇制護持論者に見なす共産党員は一人もいない。

なお、津田左右吉は、『古事記及日本書紀の研究』を、戦後さらに改題し『日本古典の研究』とした。津田造語の四文字「日本古典」とは、〝日本の偉大な史書〟『古事記』『日本書紀』の書名を抹殺し、両史書は小説並みの文学作品にすぎないとイメージさせる言語操作。

津田左右吉の、神武天皇ばかりか、皇室の祖先（第二〜九代）を根こそぎ亡き者にせんとする『古事記及日本書紀の研究』のその箇所が、『津田左右吉全集』第一巻第六章（注1、261〜91頁）。この冒頭で、津田は、「第二代〜第九代は、歴代の系譜が記されているだけで、〝物語〟（「天皇の事蹟」を〝天皇を美化するための小説〟だと讒謗《ざんぼう》する津田左右吉流の「対皇室」誹謗中傷語）が無いから、読者をして甚だ奇異な感じを起させる」と、文字を持たないがゆえに記憶記録に頼った古代日本の歴史に、ヤクザまがいの難癖をつける。紀元元年前後から四世紀末の、文字なき大和朝廷の初期段階で、十全な記録を後世に残すことなど、どだい無理な話ではないか。

この意味で、津田の前述の数行は、彼の人格が正常でなく、また歴史家でないことの証左。天皇の事蹟が無いのは、推古天皇の御代までには記憶記録のすべてが文字化されたが、推古天皇から遡ること平均して五百年ほど昔の「第二代〜第九代の事績」は、ほとんど記憶されていなかっただけの話。不可解なことは一つもない。記紀の史書としての信頼性が圧倒的に高いのは、この記録空白を創作で埋めず、そのまま空白にした大和朝廷の最高度の良心に明らか。

700〜20年の記紀編纂作業で、仮にも編纂官たちが創作しようとすれば、「第二〜九代の天皇の事績」はほとんど空白だから、様々な**創作事蹟**をふんだんに書き込めたはず。が、記紀にはそんなものが全く無い。この事実こそ、記紀には編纂で創作した部分が皆無である証拠。

津田は、その狂気の異常人格から、小説と史書の区別ができなかった。また、自分を歴史家と認識せず、文学好きの一読者と考えた。だから、前述した難癖「**読者**をして甚だ奇異な感じを起させる」と、非・歴史家の言辞になる。津田が自分を歴史家だと認識していれば、「読者」ではなく、「歴史家として(奇異な感じがした)」と論評したはず。

初期の大和朝廷の記憶記録官の絶対的な仕事は、事蹟ではなく、皇統譜を記憶すること。「天皇、皇配、皇子、皇女」の記憶が主任務。われわれ庶民レベルに譬えれば、市役所の戸籍係が、天皇に仕える記憶記録官の主たる仕事。崇神天皇以降から、事蹟の記録をほんの少しするようになった。多少の文字記録が試行され始め、記憶記録官の人数も増えたからだろう。

日本は、国家制度づくりや神宮などの祖先崇拝教の制度化や強大な海軍力整備などでは、〝先進国〟支那に肩を並べた。しかし、日本人は暦学と文字が顕著に不得手だった。国家制度では日本に遅れること二～三百年の〝超・後進国〟朝鮮諸国に比しても、日本の文字記録制度は劣悪・幼稚で、暦学と文学の二分野では、日本の方が逆に〝超・後進国〟だった。

津田の記紀〝罵倒〟学は、「記紀が皇統譜で人民史でない」ことへの怒りが原点

津田左右吉は、歴史学者の資質がないキワモノ。それなのに共産党は総力を挙げ、大歴史学者であるかに持ち上げてきた。日本の共産化革命に津田史学が決定的に有効だからである。大正時代以降の考古学の発展によって、邪馬台国《九州》説が、嘘八百なのは、明々白々。なのに、戦後になっても邪馬台国《九州》説を強弁し続けた一人が、津田左右吉（注1、19～20頁）。すなわち、津田左右吉には古代史学者としての資質は皆無。**欠陥**古代史家の典型。

もう一つ。神武天皇の実在など、福岡市でＪＲ筑肥線に乗り、駅「今宿→周船寺→波多江→筑前前原→加布里→筑前深江」と走る車窓から、「高祖山／くじふる山／日向峠」の方角を眺めると、『古事記』が記載する「高天原」が眼前に広がる。こう観えてこそ本物の古代史家。すなわち、間違いあきらかな邪馬台国《九州》説を唱えたり、（福岡県糸島市でご生誕され）実在

あきらかな神武天皇を「実在しない」と戯言を嘯《うそぶ》く者は、刑務所収監が適切な嘘つき与太者。古代史家ではない。津田の神武天皇「創作説」など、流言飛語（注1、261〜91頁）。

津田が記紀を罵る理由を、津田自身、「民族（＝「日本人民」のこと）の起源や由来に関する思想を、記紀に発見することができない」からだと述べている（注1、314頁）。津田は、〝無い物強請《ねだ》り〟をしている。記紀とは、〝**皇統譜**〟を史書の形で記録したもの。日本人庶民の生活を記録する史書ではない。が、コミュニスト津田の人民史観では、皇統譜そのものが許せず、

記紀に〝八つ当たり〟する。津田〝**記紀八つ当たり学**〟で、非・歴史学。

まずその一つ。〝記憶の大天才〟稗田阿礼に対する津田流〝八つ当たり〟を紹介しよう。『古事記』は、日本史上類例のない〝記憶の大天才〟稗田阿礼がいなければ、此の世に存在しない。だから、『古事記』の存在が不愉快でたまらない津田は、稗田阿礼に悪罵を投げつける。

「たつた一人の阿礼の記憶に、畏くも天武天皇おん自ら削定《さくてい》せられた貴重この上なき、また唯一無二の帝紀旧辞を、何故に委託しておいたであらうか。暗誦してゐる言葉を文字に写すぐらゐは容易な事。阿礼とても、そのくらゐの事は、しさうなものではなかつたらうか」（注1、67頁）。

津田左右吉とはいかに人格がねじ曲がった人物だったかを、これほど端的に示すものはない。しかも津田は、古代史が皆目わからない**スーパー古代史音痴**。稗田阿礼は、天才記憶力では非凡以上だが、漢文であれ太安万侶的な宛て漢字であれ、書ける能力はまったくなかった。こう正しく推定できないのは、津田の人格が正常でないからだ。

記憶力や読解力と文章力は、本質的に異なる。これは、東大生の英語力を想起すればよかろう。ある学年の東大生の三割（約一千名）は、専門的な英文ならすらすら読む。だが、ハーバード大やスタンフォード大の学生と同じ英文を書けるのは、五十名前後。reading《読み》とwriting《書き》のcompetence《能力》は別。新渡戸稲造のように、英米の知識人をして、うならせる超一流の英語文（カーライルに似た英文）を書ける東大生などほとんどいない。七、八世紀、高度な**宛て漢字文**（万葉仮名）を書けるのは、太安万侶のような突出した漢字・漢文の大家だけ（備考）。日本中捜しても百名はいなかった。この訓練を経ていない稗田阿礼にはまったく無理なのは自明。津田の〝無いもの強請り〟は、暴力団以上で恐喝常習のプロ。

（備考）太安万侶など**宛て漢字の大達人**の漢字・漢文力は、漢文主義の『日本書紀』編纂官の漢字・漢文力より一ランクほど上。漢字・漢文力が一定以上の水準にならない限り、宛て漢字の達人にはなりえない。漢文主義者は、外国語の漢文の利便性・普遍性を重視する立場もあったが、一ランク上の宛て漢字の達人になる苦労をしたくない、安易さを好む性向も強かった。

すなわち、正常な歴史家なら、天武天皇は、自分の研究成果『古事記』原案（682年頃に完成と仮定）を、朝廷内にいた太安万侶級〝宛て漢字の大達人〟になぜ文書化させなかったのか、という問題を探求する。天武天皇は、天才記憶力の稗田阿礼（682年時、28歳と仮定）に暗誦させせて、なぜそれで終わりにしたか、である。また元明天皇が、712年、突然、三十年前の天武天皇『古事記』原案を文字化せよと太安万侶になぜ命じたのか、も歴史学上のテーマ。が、津田左右吉は、これら通常な歴史学的なテーマには、いっさい関心がない。津田とは、歴史学者でなく、天皇制廃止の共産革命に人生を捧げた〝赤い猛毒〟の革命家だった。

（備考）稗田阿礼の暗誦力は、目で見た文字を直ちにスキャンし写真化して記憶したのではないか。また、耳で聴いた文章は、テープ・レコーダーと同じく一字のミスなく直ぐ記憶したようだ。つまり、稗田阿礼の暗記力・記憶力は圧倒的な天才。712年に仮に58歳なら、当時としては大変な老婆。それが三十年前に暗記した『古事記』をテープ・レコーダーと同じく、一字一句も違えず正確に太安万侶に誦伝したのは、暗記・記憶能力が天才でない限り、不可能。

天武天皇は、稗田阿礼の暗記力・記憶力を楽しむべく、三十年後に文字化せよと、姪の元明天皇に遺詔されたのだろうか。なお、元明天皇は太安万侶が奉呈した『古事記』を、『日本書紀』編纂グループには見せず秘匿した。この「秘匿」理由も、津田が仮にも歴史家ならば解明すべきだろう。が、〝罵り屋〟津田の『古事記及日本書紀の研究』には、歴史学者ならやるべき研究が一つもない。

〝天皇の諱《いみな》〟の記述有無で天皇の実在・不在を論じる、諱に無知な〝痴の津田〟

天皇制廃止を目指す共産党員古代史の学者は、悪質度百％のプロパガンダを展開してきた。その一つが、天皇の御名《ぎよめい》をカタカナ化して、それにいちゃもんをつけ、「御名がおかしいから創作された天皇だ」と、荒唐無稽な嘘八百を学界の定説にした学的な大犯罪。

まず、天皇の御名は諱《いみな》（臣下が口にしてはいけない実名）だから、それを記憶することも文字記録すること自体も、重大な不敬行為。記紀に一部の天皇の諱が散見されるが、この方が不可解。津田が真面な歴史家なら、記紀に（一部の天皇にしろ）諱があるのはなぜだと、その解明に取り組んだはず。

また、『帝紀』や『日本書紀』編纂官たちは、漢文が達意で、宛て漢字や漢文で書かれた史料を一流漢文に書き直すのが主任務。また、朝廷が蒐集している史料群を整理し漢訳し編纂する史料整理屋で翻訳屋でもある。津田左右吉／井上光貞らは、これら編纂官の任務すら知らない歴史音痴。この無知もあって、「『帝紀』編纂官たちは、応神天皇以前の天皇の事蹟を創作した」「天皇そのものをデッチアゲた」などと、反・史実の下劣な嘘がつける。

ホホデミ／ヒムカ／カササなど、記紀の御名・地名カタカナ化は、歴史改竄の手口

さて、和風諡号問題に話を戻す。津田左右吉は、〝**和風諡号マジック**〟**を駆使すれば天皇を抹殺できる詭弁を大量生産できる**ことを発見した。また、このマジック効能を強化するに、天皇の諡号／御名（諱）／重要な地名のカタカナ化も有効だと発見した。要は、津田左右吉が日本初に考案した〝不敬きわまる〟カタカナ化は、歴史捏造をする偽造マジック装置（手品師のカードのようなもの）なのだ。

津田左右吉の『全集』第一巻第三篇は、1924年（大正13年）出版の『神代史の研究』を収録している。『神代史の研究』は、天皇の祖先の御名や重要地名をことごとくカタカナ化する変造を行っている。これによって津田は、「日向（ひむか）三代史」も、それを〝自動抹殺〟するマジック（手品）舞台に収監した。津田左右吉とは、天性の恐ろしい歴史捏造犯罪者。

記紀は、御名や地名を、宛て漢字で記述する。この宛て漢字は、和語の発音を表記するだけでなく、漢字の意味も深く考慮している。すなわち、宛て漢字を消し去るカタカナ化をすれば、当然に、これら和語の意味が隠蔽され不明化する。津田の狙いはこれ。

〝先天的な大嘘つき〟津田左右吉とは、歴史改竄のためなら、どんな悪企みもためらわなかっ

た。このことは、『神代史の研究』を少し読めば、一目瞭然。神武天皇の曽祖父／祖父／父の「日向（ひむか）三代史」を記紀から抹殺したのは、津田左右吉が、神武天皇の曽祖父／祖父／父を消し去れば、自動的に神武天皇も煙となって消え、神武天皇不在をデッチアゲられる、と考えたからだ。

「ヒムカにおける（日向三代の）種々の物語は、神代史の本筋から取り除《の》けてよいものである」（注1、558頁）。

要は、神武天皇の曽祖父「ににぎ尊」／祖父「ほほでみ尊」／父「うがやふきあへず尊」の御三方を、記紀の記述から抹殺しろが津田左右吉の主張。津田こそが記紀を全面改竄したい情念に生きた記紀改竄の首謀者で主導者。津田左右吉の日向三代史〝抹殺〟のやり口が次。

一、祖父「ほほでみ尊」と神武天皇の御名が「火火出見　ほほでみ」で同じだから、これは元一人だったのを二人にした。つまり、神武天皇には祖父はいなかった（注1、552頁）。

二、この一人を二人にした作為において、その間に架空の人物「うがやふきあへず尊」を挿入したから、神武天皇には父親はいなかった（同）。

三、神代史の元の原文は、「ににぎ尊」の天降《あまくだ》りから、一気に神武天皇の東遷に、その話はなっていたはずだ（注1、557頁）。

四、とすれば、神武東遷など歴史事実でない（同）。「ににぎ尊」は始めから、奈良県大和に降りられるべきであり、創作歴史の小説を捏造するなら、小説としてはこの方がよかった（注1、556頁）。要は、「ににぎ尊」の天孫降臨の小説は、小説として失敗策。読む価値はない。

私は、福岡県糸島市の「有田平原／三雲／井原」一帯に比定できる「高天原」も、神武天皇が東征に御出立された港（今は陸地になっている二千年前の唐津湾東端）も、皇孫「ににぎ尊」が御所（宮）の適当な場所を探された〝笠沙の岬〟（『古事記・祝詞』、古典文学大系、岩波書店、1958年、129頁、現在の筑肥線「波多江」駅の北側）も、調査・探索した。

だが、津田左右吉は、「カササの宮が、ヒムカ物語の全体から見て、地理上、不似合いのもの」と、カタカナに改竄して嘯《うそぶ》いている（注1、557頁）。地理上、明快に比定できる場所がどうして「不似合い」なのか。「笠沙」をこの宛て漢字で読めば、キノコの笠と柄がくっついている箇所だから、「波多江」駅の北側付近に比定できる。これをカタカナにすると、そのような推定は不可能。津田の狙いは、これ。

同様に、神武天皇の諱《いみな》は（「炎が出るのを見る」という意味の）「火火出見」だから、東征前の少年時代の御職業が製鉄・刀剣製造業だったのがわかる。そして、実名が祖父「山幸彦」と同じだから、祖父の職業を継いだこともわかる。男子が祖父や父の名前を踏襲するのは、「(英米圏で、名前につける)ジュニア」など世界共通。が、〝狂人〟津田は、世界の全人類一人ひとりは別の名前を持つと妄想する。1924年、津田を鉄格子の精神病院に入院させるべきだった。

また、「火火出見」を「ホホデミ」とすれば、神武天皇やその祖父の専門職業が不明となる。少年の頃から刀剣製造業に携わったことで、神武天皇が一種の剣豪に成長される環境に偶然に恵まれた事実は、「火火出見」から知りえても、「ホホデミ」からは知りえない。

二、について。神武天皇の父君「うがやふきあへず尊」が海人族《かいじんぞく》(造船と交易を業とする職業の日本人)なのは、古事記の記述から十分に伝わり、実在が自明となる。神武天皇が大阪湾・河内湖までの長途を進撃できたのは途中々々で仲間の海人族が補給と支援を行ったからだが、それを手配したのが父君「うがやふきあへず尊」。

津田が「うがやふきあへず尊」の不在を捏造したのは、神武東征その行動自体を不可能にし、神武東征はなかったとの嘘歴史を創作するため。津田左右吉の歴史学は、今上陛下のご祖先である初期・歴代天皇を抹殺して、天皇制度の根幹に自壊を起こさせる共産革命学。共産党に奉仕する〝反・学問〟。それ以外の研究を、津田左右吉は何一つしていない。

〝悪のデマゴーグ〟津田の戯言「天皇の和風諡号から、天皇不在・実在が解る」

共産党が歴代天皇を抹殺する秘策として考案した〝世紀の大犯罪〟和風諡号マジックについて、もう少し、解明しておこう。

日本の天皇は、古代、「**おほきみ**　宛て漢字は《大王》」「**すめみま**　宛て漢字は《皇孫》」と呼称された。また、その実名は〝諱〟だから、臣下は天皇に不幸が訪れるのを畏れて、諱を口に出すことをしなかった。実際にも天皇を呼称するには、「おほきみ」「すめみま」さえあれば充分。朝廷において個別の天皇の名前そのものなどまったく不要。

津田左右吉は、天皇の和風諡号に〝いちゃもん〟をつけると、「天皇の実在を抹殺できる」という犯罪方法を日本史上初めて考え付いた。1919年『古事記及び日本書紀の新研究』（洛陽堂、80〜6頁）が、それ。正常な歴史学者なら逆。次のような問題意識をもって、和風諡号の分析に取り組む。

①天皇に和風諡号を贈る制度はいつできたか。

②和風諡号が無かった時代にあっては、大和朝廷は、どのようにして過去の歴代天皇を識別していたか。つまり、実際にはどのように表記していたのか。文字化されていない時代で

は、どのように呼称していたのか。

③和風諡号は、持統天皇・文武《もんむ》天皇の御代に制度化されたようだが、この和風諡号は、各天皇の何を表徴しようとしたのか。なお、〝大学者〞淡海三船《おおみのみふね》による漢風諡号は、二文字で天皇の最重要事蹟を表現したが、和風諡号はこれとは相違する。

上記①についての私の暫定的な研究結果が次。応神天皇の呼称が「ほむだわけ　品陀和気」(諱)、仁徳天皇のそれが「おほさざき　大雀」(諱)、さらに継体天皇は「をほど　男大迹」(諱)で、それらはどう読んでも諱で、諡号ではない。よって、継体天皇以前には和風の天皇諡号は存在しなかった、と結論付けていいだろう。

崩御後に贈られる和風諡号の最初は、第二十七代・安閑《あんかん》天皇の「ひろくにおしたけかなひ廣國押武金日」。つまり、紀元後500年あたりに始まった。これは大和朝廷内で、漢字漢文の学習が始まり、宛て漢字もつくられ始めた紀元後400年の応神天皇の御代から百年が経過した後。

が、和風諡号は、安閑天皇・宣化天皇・欽明天皇あたりでいったん中断して、定着したようには見えない。和風諡号が制度化されたのは、持統天皇・文武天皇の御代。それは紀元後700年になろうとする時期で、記紀が編纂される直前。持統天皇のも、初代・神武天皇から第九代・開化天皇の和風諡号も、同一人物が考案している。持統・文武天皇がお召し抱えた宛て漢字の達人が、双方を、ほとんど同時に考案したのがわかる。

これらの歴史事実は、津田左右吉／井上光貞らの、〝和風諡号の有無から実在する天皇を不在にする〟詭弁トリックを、一瞬で無効にする。なぜなら、持統・文武天皇は、**天皇が実在するから和風諡号を贈った**からだ。ところが、共産党員の津田左右吉と井上光貞は、これを転倒し、「和風諡号の追贈によって、持統・文武天皇は、非在の天皇を実在するかに創作した」と強弁する。非在の天皇に、誰が諡号追贈などするものか。狂言妄説もはなはだしい。

すなわち、津田左右吉らの歴史捏造学に従えば、〝実在しない幽霊天皇に和風諡号を追贈すると、あら不思議、亡霊天皇が息をして存在する〟ようになるらしい。また、津田／井上らの和風諡号論は、「持統天皇・文武天皇が和風諡号を追贈し、〝幽霊〟神武天皇から開化天皇までを実在化する創作をなした」との主張だから、そう主張するなら、津田や井上は、〝世紀の妄言狂説〟「持統天皇・文武天皇が、和風諡号を追贈して〝幽霊〟神武天皇～開化天皇の実在を捏造した」を、歴史学的に証明しなければならない。だが、彼らは、この証明を一文字もしていない。真赤な舌の津田や井上は、ただ法螺を吹き流言飛語を撒布するのみ。

特に、持統・文武天皇が、神武天皇～開化天皇に諡号を追贈された時、第二十二代・清寧《せいねい》天皇にも和風諡号を贈られている。よって、仮にも、「後年に和風諡号を贈られた天皇はこの事実ゆえに実在しない天皇」との狂説を井上光貞らが強硬に主張するなら、彼らは「清寧天皇も非在である」と主張しなければならない。が、彼らは、この都合の悪い事実には口を噤《つぐ》む。しかも、津田や井上らは、天皇の諡号そのものに憎悪の炎を燃やしている。「坊主（天皇）憎けりゃ、袈裟（諡号）まで憎い」と、天皇ご存在への憎悪が、天皇諡号への憎悪の炎と燃えている。

津田左右吉の狂説を大宣伝した、党員・水野祐／井上光貞の「言説」は刑事犯罪

和風諡号をもって歴史的実在あきらかな天皇を次から次にギロチンにかけ殺害していく〝悪魔の津田左右吉教〟信者、つまり天皇ジェノサイド狂徒に、極悪共産党員の水野祐や井上光貞がいる。水野祐は、「崩年干支が注記されていない古事記の天皇は、後に架空的に作り出された非在的な天皇。これは**諡号の系統的考察**に基づいて証明されている」「十五代を算へる多数の非在的天皇を作り出した」（注2）と、十五代の天皇を抹殺して恍惚となる暴論を放つ本を、1950年、自費出版した。津田左右吉『日本古典の研究』の1947年の、三年後だった。

この「津田左右吉→水野祐」の赤い魔説狂論を、読み易くまとめたのが井上光貞の『神話から歴史へ』（1965年刊、注3、294〜8頁）。井上光貞は、実存あきらかな神武天皇について、平然と「神話の中の人」と、歴史事実を転倒して、その不在を宣言する。共産党員らしい歴史

捏造（注3、295頁）。続く八代の天皇については、記紀は事蹟の記述をしていないから、井上はこれ幸いと、「実在しないから事蹟が無いのだ」と、虚妄の嘘を詭弁。

大和朝廷は、「一行たりとも創作は許さない」の厳格な記録主義に従って、事蹟はあるけれど記録がゼロだから、事蹟について触れず空白にしたまでのこと。この初期天皇八名は、記紀編纂から平均して六百年前の、日本には文字が無かった時代の諸天皇。

天皇八名は『帝紀』に記録されていたから、そのご存在には疑う余地はない。帝紀にしろ記紀にしろ、その目的は、**皇室に一身専属する皇統譜を、〝後裔の皇室のために〟、より厳格／より正確を期して残す**こと。すなわち、帝紀や記紀という、皇室の祖先の血筋を記録する皇統譜に、可能な限り間違いが闖入《ちんにゅう》するのを避けるのが、その編纂の絶対目的。

ところが、共産党員は、「天皇や皇室は、自分たちの権威を高めるために、つまり国民を威圧するために、皇室系図を創作した」との荒唐無稽なデタラメを宣伝流布する。これ、真赤な捏造プロパガンダで反・学問の極み。奈良時代の前、700年前後の一般日本人は、漢文などはまったく読めない。さらに『古事記』のような、漢文以上に難解な〝宛て漢字〟文を読めるのは、太安万侶ら、漢文の達人よりさらに一ランク上の際立つ特殊な名人に限られていた。人口五百万人以上の当時の日本国で、〇・〇〇二%に当たる百名もいなかったはず。つまり、九十九・九九八%の日本人には、『古事記』を読む能力がまったくない。また、それを筆写するとしても紙代は高く、古事記を転写する紙代は、現在の価額で一億円を下るまい。さらに元明《げんめい》天皇は、『古事記』を秘匿され、朝廷官僚にすらお見せにならなかった。

漢文体の『日本書紀』は、『古事記』ほど超難解でないが、それを読めた日本人は、720年時点、日本全国で一千名前後か。『古事記』を読める知識人百名未満と五十歩百歩。平安時代に入ると、『日本書紀』を読める知識層が、朝廷内では一気に増えた。地方でも、書紀が読める知識人が950年頃から大発生した。この頃、京都の朝廷内で『日本書紀』講読会が盛んになった。

要約すれば、朝廷や皇室には、皇統譜にわずかでも筆を入れる動機も必要性も存在しない。が、〝稀代の大嘘付き〟井上光貞は、「(第二代〜第九代の天皇が) 帝紀に書いてあったことは確かだが、それがそれ以前からの言い伝えかどうかは、はなはだ疑問 (すなわち、推古朝の頃、創作して挿入した可能性が大)」(注3、295頁、丸カッコ内中川) と嘯《うそぶ》く。これだけの嘘を放てるのは、井上光貞の本性が、スターリンと同種の何千万人でも殺戮できる凶悪テロリストだからだ。

「後世が諡号を追贈したから、八名の天皇は不在だった」→「大友皇子《おおとものおうじ》は不在だった」

井上光貞の悪辣《あくらつ》さは、これほどの〝世紀の大嘘〟をデッチアゲるに、挙げた根拠が次の一つのみである事実に明白。井上光貞の根拠は、「第二〜九代天皇の諡号は、余りに後世的」（注3、295頁）、の一言。これを読んだとき、私は仰天してエッと絶句した。六百年の時を経た持統天皇・文武天皇が追贈されたのだから、「後世的である」のは自明すぎよう。井上光貞の詭弁デマゴーグは、発見された新種の恐竜について、「まだ名前がついていないので、その恐竜は実在しない」と主張する〝気狂い〟と同じ。

皇室の諡号追贈《しごうついぞう》の伝統を一つ。大友皇子は実態的には天皇であられたから、深く同情された明治天皇が、漢風諡号「弘文天皇」を追諡《ついし》された。が、井上光貞の詭弁に従えば、「一千二百年も後世の諡号なので、弘文天皇など架空のデッチアゲで非在」となる。和風諡号は、あくまでご存在されたから追諡される。第二〜九代天皇は実在されたから、和風諡号が贈られた。

閑話休題。史料重視主義の古代史家である私は、第七代・孝霊天皇のご存在など、明らか過ぎる歴史事実と考えている。なぜなら、支那の史料で「卑弥呼《ひめみこ》」と記録された百襲姫《ももそひめ》が実在し、その父君であるからだ。また、百襲姫の実在は、その御陵が史上最初の前方後円墳「箸墓はしのみはか」として、今に残っていることで異論はなかろう。さらに、纏向《まきむく》で発掘された巨大な建物群は、百襲姫用の神宮・政庁跡だが、これを建造したのは孝霊天皇。さらに、百襲姫が仕えた天皇が、第八代・孝元天皇／第九代・開化天皇／第十代・崇神天皇の三天皇だった史実において、第八代／第九代の実在も証明されている。

さて、和風諡号問題に話を戻す。天皇は、「おほきみ」「すめみま」、すなわち今日の「天皇陛下」に相当する言葉で呼称されていた。日本人にとり天皇の御名は朝廷でもその他でもまったく不必要。加えて、臣下が御名を口にするのは宗教的タブー。1960年代（私の世代）まで、「裕仁」を口にすることなど滅相も無く、拷問されても不可能だった。

つまり、格調と利便性が高い漢風諡号と異なり、和語を組み合わせる〝和風の天皇諡号〟などレーゾン・デートルが甚だ低く、必要が疑問視される。大変畏れ多い発想で不敬無礼だが、和風諡号など、天皇制度を支持し奉戴することに喜びを感じる正常な一般日本人にとって、どうでもいい話。一方、共産党が、和風諡号に拘り、天皇の実在・非在のリトマス試験紙とするのは、共産党が〝大量殺人教のカルト宗教団体〟で、党員の人格が狂気だからだ。

和風諡号をもって天皇の実在・非在のリトマス試験紙とする津田／井上の狂説とは、ルイ十六世を処刑したジャコバン党やニコライ二世を殺したレーニンの狂気に通底している。それ以上に、テロやジェノサイドにユートピアの到来を信仰する血塗られた狂人たちが、今上陛下や皇族を皆殺しせんとする前夜祭の血しぶく咆哮《ほうこう》を彷彿《ほうふつ》とさせる。

注

1、『津田左右吉全集』第一巻、岩波書店、１９６４年。引用頁数は本文。

2、１９５２年に増訂出版の「第三章　諡号考」『日本古代王朝史論序説』（小宮山書店）、１４０～46頁。

3、中公文庫版『神話から歴史へ』、頁数は本文。

第三章

〝古代天皇テロル教の元祖〟津田左右吉の大罪

記紀にあらん限りの罵詈雑言を投げつける〝畸形の共産主義者〟津田左右吉を、戦後日本は無罪放免にした。ジャコバン党ロベスピエールを崇拝する赤色憲法学の**宮澤俊義**、レーニンを崇拝する家族破壊〝狂〟の**我妻栄**と並び、日本民族から古代史を剝奪し歴史無き〝無国籍日本人〟大量生産を仕事とした**津田左右吉**は、戦後日本「左傾化」の三大〝悪魔の巨大機関車〟。

が、驚くべきは、惰弱で無気力な一般の日本人の方。津田左右吉が、〝スターリンの犬〟**河上肇**や〝天皇による天皇制度破壊〟を考案した**上杉慎吉**らと同時期に、「天皇制度を人民主権型へ！」と雄叫びする『古事記及日本書紀の研究』（改訂版）、『神代史の研究』を出版したのは、1924年（大正13年）なのに、この1924年、津田〝悪書〟を糾弾した日本人が一人もいないからだ。津田左右吉の恩師・**白鳥庫吉**も、〝赤い弟子〟津田左右吉に対し苦言一つ投げつけていない。白鳥庫吉らの『国体真義』（1928年）は（注1）、国民騙しの愛国演技だった。

「俺様は天皇より偉い」と妄想して、津田は〝偉大な史書〟記紀を罵詈雑言した

津田左右吉の『古事記及日本書紀の研究』『神代史の研究』は、日本人なら誰しも嘔吐を催す。「記紀は物語であって、歴史にあらず」を大鉈《なた》に、実在の古代天皇をバッサバッサと斬り殺す、大衆小説家並みの速筆の津田左右吉のテロル手口には、学者性が一欠けらも無い。道を

歩く善男善女を手当たり次第にジャックナイフで切り付ける通り魔に酷似している。

津田左右吉の異様な史学は、次の三つが特徴。

1、唯物史観。津田は、共産主義者特有のゴリゴリ唯物史観 materialism 狂。津田史学には、（1906年頃までの日本人の絶対思想だった祖先崇拝など期待しないが）人類が普遍的に有する、祖先への感謝や敬意など通常の感性はすっかり欠如している。祖先に霊的なものを感じる精神の働きが空無な津田は、この「祖先に霊的なものを感じる精神の働き」を日本人から剝奪して日本人をボルトナット化する〝生体人格手術〟を、古代史の大改竄を通じて展開した。

2、マルクス・レーニン主義。マルクス『共産党宣言』が煽動する階級闘争の「俺様（津田左右吉）は天皇より偉い。なぜなら、俺様（津田左右吉）は人民様だからだ」が、津田左右吉の著作すべてから漂っている。津田左右吉には、幸徳秋水の訳本『共産党宣言』を読んで感動した形跡がある。

3、『帝紀』『旧辞』が俺の手元にある。俺はそれを見ながら論じているのだ」と、津田左右吉は、精神異常者特有の狂妄の幻覚で論じている。奈良時代後半には完全に散逸した『帝紀』『旧辞』は、どこにも煙ほども存在しない。が、それを手元で見ながら俺様は論じていると喚《わめ》く津田左右吉は、明らかに強度の幻覚障害を病む狂人。

孝昭天皇（第五代）も孝霊天皇（第七代）も歴史学的に実在。〝大嘘つき〟津田左右吉

坂本太郎は、後代の我々に「〝大嘘つき〟津田左右吉を叩き潰して欲しい」と熱く遺言した。

「大和朝廷による国家統一はもちろん（その実在を学界は疑問視しない）崇神天皇一代でできたはずはなく、大和に都した歴代天皇の力に負うたものであろうから、崇神天皇以前に多くの天皇の代のあったことは当然認めなくてはならない」

「初代の神武天皇にかけられた東征の物語についても一概に無稽のこととすべきでなく、歴史事実の幾分かを含むものと解される」

「神武天皇はもとより、崇神天皇以前九代の天皇は実在の人ではないという（津田左右吉の）説は、……何ら実証されたものではない」（注2、丸カッコ内中川）。

史実は確かにこの通り。神武天皇から開化天皇までの九代のご存在を裏付ける歴史的事実は、多々ある。一方、神武天皇の実在を否定する歴史的根拠は何一つ存在しない。津田左右吉とは〝嘘歴史捏造の病〟を発症した精神異常者。歴史家以前の人物。

例えば、第五代・孝昭天皇に関しては、播磨の飾磨《しかま》郡（現在の姫路市）を武力制圧し服属させたことが『播磨国風土記』に記録されている。孝昭天皇の播磨の国〝制圧〟の目的は、〝砂鉄産出地帯の独占〟。碁と同じく、「服属しない地方の武力（＝鉄刀と鏃）を減じ、朝廷側の武力を倍加させる」ことが、この地方の大和への服属をより永遠化させる。

1、播磨の国を制圧されたのは、孝昭天皇。

「飾磨《しかま》と号《なづ》くるゆえんは、**大三間津日子命**（孝昭天皇、おおみまつひこのみこと）、ここに屋形（やかた、仮の宿営舘）を造りて座（ま）しし時…」（注3）。

2、この制圧は、砂鉄産出地方の獲得が目的。

「**安師**（あなし、採鉱の技術者）の里（村）。安師と称《い》ふは、大和の穴師の神の神部（直属する部民）に託《つ》きて仕へ奉る。故、**穴師**となずく。」（注3、丸カッコ内中川）。

この村人は、その稲作収穫の三割に相当する砂鉄や農閑期には労働を、大和・三輪山の山麓地帯に広がる大和朝廷が直営する製鉄工房（穴師）集団に納めるよう命じられた。むろん、この播磨国の「村人」は砂鉄拾集もする農民で、製鉄はしない。今に残る三輪山の穴《あな》師坐《しにます》兵主《ひょうず》神社《じんじゃ》は、かつてここに多くの製鉄工房があった時代の名残。

この「安師の（に砂鉄を供給する）里」は、（瀬戸内海側から見て）市川の左岸だが、市川の右岸

「阿保《あぼ》」は、そのものずばりの産鉄地である。この地名「阿保」は、「穴穂《あなほ》」「穴太《あなた》」と同じく、産鉄地という意味。「安師＝穴師」は、「鉄穴師《かなし》」と同義（注4）。

産鉄地「飾磨郡」が大和朝廷に服属した事実は、孝昭天皇に率いられた相当な規模の（海岸からの上陸作戦の）大和朝廷軍の侵攻ルートからして、播磨国の「明石郡」「賀古郡」「印南《いなみ》郡」も、その前に陥落したことを意味する。大和朝廷に降伏した播磨国の兵士が、数百人以上になったのは疑い得ない。なお、賀古郡の加古川河口の砂浜も、砂鉄を産出する。

『後漢書』〝倭の国王〟や〝帥升〟の具体的人物名を挙げない、嘘創作の古代史学界

さらに、次の『後漢書・倭伝』が記述する「国王」は、明らかに第五代・孝昭天皇を指している。仮にも、この記述が孝昭天皇でないと主張する者は、具体的にその人物名を挙げてみよ。

「（後漢第六代皇帝）安帝の永初元年（107年）、**倭の国王（遣）帥升**（師升）ら、生口（奴隷）百六十人を献じ、請見を願う」（注5、丸カッコ内中川）。

この「倭の国王」と「帥升」について、日本の古代史学者は、具体的な人物名を挙げない。

挙げると、津田左右吉の「初代〜第九代天皇は、記紀編纂者の作文。実在せず」に叛乱し津田の大嘘つきを一瞬に暴くから、学界の絶対支配者・共産党から必ず報復され、教授になれない。〝津田大明神様〟の真赤な謬説に黙々と従うのが、古代史学者が大学で生きていく保身術。

さて、この人物を比定する作業の第一段階は、一度に百六十人もの奴隷をどこで獲得したか。それは、降伏した戦争捕虜のケースのみ。そのような戦争は、前年の106年と推定される、播磨の飾磨郡制圧しかない。

比定作業の第二段階。『後漢書』では「倭」。北宋版『通典』では「**倭面土**国王帥升」（注5）と、三文字「**倭面土**」になっている。この「**倭面土**」を、内藤湖南は、「やまと」と訓む。これが正しい。なお、戦前日本では「やま**と**のくに」と訓んでいた「邪馬台国」を、「やま**たい**こく」と馬鹿げた痴れ読みするようになったのは戦後で、共産党の命令。この後、神格化されたコミュニスト津田左右吉への遠慮が常態化し、言葉「やまと」を原則抹殺する〝反・学問〟が学界のルールとなった。『随書倭国伝』は、「邪馬台国」を「やまと（のくに）」と訓（よ）め、と明記している。「倭国は、邪摩堆（やまと、大和）に都す。『魏志』のいわゆる**邪馬台**なる者なり」（注5）。つまり、倭国王とは、第五代・孝昭天皇のこと。

次、「帥升」。「**帥**」は「元帥」の「帥」で、「軍隊の最高司令官」の謂い。すなわち、人物名は「升」の一字のみ。「升」が誰を指すのかは、この漢字からは推定できない。しかし、百六十人もの捕虜を数十隻の〝帆のある丸木舟〟船団で帯方郡まで連行できるのは、大和朝廷には安曇氏しかいないから、「升」は安曇氏のこと。

そして、前記『後漢書・倭伝』の一文、「国王」と「帥升」の間に、一文字「遣（つかわす）」が脱字している。この文は、「孝昭天皇は、軍司令官（海軍元帥）の安曇氏を派遣して、生口百六十人を献上し、（金印を下賜して下さいと）皇帝への謁見を願い出た」と訓む。

ところで後漢は、第五代・孝昭天皇が望んだ金印を授けたか。記録がない以上、授けなかったようだ。「奴国」を日本の代表と認め金印を授与したわずか五十年後に（107－57＝50）、その地位を変更することはできまい。ただ、相当な量の高級織物や白銅鏡は下賜しただろう。

【閑話休題】当時の船について。

弥生時代後期の107年の時点、呼子《よぶこ》（東松浦半島の突端）から「壱岐島→対馬→加羅（現在の釜山のすぐ北側）→帯方郡（→洛陽）」に、百六十人もの戦争捕虜をどう送ったか。橿原市常盤町の坪井遺跡から出土した弥生土器の欠片に描かれた舟を参考にする。それは、全長十二メートル／幅一メートルの「漕手十二名（櫂《かい》は左右六本）、操舵手一名」の外洋航行能力がある丸木の刳（くり）舟（注6）。

捕虜も漕手に使うが逃亡防止を考えれば、**一舟で四人**が限度。捕虜が海中に飛びこんでも泳げないよう両足を足枷《あしかせ》に嵌《は》め縛り、足枷を解こうとすれば護送兵士が瞬時に刺し殺す態勢で、残りの漕手八人は護送兵士が兼ねる。すなわち、百六十人の捕虜輸送には、最低四十艘の大型丸木舟が必要（四人×四十艘)。孝昭天皇は、106年の「播磨の国」制圧直後、数百名以上の捕虜に直径一メートル以上の大木を切りださせ、大型の丸木舟を製造させたようだ。なお対馬海峡での舟の転覆防止のため、腕木《うでぎ》を渡したアウトリガー(舷外浮材、outrigger)付きの可能性も高い(注6)。

全国統一に王手をかけた「吉備国」制圧の第七代・孝霊天皇。その皇女が「卑弥呼《ももそひめ》」

第七代・孝霊天皇には皇子・皇女が八名おられた。うち、皇女「夜麻登やまと登母母曾とももそ毘賣ひめ尊」は、日本史上の特別な人物。『魏志倭人伝』の「卑弥呼」に比定でき、そう断定できるからである。『日本書紀』は、「倭やまと迹迹日ととひ**百襲**ももそ**姫**」と表記。以下、「百襲姫」と略す。

「百襲姫」は、第八代・孝元天皇の摂政も兼ねていた可能性があるが、あくまでも神宮の斎宮。なのに、『魏志倭人伝』は、日本国の対外的な国王＝**国家元首**としている。当時の大和朝廷は、(戦闘能力と軍事指揮力を持つ)孝元天皇/開化天皇の存在を魏から完全に隠し、百襲姫がさも日本国の頂点かに演出していたようだ。魏の先制侵略を回避すべく、女性を前面に出し、日本は〝か弱い国〟かの演技をしたのである。

なお、神宮が奈良盆地から伊勢に遷宮されたのは、第十一代・垂仁《すいにん》天皇の御代の297年。

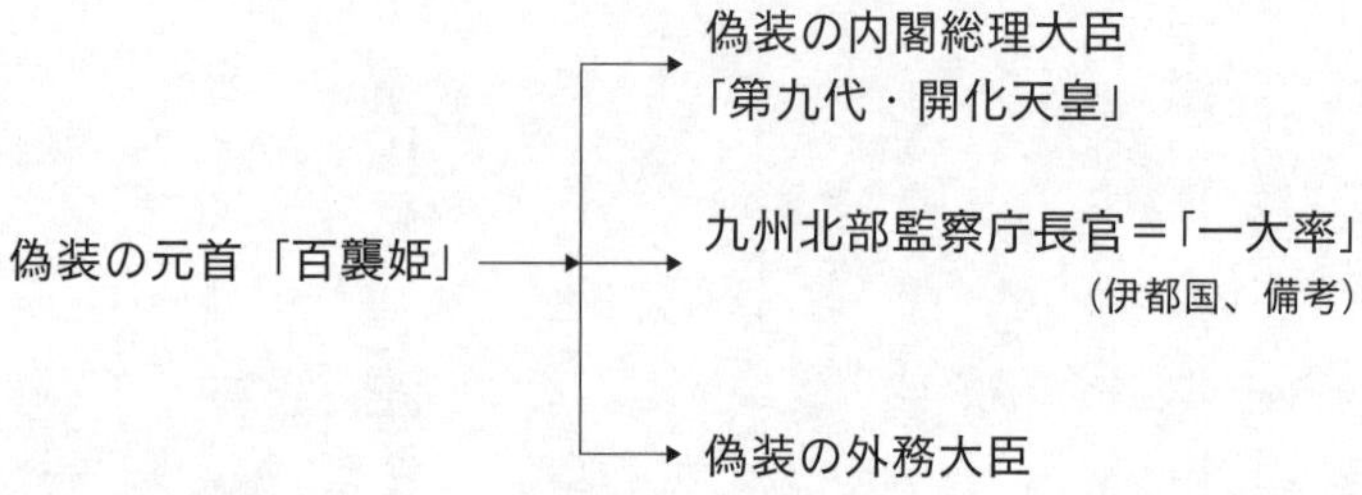

（備考）迎賓館は伊都国の（三雲の南の）井原あたり。迎賓館館長は帯方郡からの帰化支那人のようだ。一大率の兼務ではない。一大率は、伊都国・国王の後裔か、大和朝廷派遣の官僚か、のいずれか。

第九代天皇まで、神宮と天皇の御所は近接していた。第十代・崇神《すいじん》天皇は、神宮と朝廷の御所・政庁の距離を大幅に遠くすべく、奈良盆地内の笠縫邑《かさぬひのむら》に遷宮した。このときの斎宮が崇神天皇の皇女「**豊**鉏入とよすきいり日賣ひめ命」で、『魏志倭人伝』の記述では「**台与**　とよ」。「とよすきいりひめ命」は、「百襲姫」と同じく、斎宮であると同時に、対外的には「偽装の国家元首」を兼ねたと考えられる。

「百襲姫」が仕える神宮と準・摂政の仕事をされる政庁の場所が纏向遺跡。考古学的に１８０年頃の建立が判明している。巨大な纏向遺跡は、「百襲姫」の父君・孝霊天皇が造営されたから、孝霊天皇の即位は１７０年頃と推定できる。

纏向遺跡で発掘された東西一直線に並ぶ四つの建物（次頁図）のうち、巨大な建物Ｄが、偽装国家元首「百襲姫」の政庁（官邸）。伊勢神宮の原型となった神宮神殿が建物Ｃ。建物Ｂが「百襲姫」の宮邸、建物Ａが主要女官たちの宿舎、と考えられる（注７）。偽装の外務大臣が、『魏志倭人伝』に拠れば、天皇の

図：百襲姫の政庁（D）と神宮（C）と目される纏向遺跡
（出典：『邪馬台国の候補地　纏向遺跡』新泉社、40～41頁）

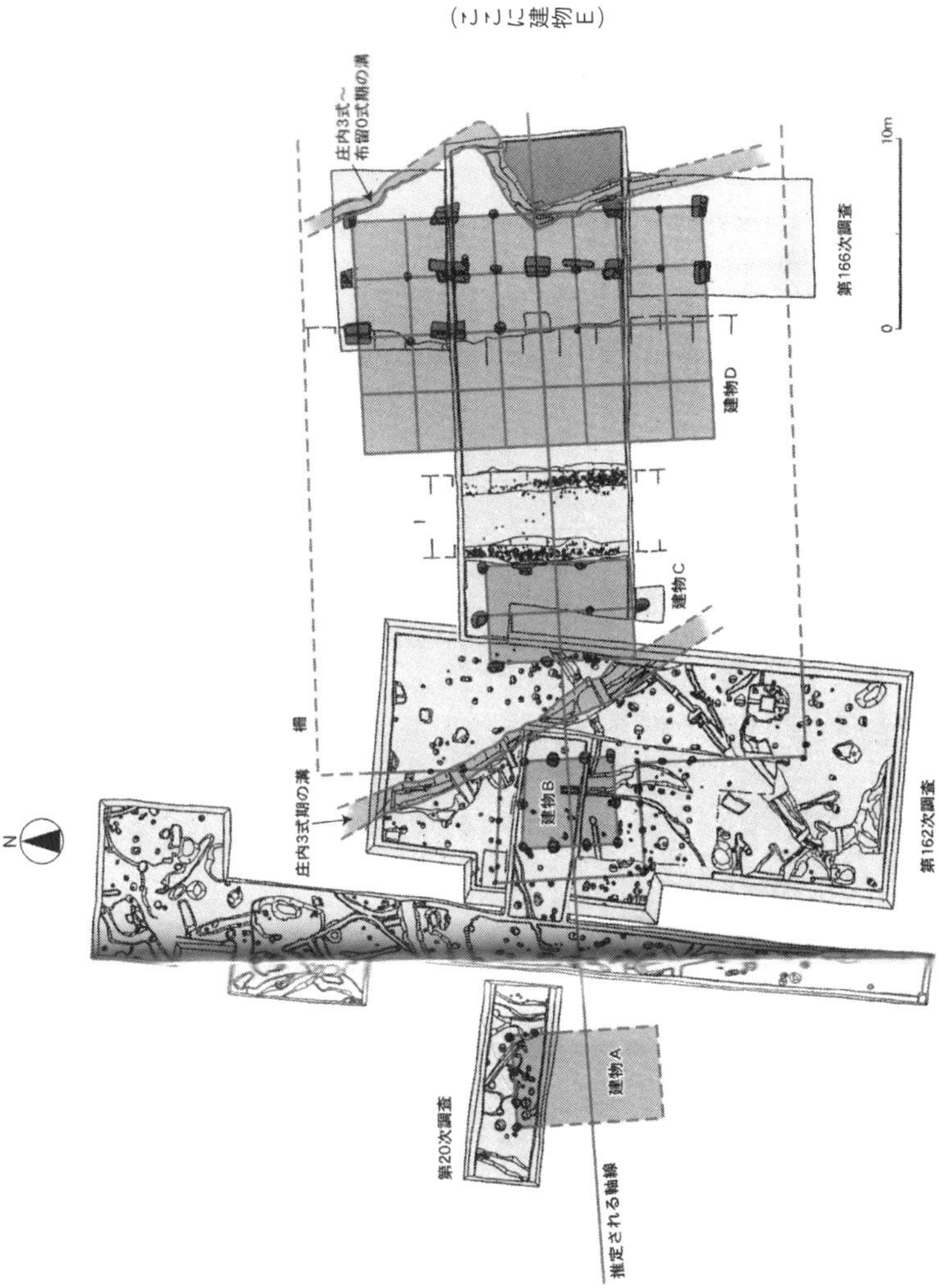

政庁にいた本物の外務大臣のほか、〝偽装の国家元首〟の下にもいたようだ。Dの東側に男性官吏と護衛部隊の幹部の詰所E（一部、発掘）があったようだ。

天皇の御所と（皇女が斎宮となられる）神宮は、なぜか距離を大きくとるようになった

天皇の御所と神宮との距離は、初期天皇時代より、まちまちだった。例えば、表1でわかるが、孝元天皇の御所「軽の堺原の宮」は、神宮の纏向遺跡とはかなり遠い。

平安時代に話はとぶが、焼失した大極殿を加えても、京都御所と祖廟の伊勢神宮の敷地面積は、天照大神を祀る神宮の方が天皇の御所より、圧倒的に巨大。これが、水稲稲作の弥生文化の祖先（祖霊）崇拝教の現実。古代でもそうで、第七代・孝霊天皇の御所・宮殿は、その皇女が斎宮を勤める神宮の纏向遺跡に比すれば、「豆粒のごとく小さい」。徳川家康の廟である日光東照宮の規模の巨大さもまた、広大な伊勢神宮にその範を求めた結果。

表1；御所・宮殿の住所と神宮の住所

第七代・孝霊天皇の御所・宮殿	黒田の廬戸（いほと）宮、奈良県磯城郡田原本町黒田
「百襲姫」の神宮・政庁・宮邸	纏向遺跡、奈良県桜井市大字辻・太田周辺
第八代・孝元天皇の御所・宮殿	軽の堺原の宮、奈良県橿原市大軽町

神武〜開化天皇を〝創作物語〟と抹殺した津田左右吉を〝叩き潰す〟のは容易

簡単な上記の論及でも、「嘘つきコミュニスト津田左右吉が、史料で実在が明らかな**孝昭天皇**（第五代）、**孝霊天皇**（第七代）、**孝元天皇**（第八代）を意図的に抹殺した」のが証明されていよう。『魏志倭人伝』『播磨国風土記』を正確に読むだけでも、〝歴史の偽造屋〟津田左右吉を粉砕できる。津田が抹殺した第九代天皇までの主要事蹟が表2。

〝日本国〟初代天皇（崇神天皇）は、〝大和地方〟初代天皇（神武天皇）とは別人物

表2は、「崇神天皇が**日本最初**の天皇で、**初めて**日本国の国家統一を成し遂げた」が荒唐無稽な暴論なのを、一刀両断的に証明する。崇神天皇を日本最初の天皇に仮構すると、神武天皇からの九代の天皇が二百五十年近い歳月をかけた国家統一の軍事行動を、崇神天皇が〝すべてお独りで成し遂げた〟とする、架空の奇説暴論になるからだ。

初代天皇の神武天皇とその後の八名の天皇が実在しない限り、日本列島をほぼ統一された第十代・崇神天皇の存在はありえない。崇神天皇の事蹟も、日本国の歴史にはなっていない。そ

表２；初期大和朝廷の（連続勝利の）武力制圧行動（ゴチックは確定）

	武力制圧・掌握の地域	即位・崩御の推定年	備考
初代・神武天皇	大和盆地南部／大和川／河内湖の制圧	即位は紀元後10年頃と推定。	
第二〜四代天皇	摂津	即位は30〜90年頃	
第五代・孝昭天皇	**106年**、播磨国南半（兵庫県南部）を制圧。	即位は100年頃	**107年**、捕虜160人を後漢に貢ぐ。
第七代・孝霊天皇	吉備国制圧は175年頃。出雲国の東半分を制圧か？	即位は170年前後	180年頃、百襲姫の纏向「神宮」完成
孝霊天皇の皇女・百襲姫（女王「卑弥呼」）		（魏志倭人伝に拠れば）薨去**248年**。	金印「親魏倭王」。箸墓は、崇神天皇が造営。
第八代・孝元天皇		即位は200年頃	魏志倭人伝の男弟
第九代・開化天皇	近江（滋賀県）と美濃（岐阜県）を、ほぼ制圧	即位は225年頃と仮定	仝上
第十代・崇神天皇	山城（京都府）／越前（福井県）／丹波（兵庫県東北部）／会津（福島県）制圧	即位は246年頃か。 崩御**258年**。	「台与」は、崇神天皇の皇女「豊鉏入日賣命」。
第十一代・垂仁天皇	服属に不満な近江と美濃に対し、神宮遷御に託けて、軍事力で威圧。	在位期間を258年（20歳）〜303年の四十五年間と仮定。	**297年**、神宮の伊勢遷御。斎宮は「倭姫」（第四皇女）。

れなのに古代史学界は、神武天皇を指す和語「始めて**天下**《あめのした》を馭《しら》す天皇」（紀213頁）を、崇神天皇の「肇（はじめ）て**国**を御す天皇」（紀248頁）と同じく、「はつくにしらす　すめらみこと」と、意図的に大間違い訓みをする。これは、神武天皇を〝抹殺〟する狙いからだ。「同姓同名の場合、片方を処刑する」〝天皇テロル〟のやり口でもある。

が、日本書紀は、神武天皇を〝大和盆地南部の天皇〟の初代とし、崇神天皇を〝日本国の天皇〟の初代とし、史実に正確であろうとしている。神武天皇を〝日本国天皇〟としない『日本書紀』の態度こそ、（いっさいの誇張や美化をしない）謙虚で歴史事実に忠実な、史書としてあるべき学術的な表現。津田左右吉ら共産主義者の「同名だから、片方は物語」などは、歪曲と改竄と詭弁の〝反・学問〟どころでない、刑法的な犯罪。

また、崇神天皇の和風諡号は「**みまきいりびこ　いにゑ**のすめらみこと」（実名は不明）。神武天皇のそれは「**かむやまといはれびこ**のすめらみこと」（実名は「**ひこほほでみ**」）で、双方はまったく異なる。同一人物なら、実名（諱）が不明と判明の両極にはならない。

『古事記』と『日本書紀』の記述が相違する場合は、どうする？

『古事記』は、大和朝廷の国家統一に関する第七代・孝霊天皇の重要な動きを記載している。

「(百襲姫の同母弟) 大吉備津日子命《おおきびつひこのみこと》に、播磨国から吉備国(岡山県と広島県の東部)に侵攻させ制圧した」(注8) と。吉備国は、播磨国のより良質な砂鉄を産する。水銀や金も産出した。水銀がないと金を抽出できない。また、水田稲作のコメ生産量も、播磨国の数倍と推定される。

これらの軍事行動で大和朝廷の富が一気に増え、これが巨大建造物が立ち並ぶ、纏向遺跡の造営費用にも充てられたとも考えられる。纏向遺跡の現在発掘されている四つの(もしくは五つ)建造物は180年頃と推定されるから、その着工を175年とすれば、吉備国の制圧は173年頃。孝霊天皇の即位は170年頃と仮定して、史実とさほどかけ離れてはいまい。

なお、『日本書紀』では、吉備国の制圧を崇神天皇の事蹟としている。帝紀・旧辞(に文字化した記憶記録)を訂正する大権は天皇にしかないから、ご自分の業績を大きく見せるべく、崇神天皇みずから旧辞(に記載の記憶記録)をそのように訂正したのかも知れない。

ただ、記述において『古事記』と『日本書紀』に齟齬《そご》がある場合、「原則的には」の限定付きだが、『古事記』を採用し、『日本書紀』を排するのが基本的な学的態度。この一般ルールに従えば、「吉備国の制圧は孝霊天皇。崇神天皇でない」と解さなければならない。

神宮、奈良盆地から伊勢に遷御(第十一代・垂仁天皇)

神宮の伊勢への遷御に関しては、『日本書紀』に「丁巳《ひのとのみ》の年の…、伊勢国の渡遇宮（わたらひの宮）に遷《うつ》し祀る」とある（注9）。「渡会」は通常、外宮を指すが、ここの文脈では内宮を指している。干支「丁巳」は、297年にあたる。崇神天皇の頃より、大和朝廷は干支を少し使えるようになったから、この丁巳は正確だと考えてよい。崇神天皇の崩御年は、『古事記』に「戊寅《つちのえのとら》の年の十二月に崩（かむあが）りましき」とある（注10）。この戊寅は、258年。

そもそも記紀とは、『古事記』は（閲覧が）皇室内部、『日本書紀』は大和朝廷内（政府部内）に限定された（私的性の強い）皇統譜（備考）。作為する必要などまったくない。作為すること自体、天皇の祖先がわからなくなり、皇統譜をつくる目的に違背する。

（備考）一般国民が家系図をつくった場合、それを公刊・公表する馬鹿はいない。家系図は、他人に見せる物でなく、親族だけが利用するもの。他人にとっては無価値この上もない物。

また、天皇は神的な聖性を持たれる「現《あき》つ神」だと信仰されている当時にあって、天皇の系譜（血統チャート）は一ミリも間違ってはならないと、皇室はむろん臣下の朝廷官吏は考えていた。だから記紀には、その実在にわずかの疑問を感じる天皇が、お一方も存在しない。

注

1、文部省は『国体の本義』を1937年5月に出版。これは、『国史概説』（1943年）とともに、スターリン共産体制を魔語「日本の国体」で包んで日本人を共産革命に使嗾《しそう》する、ソ連GRU工作員だった赤い文部省官僚らが執筆した国民騙しの赤色洗脳書。『国体の本義』と類似のタイトル『国体真義』は、1928年、杉浦重剛や白鳥庫吉らの共著として出版されていた。杉浦重剛は日本最後の愛国サムライだから最も信頼できる。だが、白鳥庫吉は、〝最凶の対ロ売国奴〟白鳥敏夫の叔父でpinko。が、本当はredではなかったか。

（参考）先天的な大嘘付きの〝反・歴史〟河上肇と津田左右吉は、「中江兆民→植木枝盛」の直系。津田左右吉『古事記及び日本書紀の新研究』の初刊は1919年で、河上肇のデビュー1917年とほぼ同時。河

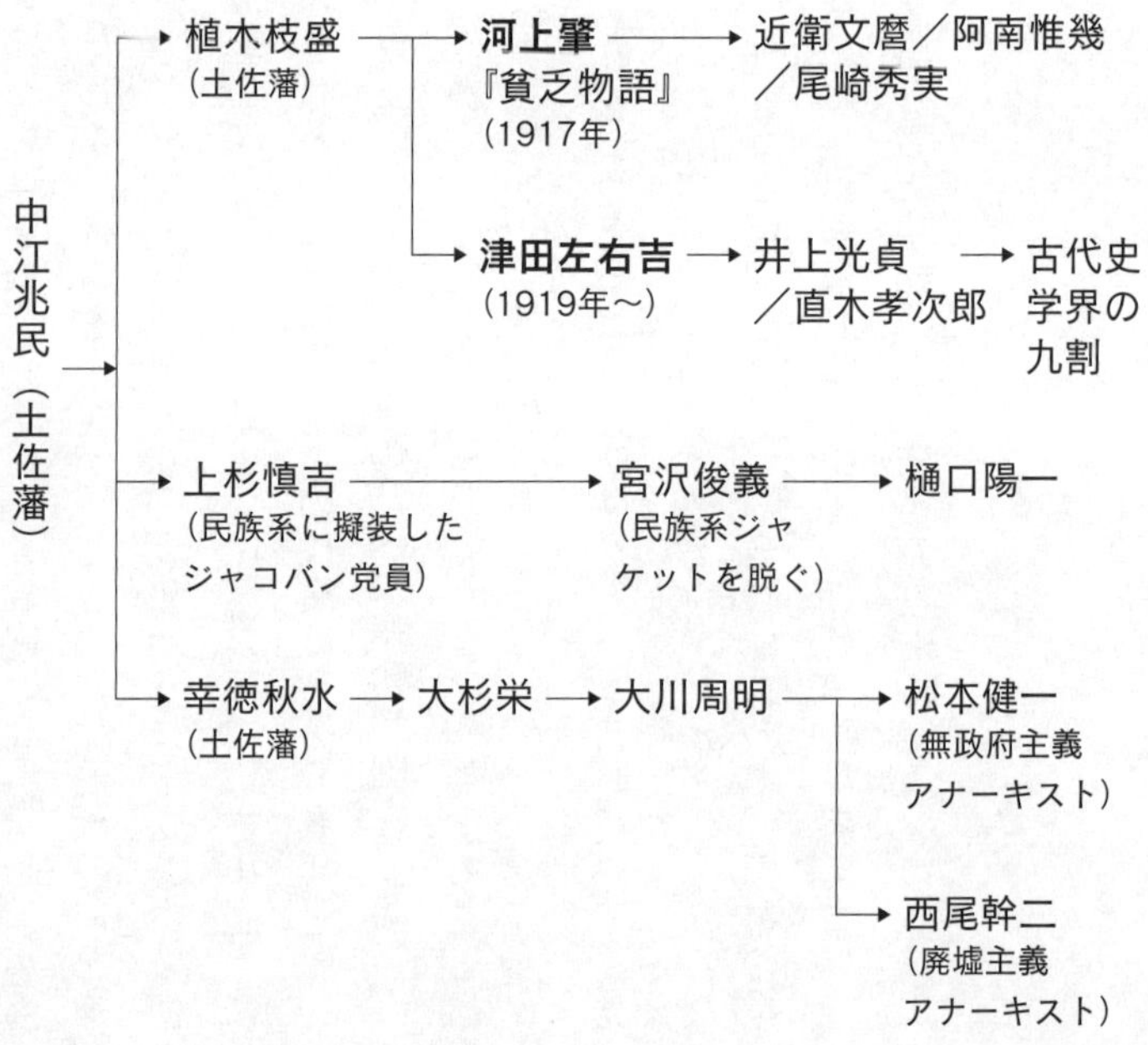

上肇には〃水戸学の狂人テロリスト〃吉田松陰からの影響も無視できない。明治以降の日本の極左思想はすべて土佐藩と長州藩が源流。水戸学の「尊王攘夷」には、〃北朝の天皇を殺せ！〃が含意されており、水戸学こそ日本史上〃最凶の国産〃「ラディカル反日」イデオロギー。

2、『坂本太郎著作集　第一巻』、吉川弘文館、１９８９年、３５８頁。

3、『風土記』、日本古典文学大系、岩波書店、１９５８年、２６９頁、２７９～80頁。この岩波書店版は、実在明らかな孝昭天皇を、「孝昭天皇とする説があるが、**確かでない**」と、さもそうでないかに断定する真赤な嘘の頭注を書いている。２６８頁。「初代～九代は不在にせよ」の津田左右吉の狂気を継ぐ共産党の〃反・歴史学〃洗脳宣伝の一つ。戦後日本の学界と教育界は、今に至るも、スターリン時代のソ連と変わらぬ赤い検閲下にある。

4、真弓常忠『古代の鉄と神々』、ちくま学芸文庫、２０１８年、42～3頁、１３７頁。三輪山の巻向川も、「穴師川」と歌に詠まれているように、砂鉄を産出した。巻向川の近傍に「穴師坐兵主神社《あなしにますひょうず》」がある。「穴《あな》師《し》」は採鉱技術者を、「兵主《ひょうず》」は刀剣製造者を指す。なお、鉄に係わる知見は古代史を理解したいなら絶対。この真弓常忠の本と、山本博『古代の製鉄』（学生社、１９７５年）は必読。

神武天皇の皇后の名は、「媛（ひめ）踏鞴（たたら）五十鈴（いすず）媛（ひめ）命」。「五十鈴」は、川底の砂鉄や湖沼の底にできる褐鉄鉱を指す。「たたら」は、製鉄の工程で板を踏んで空気を送り込む鞴《ふいご》のこと。「踏み鞴」とも言う。すなわち神武天皇は、刀剣を製造する三輪山の採鉱・製鉄業の娘を皇后にされた。

5、『魏志倭人伝・後漢書倭伝・宋書倭国伝・隋書倭国伝』、岩波文庫、57頁、58頁、65頁。
『日本書紀』、上巻、岩波書店、２１２頁。

6、松枝正根『古代日本の軍事航海史　上巻』、かや書房、１９９３年、１７７頁、１８０頁。

7、石野博信討論集『邪馬台国とは何か――吉野ヶ里遺跡と纏向遺跡』、新泉社、2012年、256〜7頁、303〜5頁。
8、『古事記　祝詞』、日本古典文学大系、岩波書店、1978年、171頁。
9、上掲、『日本書紀』上巻、270頁。
10、上掲、『古事記　祝詞』、187頁。

第四章

昭和天皇「処刑」と日本国「死滅」を祈祷する林房雄『神武天皇実在論』

日本人は一般に、哲学・思想が皆目理解できない先天的な哲学〝白痴〟。超極左ドグマを創ったルソーとニーチェを国民挙げて拒絶する米国とは百八十度逆に、ニーチェやルソーを小学校から教え込む日本とは、世界随一に、人間の人格も精神も喪失した超・極左国家。

例えば、林房雄は、河上肇のコミンテルン日本支部（日本共産党）に離党届を出し（1932年）、『プロレタリア作家廃業宣言』も発表した（1936年）。が、林房雄は「保守」には転向せず、「民族系アナーキスト」にセクト変更。また、林房雄は共産党員時代の思想を一ミリも変えなかった。民族系アナーキストへの彼の〝セクト変更〟は偽装だった。しかし、無学無教養な「民族系」は、腐った鰯に群がるハエの大群のごとく、林房雄の作品を「保守」として読む。劣化して地に墜ちた日本人は、「極左」と「保守」の区別もできない。

本当に教養があれば、言葉「転向」を聴くと、二つチェックする。第一。「擬装転向か、本物の転向か」。第二。**セクト変更**だから、「どこに転向したか」。

共産党員の擬装転向者は、平野義太郎／清水幾太郎／中嶋嶺雄／香山健一など。共産党員から〝保守〟に転向した〝本物の転向者〟に、林健太郎／谷沢永一／遠山景久／三田村武夫／俵孝太郎／志水速雄など。1933年、初期日本共産党を育てた鍋島貞親／佐野学も転向し、スターリン指揮下の日本共産党やソ連と決別した。

〝幸徳秋水／西郷隆盛〟「崇拝」の林房雄は、〝ヒトラー型亡国病〟アナーキスト

さて、林房雄。彼は終生、天皇制廃止と「日本国を滅亡させてやれ」の、日本国死滅を祈る〝日本憎悪〟に生き、共産党員時代と何も変らなかった。ただ、共産国日本に革命するレーニン型ではなく、日本国を地球から滅亡・消滅させるフーコー型〝廃墟主義〟を信奉した。

林房雄はまた、西郷隆盛を人生の師匠に仰いだ。〝戦争狂アナーキスト〟西郷隆盛は、〝幸徳秋水の先駆者〟的イデオロギーの持主。だから、〝大賢帝〟明治天皇に叛逆し、**日本国を永久戦争で破壊し尽くす**、(ヴァンダリズムの) **西南戦争**を実行した。

林房雄が大東亜戦争を肯定するのは、大東亜戦争の戦争目的が〝昭和天皇を処刑し、皇族もすべて(民間人に降下させるのではなく)処刑し、天皇制を廃止する〟だったことを、正しく理解していたからだ。林房雄は特高警察の説得で離党届を出したが、「〝戦争気狂い〟西郷隆盛↓大逆事件の幸徳秋水」の系譜を継ぎ、天皇に叛旗する正統アナーキストたらんとした。

林房雄には、後世に残った狂書が二冊ある。『大東亜戦争肯定論』と『神武天皇実在論』。この二著は、表1が示すそれぞれの特徴があり、両書を同一視してはならない。前者は、廃墟主義系のアナーキズム。後者は、スターリンが顔を出すコミュニズム一色。

第一節　日本は敗け亡国した、あゝ愉快——『大東亜戦争肯定論』のモチーフ

『大東亜戦争肯定論』（番町書房、1964年）を、私が駒場キャンパスの学生だった1964年、急いで読まねばと、渋谷の大盛堂で購入した。1960年代の日本とは、憲法第九条第二項を削除し「国防軍設置」を明記する改正を、国民の六割が悲願とした時代。〝スーパー対ロ売国奴〟安倍晋三の、「第二項を残す」共産党系の赤い〝改憲論もどき〟など、自民党にはなかった。また当時、〝共産党の別動隊〟「民族系」は、まだ復活していなかった（備考）。

（備考）戦前日本で跋扈した〝共産党の偽装集団〟「民族系」は、GHQ進駐のお蔭で、1945～1970年代末、鳴りをひそめていた。〝極左の変種〟「民族系」は、日本会議と「在日」櫻井よし子らにより、1980年代初頭、復活した。

一方、1950～60年代の共産党機関紙・朝日新聞は、国防軍設置の第九条改正を阻止すべく、「大東亜戦争はアジア侵略だ」「国防軍設置の九条改正が日本を再び侵略戦争に導く」など、破茶目茶なフェイク・ニュースを大洪水のごとく垂れ流していた。保守陣営は、この「大東亜

表１；“スーパー反日”林房雄の、「二大有害図書」の特性

『大東亜戦争肯定論』（1963〜5年）	『神武天皇実在論』（1971年）
・日本国の死滅を祈禱する、亡国主義アナーキズムが満開の、日本亡国教の経典。 ・ロシア KGB と朝鮮総連の二つが、林房雄に執筆を依頼。ロシア KGB の目的は、日本国民をベトナム戦争反対（協力忌避）に煽動洗脳すること等。林房雄は、戦前はコミンテルン工作員／戦後は KGB 工作員で、生涯、凶悪ロスケであった。 ・朝鮮総連が林房雄に依頼した事実は確かだが、その理由を私は完全には確定できていない。	・「神武天皇は偽書に浮かぶ亡霊に過ぎない」と、“初代・神武天皇は存在しない”を転倒語法で論及した“**凶悪な不敬の狂書**”。 ・本書は、皇室の祖先を徹底愚弄することにより、日本国民の皇室尊崇の感情を自壊させるのが狙い。皇祖神・天照大神が抹殺されている。 ・要は、本書はスターリン1932年テーゼに基づく、共産党の天皇制廃止キャンペーンの一つ。林房雄の共産党離党は、明らかに偽装。
廃墟主義アナーキズム思想が貫かれている。	スターリンの天皇制廃止命令に従っている。

戦争アジア侵略論」キャンペーンをぶっ潰す方法を捜していた。

タイトルが『大東亜戦争**肯定**論』と、当時の保守本流（備考）の「大東亜戦争**否定**論」からすれば逆さで変だと思ったが、「大東亜戦争アジア侵略論」を叩き潰す妙案が提示されているはずと、私はワクワク読み始めた。が、逆だった。共産党の天皇制廃止論と同じ、第五章「武装せる天皇制」があり、憤慨の余り床に叩きつけた。

（備考）竹山道雄／福田恒存／林健太郎／磯田光一／中川八洋ら戦後日本の保守知識人は、「大東亜戦争**否定**論」&東京裁判支持論が基調。勝田吉太郎／谷沢永一／

栗栖弘臣／曽野明／松原正らも同様。大東亜戦争否定と東京裁判支持が、〝保守〟の条件だった。この条件に反する**三島由紀夫**は民族系で、**保守ではない**。

また、この第五章で林房雄は、私が尊敬する〝反共・反露・反ナチ・親英米〟竹山道雄の天皇論を、「反共的天皇制論」と嘲《あざけ》っている（注1、151〜4頁）。竹山道雄の『ビルマの竪琴』は大東亜戦争否定論の白眉。私は小学校六年生のとき、『ビルマの竪琴』の映画を観賞。中学校二年生の頃に固まった私の大東亜戦争否定論の「形成」に、最も影響を与えた。

さらに、レーニン崇拝を止めない林房雄は（備考）、『大東亜戦争肯定論』で、東京裁判を「世紀の残酷喜劇」（注1、143頁）「戦争史にも前例のない捕虜虐殺」（注1、155頁）と罵倒。そこでは、野獣的な「鬼畜米英！」「天皇を殺せ！」の妄念のみが炎と燃えていた。

（備考）『プロレタリア作家廃業宣言』を発表した1936年の林房雄は、この年、裏ではレーニンの『第三インターナショナル』を翻訳出版していた（白揚社）。〝転向〟は、林房雄にとり、計算づくの売名・売文のビジネス。偽装なのは当然。

東京裁判について。1945年に進駐・来日した、マッカーサー元帥／フェラーズ准将／キーナン検事／ウィロビー少将らは、昭和天皇の聖性を護り天皇制度を維持すべく、米国における人気の大下落と帰国後の大幅な収入源という犠牲を払って、信念の王制主義（モナーキズム）からの「昭和天皇には起訴する訴因すらない」と、**無罪以前の**〝不起訴〟に全力を挙げた。

ために東京裁判は、〝日本を裁く法廷〟ではなく、「昭和天皇には起訴する訴因すらない」を確定させる**〝昭和天皇を守る〟法廷**に変質した。日本国民である限り、皇室の永遠を守るのが日本国民に祖先から課せられた高貴なる倫理。この倫理の当然の発露として、正しき日本人は、日本の国体を護持した米国のポツダム宣言と東京裁判に感謝を捧げる。

林房雄を暗に非難する東京裁判擁護論の磯田光一の論考（注2）は、当時の保守よりリベラルな見解。一般国民の保守は、もっと直截に東京裁判を支持し、東条英機を許す雰囲気など無かった。「東京裁判に法的正義がない。勝者が敗者を裁いたからだ」は、〝赤黒〟林房雄『大東亜戦争肯定論』に始まった。1982年にロシアが日本国内に大々的に流した〝KGB製の魔語〟「東京裁判史観！」は、日本人を「反米」に改造する〝洗脳麻薬〟である。

『大東亜戦争肯定論』は、ロシアKGBと朝鮮総連が、高額で林房雄に発注？

大東亜戦争肯定論が『中央公論』誌上に連載された経緯。1965年の年末だったたか、私はある確かな情報で、「朝鮮総連→笹原金次郎（編集長、北朝鮮人、朝鮮総連の中堅幹部）↓利根川裕（編集部員）↓林房雄」が依頼ルートと知った。笹原金次郎とは、1960年、安保反対闘争のデモ参加の北朝鮮人にカートン単位で煙草を差し入れるなど、「在日」の間では有名な人物。

林房雄は、現在価額で一千万円程度の金を朝鮮総連から手にしたとの情報が、当時、流れていた。朝鮮総連がなぜ林房雄にそこまでしてこの大著を依頼したのか、よくわからない。

『大東亜戦争肯定論』を読めば、「林房雄に依頼したのはロシアKGBだ」「狙いは、ベトナム戦争反対を日本国内に起こすこと」「いや、当時の日本でまだ根強かった（竹山道雄など）保守知識人層の大東亜戦争否定論をつぶす情報戦」など、当時の噂には信頼性がある。

徳岡孝夫は、三島が自決する二ヶ月前1970年9月、「林さんはもうダメです」「あの人、右と左から金を貰っちゃった」と執拗に愚痴るのを聞かされた、と述懐（注3）。この徳岡の回想記を読んだとき、三島由紀夫は小学校三年生の女子児童以下で、林房雄が金に汚い男だったのも知らなかったのかと苦笑した。が、徳岡に漏らした三島の愚痴には、『大東亜戦争肯定論』執筆に絡む林房雄の、ロシアや北朝鮮など、敵性国家との付き合いが示唆されている。

スターリン1932年テーゼを信奉する林房雄の本心は、「昭和天皇を絞首刑！」

林房雄は、「レーニン教徒50％、偽装転向アナーキスト50％」。共産党員の体質が残っており、「東京裁判は、昭和天皇を起訴もしなかった／昭和天皇を戦争責任で有罪・絞首刑にしなかった。ケシカラン！」と怒る共産党とは完全に同一。だからか、林房雄『大東亜戦争肯定論』の頁をめくると、ゴリゴリ共産党員の家永三郎『戦争責任』（岩波書店、1985年）を読んでいるかに錯覚する。

林房雄は、無罪になる以前に不起訴となった昭和天皇を呪い、彼特有の転倒語法で「（昭和天皇を絞首刑にしなかった）かかる恥知らずの裁判に対しては、全日本国民とともに叫びたい、《我々は天皇と共に有罪である》」（注1、155頁、丸カッコ内中川）と、昭和天皇は有罪だ（＝**昭和天皇を絞首刑にしろ**）と絶叫している。林房雄と共産党の公式立場には差異がない。

昭和天皇〝憎悪〟感情を激しく爆発させる以上、林房雄が、強度の天皇制廃止論者なのは自明。当然、林房雄は、神武天皇の実在を一ミリも認めない。林房雄『神武天皇実在論』を支持する者は、林房雄に騙されたふりを演技し、天皇制廃止を企んでいる。宮崎正弘は、これ（注4）。

このことは、GHQ憲法第一条「天皇は象徴」に対する林房雄の異常な言動にあらわ。正しき保守は、憲法第一条を「天皇は日本国の元首である」に改正せねばと必死。一方、林房雄はこれと正反対。「天皇の本質が消えて形骸化したから、そんな天皇制なら廃止すべきだ」と、天皇制廃止の理屈に仕立てる（注1、148〜9頁）。林房雄の天皇制廃止の妄執は、共産党員より巧妙で狡猾。林房雄とは、天皇制廃止のために日本国を死滅させる、日本国死滅教を唱道した極左（注1、171〜2頁）。この林房雄のクローンが西尾幹二。

魔語「東亜百年戦争」は、〝大東亜戦争の主役〟スターリンとロシアを隠蔽擁護

林房雄は、「カストロのキューバ共産革命の成功に密かに拍手を送った」(注1、97〜8頁)と告白するように、死ぬまで純度百%の共産主義者。だから林房雄は、ソ連がカストロのキューバに核弾頭付き弾道ミサイルSS4とSS5を配備したキューバ危機については沈黙する。

そればかりか、林房雄は、土井たか子を凌ぐ、異常な毛沢東礼讃者。毛沢東をルソー系〝反文明狂〟の共産主義者とせず、「民族主義者だ」と嘘ラベルを張り、欧米列強による数世紀に及ぶ植民地政策の犠牲者「六億人の支那民族」を率いているとか、歯の浮くような嘘を並べ立てる。農民から土地を取り上げ「人民公社」を強制した毛沢東の「大躍進」で四千万人が餓死したが、林房雄は、この毛沢東の血塗られた残忍非道にも共鳴して快感している。

狂信的なレーニン教徒・林房雄にとり、〝スターリンの息子〟毛沢東は賞讃すべき英雄であった。一方、〝自由な支那〟を護持せんとした反共の蔣介石は〝英米の傀儡〟だと、唾棄的に排撃する(注1、97〜9頁)。林房雄とは、かくも露骨な筋金入りの共産主義者。

さて、「大東亜戦争は、東亜百年戦争の終結だった」とする林房雄の〝読者騙し珍語〟「東亜百年戦争」を考察しよう(注1、23頁)。林房雄は、「日本の東亜百年戦争」と言いながら、日

露戦争については一言も言及しない。1945年8月の日ソ中立条約違反の満洲侵略／樺太侵略／国後・択捉・得撫・「千島諸島」侵略についても一言も語らない。満洲における日本人婦女子25万人以上に対する、ロシアの〝レイプ／餓死／凍死〟殺人のジェノサイドについて一言も語らない。シベリアに百五万人の日本人男児を強制連行し、約六十万人（105万人－帰還者47万人＝58万人）を殺戮した、ロシアの悪魔的所業についても、一言も語らない。

林房雄は日本人ではない。人間ですらない。林房雄とは、赤い悪魔のロシア人。昭和天皇を暗殺し日本の独裁者になろうとした、幻覚と幻聴が日常だった〝重度の精神分裂病〟北一輝を絶讃し、明治天皇に叛旗を翻した〝戦争狂アナーキスト〟西郷隆盛に「東亜百年戦争のイデオローグ」を妄想する林房雄は（注1、132頁）、日本が英米に戦争を挑んで敗北・亡国したこと自体が歓喜で、愉悦の快楽だった。

林房雄史観は、レーニン『帝国主義論』の丸写しだから、レーニンが教宣するまま大東亜戦争をアジア共産化の「解放戦争」と捉える（注1、136頁）。また、この世界共産化に日本人を駆り立てるに、日本国が不在の〝非・国民〟西郷隆盛の永久戦争主義ほど役に立つイデオロギーはなく、ここに林房雄は西郷隆盛を神格化する。日本国民から国防という現実の政策を剝奪し、日本人を夢遊病者に改造すべく、林房雄は〝カルト西郷隆盛教〟の洗脳力を活用した。

健全な日本国民は、国防を「悲壮なる運命」（注1、177頁）などとは考えない。祖先より預かり子孫に相続させていくべき、国家とその領土を守る〝世襲の義務〟を自覚し、みずからに課せられた義務を命を捨てても履行するのが民族の正しい行動規範だと考える。陸奥宗光が決断した日清戦争も、小村寿太郎が決断した日露戦争も、日本人が日本国民として履行すべき**子孫への当然の義務**。両戦争の実行こそは、倫理道徳にかなう正義の実践。

だが、空無な虚無主義に冒された〝人間喪失〟の林房雄は、抽象的に「戦争」を狂妄しても、具体的に国防を顕現した日清戦争や日露戦争を真正面から論じることができない。〝ホロコースト殺人教団〟共産党の、国民洗脳の邪教カルト教義「戦争反対！」と同じ。

だから林房雄は、「東亜百年戦争は、そもそもの始めから、勝ち目のなかった**抵抗**」（注1、194頁）と、奇天烈な言辞を口走る。日清戦争も日露戦争も、〝日本の防衛バッファー・ゾーン〟朝鮮半島への清国やロシアの侵略を阻止する戦争。なのに、林房雄は「なんという無謀戦争を我々日本は百年間戦ってきたことか！」（注1、194頁）、と罵倒する。

日清戦争では、開戦前の海軍力も陸軍力も、日本の方がわずかだが優位だった。日清戦争に無謀性は少しもなかった。三国干渉も、ロシア政府内に諜報網を張る英国は「ロシアのはブラフ。無視しろ」と助言した。英国は日清戦争でも日本を応援した。なお、日清戦争が日本勝利で終わった時、大英帝国は没落への階段に転げ落ちた。日本勝利で威海衛が手に入ったのに（1895年）、そこに軍港を建設する金がなく、英国は1898年、これを清国に返還した。

日露戦争では、英米が戦費の半分を拠出した。英国はロシア艦隊を喜望峰周りにし水兵の疲労困憊《こんぱい》と熱帯病人「続出」に貢献し、また日本が対馬海戦で勝利できるよう、イタリア製新鋭軍艦の日本購入に奔走した。米国も同じ。ポーツマス講和交渉で、大統領のテオドア・ルーズベルトは、小村寿太郎を助けて、ロシアに対し、南樺太の日本割譲に協力した。英米の全面協力で日本は紙一重で日露戦争に勝利した。

アジア共産化を目指した大東亜戦争を〝無謀な戦争〟とするのも間違いだ。大東亜戦争で支那大陸は中国共産党の共産国となり、朝鮮半島も北半分は共産化し、ベトナムも北半分もそうなった。日本は、「無謀」とは逆の、スターリンの大東亜戦争命令を優等生的に履行した。

また、天皇制廃止のため昭和天皇を銃殺し、七千万日本人〝皆殺し〟と日本列島をスターリンに献上するのが戦争目的だった以上、大東亜戦争は祖国叛逆の狂気の戦争。「祖国叛逆の狂気の戦争」を、「無謀な戦争」とは言わない。8月14日深夜、昭和天皇を「監禁・脅迫」すべく阿南惟幾・陸軍大臣と平泉澄が共謀した宮城クーデターが端的な証拠であるように、大東亜戦争の祖国叛逆性は明白。健全な愛国者なら大東亜戦争を全否定する。それを逆さに、大東亜戦争を肯定するのは、林房雄が日本国の死滅を祈禱する敵国ロスケだからだ。

注

第一節

1、林房雄『大東亜戦争肯定論』、番町書房、1964年、頁数は本文。
2、磯田光一「東京裁判論」『昭和への鎮魂』、読売選書、1976年。初出は、『文学界』1975年8月号。
3、徳岡孝夫『五衰の人』、文芸春秋、1996年、150頁。
4、宮崎正弘「解説」『林房雄　神武天皇実在論』、ハート出版、2020年。

【参考】〝日本亡国教〟林房雄に共鳴したバタイユ系アナーキスト三島由紀夫

三島由紀夫は、「アナーキスト80％、保守20％」の〝畸形の愛国者〟。『憂国』『英霊の声』は、バタイユ系の〝死とエロスの虚無主義（アナーキズム）〟に、薄手のレース編み〝愛国カーテン〟を被せた文学。『日本文化防衛論』は三島が愛国保守に戻ったときの文学。

私が村松剛に、三島由紀夫は、大きな柱時計の大きな振り子のように、バタイユ（ニーチェ系）と杉田一次（1960年の安保騒動時の陸幕長、軍人論における私の師匠）の両極の間を行ったり来たりしていると説明したら、1981年3月の村松剛（三島由紀夫の実態的には実弟）は、「中川君と三島由紀夫は瓜二つだよ。三島が生きていたら、三島・中川コンビが必ずでき、中川君の悲願〝旧皇族の復籍〟など簡単に実現していたよ」と返答した。天皇制度の明治憲法への回帰と国防軍の再建への情熱がそっくりらしい。

確かに、三島由紀夫の一部には、保守の愛国心がある。しかし、三島由紀夫は、あろうことか逆かにも、**〝日本国呪詛狂〟林房雄**を高く評価して、擬装転向のアナーキスト林房雄が「保守」であるかの、トンデモ誤解を世間に広めた。この責任を、三島は負うべきだろう。三島由紀夫は、1963年に『林房雄論』（新潮社、1963年）を上梓。続いて1966年、林房雄と長時間の対談をして『対話・日本人論』を出版。林房雄の『大東亜戦争肯定論』は、雑誌『中央公論』での連載では1963～5年だから、三島由紀夫は、自分の二冊で、『大東亜戦争肯定論』を挟んであげている。スーパー・スター三島由紀夫の援護のお蔭で、保守知識人は委縮し、林房雄の過激な極左本『大東亜戦争肯定論』批判ができなかった。

そればかりか、三島由紀夫の自裁によって、林房雄の株は急騰した。三島由紀夫の葬儀での弔辞（1971年1月24日）および『悲しみの琴』（文藝春秋、1972年）の出版は、この決定打となった。狡猾な林房雄は、『神武天皇実在論』（光文社）を、この合間の1971年末に出版した。三島由紀夫に対する喪中のような情況だったから、「保守」は誰も林房雄に対し非難の声を上げず自粛した。三島由紀夫は、死んだ後も林房雄の暴走を擁護した。三島由紀夫は、この点に限るが、日本の国益を害する有害人士だった。

第二節　『神武天皇実在論』は、史上空前の〝皇室讒謗の不敬の狂書〟

〝赤黒の極左革命家〟林房雄は、皇室の存在それ自体を破壊し尽くし、日本国と一緒に〝天皇位を空無にする〟一点に生きた、狂信的なレーニン教徒であった。津田左右吉を超える、強度の神武天皇不在論者であり、神功皇后不在論者であった。

現に林房雄は、自著『大東亜戦争肯定論』の中で、「神武天皇も神功皇后も…実在の人物ではない」（165頁）と宣言している。1971年の超キワモノ本『神武天皇実在論』が、史上空前の〝皇室讒謗の不敬の狂書〟なのは、共産党以上に昭和天皇〝絞首刑〟を公然と訴える林房雄が、本心を爆発させて書いたからだ。

ゆえに、正常な日本人は、『神武天皇**実在**論』を読むと、「戯言《ざれごと》を羅列した神武天皇**不在**論ではないか」と怒りまくる。『神武天皇実在論』を読んで怒髪天を衝かない日本人とは、国語力を欠く〝非・日本人〟。正常な神武天皇実在説と狂った共産党系の「記紀・架空物語」説との区別（表2）もつかない〝劣等・日本人〟。

『神武天皇実在論』ほど悪辣な〝皇室侮辱〟本は、日本史上に、他に類例を見ない。河上肇や津田左右吉を継承するレーニン教徒の林房雄は、生涯揺るぐことなく、皇室讒謗／皇室侮辱／皇室不敬の革命信条を貫いた。今日の日本で、〝転倒語法の狂書〟『神武天皇実在論』を振り回し、「林房雄とは心底から神武天皇実在論者」と逆さに嘯《うそぶ》くのは、宮崎正弘のみ。中共と特別な関係をもつ宮崎正弘の対日本人洗脳の偽情報宣伝は、度が過ぎた刑法犯罪のレベル。

もう一度言う。スターリン1932年テーゼ（天皇制廃止）絶対信奉者の林房雄が、激越な天皇制廃止の信条において、皇室の原点たる神武天皇の抹殺に大暴走したのが、『神武天皇実

表2；神武天皇に関わる実在説と「記紀は架空物語」説

「記紀は架空物語」説；多数派	「神武天皇実在」説；少数派
(日共系) ・津田左右吉←久米邦武／喜田貞吉 ・井上光貞／直木孝次郎／水野祐／上田正昭／石井良助／この他三十人以上 (アナーキスト) ・林房雄／西尾幹二	・坂本太郎(定年退官1962年)／瀧川政次郎／山田孝雄 ↓ (坂本の定年から六十年) ↓ ・中川八洋
1、「支那史料と考古学的証拠に裏付けられない歴代天皇は史実ではない」と、反・歴史学的な暴論を絶対基準とする。また、「『魏志倭人伝』≫『記紀』」を、ルールとする。 2、天皇制廃止に直結する全ての虚偽や難癖(歴史改竄)こそ、共産社会の創設に聖なる正義だから、ためらってはいけないとする。	文字なき先史において、史実でない伝承が後世に伝わるのは自然。これを収録しているからといって、記紀の根幹部分(皇統譜の歴代天皇)は厳格な口承記録(正確な史実)だから、誤記はない。共産党がレーニン作品を万が一にも改竄しないように、弥生時代の祖先崇拝教もあり、歴代天皇の皇統譜改作は万が一にも起きていない。

在論』。だから、この著は、神武天皇が実在したか否かについて、いっさい論じていない。神武天皇に言及した部分は第九章のみ。146〜59頁のわずか14頁しかない(注1)。これは、『神武天皇実在論』の本文全体223頁の6・2%。林房雄『神武天皇実在論』の93・8%は、偽書の話とそれに関連するホラ話。

　ここでいう偽書とは、日本人なら誰でも吐き気を催す、あの噴飯物の『上記《うえつふみ》』と『宮下文書(富士古文書)』のこと。この日本史上もっとも悪質な〝偽書の中の偽書〟二つをダラダラ紹介したのが、『神武天皇実在論』のすべて。林房雄の『神武天皇実在論』は、大量のネズミの死骸を集めてフライにして〝高級唐揚げ〟と偽装表示して売りまくる犯罪商店に似ている。

具体的に、触《さわ》りを一つ。林房雄は、神武天皇のご祖先**（天照大神）の存在を紀元前3000年の縄文時代**中期だと、狂気の大妄想をぶち上げる。この荒唐無稽な嘘歴史は、皇室の起源が弥生時代中期なのが明らかな、日本国歴史を全否定する凶悪意図なしには作為できない。林房雄は、日本人から歴史を剝奪し、日本人を〝歴史なき地球放浪者〟にしたく、『神武天皇実在論』を書いた。

このような林房雄流の真赤な嘘歴史に従えば、皇室や天皇の出自の正統性は自動的に消え、皇室の祖先は幻影に浮遊し、幽霊になって消える。林房雄が皇室に対して投げつける讒謗には、次のような〝狂気の戯言〟（荒唐無稽な歴史捏造というより、それ以前）が極めて多い。

「天皇の原型の発生も、少なくとも五千年前。日本の歴史は『日本書紀』推定の二千六百年前ではなく、その二倍の歳月を持ち、**神武天皇以前に約五十代または七十代の天皇、または神皇がいた**という『富士古文書』『上記』の記述が重要性を持ってくる」（注1、90頁）。

〝赤黒の大嘘吐き〟林房雄の史上空前の讒謗は、「皇室の祖先は日本人ではなく、外国人（支那人)」にも集約されていよう。これほどの皇室侮辱、ひいては皇室を奉戴する日本国民に対する侮辱は、かつて日本史上に存在しただろうか。林房雄に比すれば、共産党員学者からも一般日本人からも総スカン喰らって退場した、江上波夫の騎馬民族征服説の方が〝穏やか〟。

「(皇室の祖先である)**天孫族と呼ばれるモンゴロイド**の最後の**大量渡来**を**縄文中期**と見る」(注1、198頁、丸カッコ内中川)。

「天孫降臨、すなわち(皇室の祖先の、海外からの日本列島への)渡来の経路が日本海から北陸であったのか、対馬・壱岐から直接に北九州であったのか、従って、**高天原は海外**(支那大陸)であったか、富士高原であったか…は、将来の研究に任せるほかない」(注1、220頁、丸カッコ内中川)。

「(最も遅く日本列島にやってきた)**新来の**(**皇室の祖先**である)天孫族にとっては、(日本列島の)先住民族の族長のほとんどは〝荒ぶる神〟であり〝まつろわぬ神〟であった。これらの〝反抗し服従せぬ神々〟の存在は、**大陸にいた天孫族の祖先**も知っていた」(注1、221頁、丸カッコ内中川)。

「神武天皇は虚構の架空人物」と嘲笑したく、『神武天皇実在論』を書いた林房雄

『神武天皇実在論』という表題自体、読者騙しを企図した極め付きの偽装表示。この書の三分の二は、「偽書『上記』『富士古文書』を、『古事記』『日本書紀』という由緒正しい史書以上に扱え」との、林房雄の、狂気を爆発させた主張に費やされている。ならば林房雄は、この主張に沿って表題を、**『《上記》《富士古文書》は偽書にあらず』**とすべきだ。

ちなみに、神武天皇に言及した部分は約6％しかない。この点からも、林房雄が、普通のタイトル『《上記》《富士古文書》は偽書にあらず』で出版しなかったのは、彼が正常な物書きでない証拠。現に、同書全十四章のうち、その半分に当たる第三／第四／第五／第六／第七／第十一／第十二章は、偽書『上記』『富士古文書』の宣伝。他の章でもかなりの行数を偽書『上記』『富士古文書』に費やし、同書の概ね三分の二が、偽書の嘘宣伝に集中。

林房雄のように、偽書を大宣伝する異様かつ異常な本は、めったにない。共産党員学者でもプラカード「私は狂った大嘘つきです。まがい物が大好き」を掲げて練り歩くバカはしない。類似のケースは、ヒトラー『我が闘争』ぐらい。『我が闘争』は、ユダヤ人虐殺の方針を公然と述べ、偽書『シオンの議定書』をその重要証拠だと平然と嘯いている。

表3；偽書の作成者、濃厚な殺人鬼性が特徴のその悪用者

	内容の骨子	作成者	悪用者
『シオンの議定書』注2。	ユダヤ人は世界征服を企てている。	セルゲイ・ニルス（ロシア人）。1905年。	ヒトラー『我が闘争』
『上記　うえつふみ』	神武天皇を第75代天皇とする。大詐言「古代文字で書かれている」を大宣言。	吉良義風。1877年。	林房雄『神武天皇実在論』
『富士古文書(宮下文書)』 *『上記』を下敷きに徐福伝説（注3）を被せ、粉飾し直したもの。	日本の皇室の起源は、支那大陸の支那人。記紀の「弥生時代中期の天照大神は皇室の始祖」を天照大神を抹殺すべく、否定。	宮下源九郎。1917年刊『神皇紀』の偽名著者と同一人物なら単独犯。別人ならこの偽名著者と二人組の犯行。	同上。 *ヒトラーとの類似性も高い林房雄を、「ヒトラーの仮面をかぶったレーニン教徒」と呼ぼう。

英国は1920年代、『シオンの議定書』を偽書として排撃した。だがドイツでは、ヒトラーやローゼンベルグやゲッベルスの宣伝で、かなりの人数のドイツ人が、こんな嘘一色の本を信じ、その結果、ヒトラーのユダヤ人大殺戮を見て見ぬ振りをした。

林房雄『神武天皇実在論』の出版を、〝言論の自由〟の範疇に括《くく》ってはならない。それは、個人の私的領域内での偽書信仰ではなく、偽書を「偽書ではない。史書だ」と公共の場で詐称し宣伝する行為で、公益に反する犯罪。ドイツでは、『シオンの議定書』を宣伝したヒトラーとゲッベルスは自殺し、ローゼンベルグはニュルンベルグ裁判で死刑判決が下り処刑された。『神武天皇実在論』は、**『《上記》《富士古文書》**

は偽書にあらず』を狡猾にも逆さに変名した詐欺本。林房雄に対し、ヒトラーやゲッベルスやローゼンベルグと同様に死刑に処すべきが当然であった。

林房雄が、宮崎正弘を唯一の例外に、日本人なら誰れも見向きもしない〝トンデモ偽書〟『上記』『富士古文書』になぜ着目したのか。答えは簡単。この偽書に従えば、初代天皇の天照大神を、紀元前3000年頃の縄文中期頃の、銅器・鉄器も稲作もない時代の、「渡来（していない）支那人」にデッチアゲているからだ。銅器・鉄器と水田稲作が絶対前提の記紀の記述をすべて虚偽に貶め、記紀自体を自爆的にぶっ飛ばすことができるからだ。

天照大神の鏡の多くは白銅の前漢製。楽浪郡からの輸入品。だが、縄文中期、支那にはまだ前漢帝国は出現しておらず、楽浪郡も存在しない。当然、伊勢神宮のご神体の鏡は、気配すらない。林房雄『神武天皇実在論』に従えば、伊勢神宮のレーゾンデートルは、瞬時に消える。

日本の古代史学者・考古学者は、林房雄の同志で、同じ穴の狢《むじな》

日本の古代史学者・考古学者は、〝赤い〟上に、劣悪な劣等人士の集合体。記紀を正確に読むことができない。記紀は、その根幹部分は、時代時代の言語や情報を〝厳格な口承記憶制度〟で正しく伝えている。紀元後700年頃の知識で、恣意的な改作など一文字もしていない。

例えば、天照大神の高天原時代の記述にも出てくる、語彙「葦原中国　あしはらなかつくに」の**「葦原」とは、「褐鉄鉱（湖沼鉄、《すず》ともいう）」を意味する**、その別表現。川や湖沼に生える葦の根元に生成され〝酸化鉄がたくさん採れる〟という意味が「豊葦原《とよあしはら》」の語義。褐鉄鉱は温度700度ぐらいの「野蹈鞴　のたたら」で製鉄できる。野蹈鞴は遺跡として残ることはないから、考古学者は発見できない。

つまり、「皇室の起源と日本国の古代史に関する情報は、記紀に集約されている。記紀にこだわり、記紀を深く厚く読み込むことで、皇室の起源と日本国の古代史の真相・真像に迫れる」。これこそ、〝学問〟古代史研究が守るべき一大鉄則。換言すれば、日本国民をして、皇室の起源や日本国の古代史の真相・真像から浮遊させ、〝**民族の歴史を喪失した無国籍人**〟（共産主義者）に改造するには、記紀を読ませない「記紀からの解放」をさせれば済む。

かくして津田左右吉は記紀を罵り、日本人をして記紀離れを助長する策謀を展開した。林房雄は、記紀を偽書『上記』『富士古文書』以下に扱い、日本人に「記紀は、読むべきでない偽書以下」に錯誤させ、記紀など読む価値がないと意識下に刷り込む策謀を展開した。林房雄と津田左右吉の二人は、日本人から〝日本国民の知と精神〟を溶解させた共産革命の同志（注4）。

〝お笑いホラ話の宝庫〟『上記』『富士古文書』を読めば頭が狂う――林房雄の狙い

世界的にも偉大な史書『古事記』『日本書紀』を貶めることに執念を燃やす林房雄の悪辣《あくらつ》さは、笑止千万な『上記』『富士古文書』を知れば、逆に納得できる。百億円の高級ダイヤモンド『古事記』『日本書紀』に比すれば、『上記』『富士古文書』は悪臭を放つ有毒粗大ゴミ。

大分県人のペテン師・吉良義風が1877年に捏造した『上記』の捏造性は、小学校一年生でも見抜ける。が、林房雄は、わざと〝見抜けない〟振りをする。

『上記』は、古代文字を解読したと詐称し、象形文字らしき「古代文字」なるものを捏造している（注1、92～3頁の写真）。古代文字の解読は一流言語学者でも困難で、解読のための学者間論争が起きる。この解読研究だけでも本にすれば一冊から数冊ぶんになる。例えば、マヤ文字の解読には、百年ほどの歳月と数十人の言語学者の激しい論争があった。メソポタミア文明の紀元前3400年頃のシュメール語「楔形文字」の解読に関わる歴史も、聞くと興奮を覚える。オルメカ文字のように、解読の見通しがまったくつかない古代文字もある。

一方、『上記』を偽造した犯罪者・吉良義風は言語学者でもないのに、一瞬で解読・翻訳している。『上記』が偽書なのは、これだけでも十分に証明されている。

それだけでない。『上記』は、神武天皇を初代天皇でなく第七十五代天皇にしている。天照大神が初代天皇、第二代がアメノオシホホミミ、第三代がニニギの尊、第四代から第七十四代までが同名のウガヤフキアエズ天皇、第七十五代が神武天皇。馬鹿馬鹿しい。

が、非・日本国民のレーニン教徒・林房雄は、〝スーパー狂説〟「神武天皇は初代ではない。第七十五代天皇」に満腔《まんこう》の賛意を表し、この前提で〝神武天皇は実在〟と主張。すなわち、「神武天皇は実在せず、偽書に浮遊する幻影」に貶めておいて、神武天皇実在を主張。

次。『富士古文書』。これは、「徐福が富士山麓にやってきて住み着いた」という舞台を設定し、もっともらしく見せている。ド派手な劇場での演劇風仕立て。だが、注3で指摘するが、徐福の登場など、「タイムマシンがない」「遣唐使が用いた大型外洋船はまだできていない」等において、悪質な詐欺師の超・妄想。また、IQが極度に低いペテン師の偽書なのは、読者に多少の教養と良心があれば、すぐわかる。

しかも、同名のウガヤフキアエズ天皇が五十一名とは、『上記』の七十一名を二十名減らしただけ。この変更を除けば、内容は『上記』と同じ。大正時代の〝詐欺師〟宮下源九郎は一流偽書をデッチアゲたと誇らしげだが、『上記』をコピーした捏造手法がかくもスケスケでは、騙せたのが〝生来のおバカ〟神原信一郎（土木工学）一人しかいなかったのは当然か。林房雄は、むろん、こんな偽書を信じていない。天皇の祖先の正当性と正統性とを破壊するに好都合だから、『シオンの議定書』を活用したヒトラーと同じく、悪用しただけである。

注

第二節

1、林房雄『神武天皇実在論』、カッパブックス、光文社、1971年。頁数は本文。

2、ノーマン・コーン『シオン賢者の議定書』、ダイナミック・セラーズ。

3、司馬遷『史記』叙述の「徐福」について

①方士の徐福は、「渤海に不老不死の秘薬をつくる仙人がいる」と始皇帝を騙し、仙人に渡す代価の財宝を手にした。二度目に騙した直後、始皇帝の版図外、鴨緑江の南側（朝鮮半島西北部）に逃亡移住。これを紀元前219年と仮定。徐福の死没は、紀元前200年頃。徐福が、紀元後170~200年頃「ご在位」の第七代の孝霊天皇の謁見を賜ることは（本書第Ⅲ部の第三章表2）、四百年間ずれていて、あり得ない。

②日本列島に渡来するに必要な四十人乗り程度の外洋船は、当時の先進国の秦（紀元前206年に滅亡）でもまだ建造されていない。日本に最初に訪れた支那人（商人）は半島に楽浪郡が置かれた後で、紀元前100年より少し前か。この頃、対馬海峡を渡洋できる支那製ミニ構造船が建造されたと考えられる。徐福の時代、日本列島の存在はまだ支那人に知られていない。船もない。日本に渡来することは万が一にもない。

③『史記』にある「…**発**童男女数千人」について。幼稚園児ぐらいを指す「童男・童女」は、殺して血を採取するためで、薬草と同じ扱い。移住させるのではない。この文にある「発」は、〝徴発〟の意で、物扱い。

④支那人学者の中には、現在も、「徐福が神武天皇になった」など、悪ふざけの論文を出し対日侮蔑を楽しむのがいる。徐福は紀元前270年～200年頃の支那人。神武天皇は紀元前30年ご生誕～紀元後20年頃崩御（次の表4参照）。二百年もずれている。同一人物であるなど、万が一にもあり得ない。

4、津田左右吉を擁護する林房雄『神武天皇実在論』第八章は、すべて事実を巧妙に転倒させた、全体として恐ろしい偽情報のみが満載。第八章に対する批判・解剖はまたいずれの機会に。

表4：皇祖神ほかのご生誕年（仮定）

紀元前150年	天照大神、ご生誕
紀元前105年	皇孫ににぎ尊、ご生誕
紀元前80年	ひこほほでみ尊、ご生誕
紀元前55年	うがやふきあへず尊、ご生誕
紀元前30年	神武天皇、ご生誕

第五章

弥生時代〝抹殺〟は、天照大神／神武天皇〝抹殺〟の舞台装置

日本の古代史学界は一丸となって、〝狂った大義〟天皇制廃止を目がけて、ライフル銃を無差別乱射する〝デタラメし放題の歴史改竄／歴史捏造〟に、全力疾走している。その行動様式は次の三分野で展開され、無法の刑法犯罪が日常の暴走族や暴力団と同じ。

第一。「神武〜開化天皇の九天皇は不在」（津田左右吉）に始まる古代天皇〝軒並み抹殺〟。

第二。天皇の御陵《ごりょう》（みささぎ）を「遺跡の古墳」とし、**御陵暴き／御陵潰し**による皇室ご祖先〝抹殺〟。

第三。「**弥生時代は無かった**↓天照大神／日向《ひむか》三代／神武天皇は不在」で皇室ご祖先〝抹殺〟。

第一点は第Ⅲ部第二／三章で論及済み。本章では、まず第二点、次に第三点に焦点を当てる。

刑法第189条「墳墓発掘罪」違背の〝御陵暴き〟に暴走する古代史学者の犯罪

第二点。天皇御陵を、「単なる遺跡」を意味する「古墳」とし、「御陵」として拝することをしない／させないのが、赤い古代史学界の絶対方針。これら共産党員古代史学者は、刑法第188条「礼拝所不敬罪」／第189条「墳墓発掘罪」に違背する刑法犯罪をなしているのに、日本の司法は、彼らに対し何ら刑事罰を科していない。凶悪で無法な彼らは、朝日新聞と組んで、政府と一般国民を黙らせ、ひたすら御陵暴き・御陵潰しに執念を燃やす。

特に、共産党員だらけとなった宮内庁が刑事告訴しないのをいいことに、古代史学者は、刑法「墳墓発掘罪」なんか無視してしまえと、皇室や天皇陛下のご祖先の〝御陵暴き〟という〝刑法犯罪〟をやりたい放題。御陵はすべて今上陛下のご祖先の御陵（お墓）である。古墳ではない。わずかでも調査研究をしたら、それは第189条に違背する重大な刑法犯罪！

日本国民なら誰しも、刑法第188条「礼拝所不敬罪」を遵守する以上の〝尊崇〟をもって御陵を拝すべきである。それが日本民族の光栄で高貴な誇りある義務で、日本人の自然的な感情である。また、御陵を修復の名目であれ、わずかでも調査研究をした者には、刑法第189条「墳墓発掘罪」で、二年間の懲役刑を厳正に科そう。

○礼拝所不敬罪（刑法第188条）
「神祠、仏堂、**墓所**その他の礼拝所に対し、公然と不敬な行為をした者は、六ヶ月以下の懲役…に処する」。
○墳墓発掘罪（刑法第189条）
「墳墓を発掘した者は、二年以下の懲役に処する」。

そもそも、天皇御祖先の御陵を、「古墳＝遺跡」と称していいのか。それは、呼び名での御陵〝抹殺〟。天皇の御祖先を無きものにする〝抹殺〟に他ならない。つまり、万世一系で丸二千年間も続いた天皇制度の〝抹殺〟を遂行する共産革命の一つ。真赤な〝嘘口実〟「お墓の修復である」で御陵暴きを共産党員古代史学者が試みる、彼らの手口を、**〝天皇制廃止状態〟「天皇など存在していない」の先取り革命**という。「学術的な調査」が公然目的ならば、なおのこと、墳墓発掘罪に該当し、明白な刑法犯罪を構成する。

御陵管理を担当する宮内庁は、御陵に関する修理を仮に行っても、その現場に一人たりとも外部の「学者」を入れれば、刑法犯罪の共犯者となるコンプライアンスを持て。御陵を調査したがる学者は、一人残らずゴリゴリの狂信的な共産党員。反・人間の悪魔たち。通常の日本人は、聖なる天皇の御陵を調査研究しようなど畏れ多くて発想すらしない。

また、刑法第188条に明白に違背する、天皇御陵から天皇のお名前を削る刑法犯罪が、今や日本中で放置されている。これは世界で最も残忍な〝テロル教団〟共産党の、〝凶悪な共産革命〟「御陵とは、天皇の御陵ではなく、単なる古墳＝遺跡にすぎない」の一つ。が、宮内庁は、共犯者となって拱手傍観している。

例えば、**仁徳天皇陵＝百舌鳥耳原中陵**（もずのみみはらのなかの**みささぎ**）という**陵**を、共産党支配の古代史学界は平然と「堺市大仙町にある古墳にすぎない」を意味する、地名を冠した

「大仙陵**古墳**」と改竄した。しかし宮内庁は、刑法第188条「礼拝所不敬罪」違反が明らかなこの〝違法〟呼称に対し、刑事告訴の義務を果たそうとはしない。

この宮内庁の不作為は、共産党員古代史学者と通謀しているからだ。共産党員古代史学者とは、ロシア皇帝の王室全員を銃殺したレーニンと同じ、**天皇処刑を目指す**〝凶悪〟革命家たち。教義〝天皇テロル〟を狂信する、ルイ十六世ギロチン処刑のジャコバン党の後裔《こうえい》たち。

もう一例。**応神天皇陵＝恵我藻伏崗陵**（えがものふしのおかの**みささぎ**）の**陵**も、現在では、平然と「誉田御廟山**古墳**」と改竄している。これは、墓石に掘られた「野坂家之墓」とか「不破哲三之墓」とかを、「代々木共産党《関係者》之墓」に名称改竄するのと同じ。「家」もしくは個人を弔う墓の根本を否定している。

こんなこと許されるはずもなかろう。天皇の陵は、その諡号とともに、日本国の悠久を祈る〝陵〟。天皇の名代「宮内庁」が用いる〝陵名　みささぎめい〟以外はすべて、刑法第188条「礼拝所不敬罪」に違反する重大な違法行為である。

このように、「大仙陵**古墳**」「誉田御廟山**古墳**」などは、共産党が牛耳る〝極赤〟古代史学界の、共産革命を狙う共産党員の業界語なのだ。狂った赤い名称。これら共産革命語を、公共的な学校教育や一般マスメディアが用いるのも違法。この意味で、Wikipedia日本語版が、正しい語彙の**応神天皇陵／仁徳天皇陵**を検索項目から排撃し、〝共産党語の私的名称〟でしか検索できないようにした〝検閲〟は、血塗られた共産党の〝言葉殺しlogocide〟。

なお、Wikipedia日本語版の管理人四十人は全員、党籍を持つ共産党員。彼らはWiki日本語版を占領した共産党の**正語潰し前線革命隊**の四十人で、犯罪集団。

天皇陵の名称〝改竄〟革命は、今ではさらに一段と凶悪化している。２００８年頃から文科省の共産党分室「日本ユネスコ委員会」と大阪府の共産党員職員が組み、ユネスコ世界遺産に〝登録〟させたからだ（２０１９年）。その名称は、地名である百舌鳥と古市を用いた「百舌鳥・古市古墳群」。天皇の御陵は「御陵」で、「古墳」でない。それなのに、平然と語彙「古墳」を使う。また、個々に御陵は建造されたもので、「群」ではないのに、語彙「群」を使う。

地名を冠させることは、天皇御陵名を、悪質極めて大改竄する不敬事件。刑法第１８８条「礼拝所不敬罪」にも明らかに違反。宮内庁は、天皇・皇族の御陵に対する冒瀆行為かつ刑法違反はなはだしい名称「百舌鳥・古市古墳群」の犯罪性において、ユネスコ登録を抹消する手続きを、早急に執られたい。また、日本政府は、ロシアＫＧＢと中共が支配する極左機関ユネスコから脱退する手続きを、早急に執られたい。

天皇〝憎し〟→皇室の祖先「天照大神／神武天皇」〝憎し〟→弥生時代〝憎し〟

第三点。「天照大神、日向《ひむか》三代、神武天皇」などの皇室の祖先はすべて、弥生時代中期〜後期の方々。ゆえに、〝皇室憎し〟の共産党は天皇制廃止を目指すため、この「弥生時代中期〜後期」を抹殺する革命にも全力投球。確かに、弥生時代がなければ、「天照大神、日向三代、神武天皇」などの皇室の祖先はご存在されない。当然、皇室&天皇制度も生まれていない。

ために、狂気〝**弥生時代憎し**〟に暴走する共産党系の考古学者は、皇室に絡む弥生時代の遺物が〝存在する〟時、「存在していない」に捏造する。これにより、古代天皇のご祖先を〝抹殺〟できるからだ。古代史学界も考古学界も、皇室関連の歴史事実が弥生時代に関わった場合、「弥生時代を抹殺して、天皇不在を捏造する」を絶対ルールにしている。

この**第三点**の事例として、沖ノ島に関わる古代史学者らの空前絶後の歴史偽造、すなわち〝弥生時代抹殺〟の実態と手口にメスを入れる。

「高天原」直轄の、弥生中期の祭祀場〝神〟沖ノ島の弥生時代遺物を〝抹殺〟せよ！

沖ノ島遺跡は、高天原（天照大神）の歴史学的な史実（ご存在）を解明する鍵の一つを今に伝える。故に、皇室発祥の弥生時代中期を探索するに最重要な遺跡。裏を返せば、沖ノ島遺跡から弥生時代をマジック・ショー的に隠蔽すると、皇室発祥の歴史を抹殺できる。

この故に、「高天原も存在しない」「日向三代も存在しない」「神武天皇から開化天皇に至る天皇など存在しない」と、天皇のご祖先（皇祖皇宗）を、あらん限りに抹殺する〝捏造と詭弁の達人〟井上光貞は、1970年代後半、沖ノ島遺跡から、高天原／日向三代のものと目される遺物発掘に驚き、「沖ノ島遺跡の遺物は、《弥生時代では祭祀が行われなかった》ことを示している」と、事実転倒の真赤な嘘を、花火大会よろしくド派手にぶち上げた。

井上光貞は、この〝大嘘〟発表場所として、広く世間に広告される効果抜群の、同僚教授やマスコミの出席が特例的に許される定年退官直前の最終講義を選んだ（1979年1月）。そして、わざわざ講義レジュメを印刷し、学生以外の特別聴講者にも配布した。

それから四十年、井上光貞の狂った狂論奇説「弥生時代がなかった沖ノ島の祭祀」を、流布する嘘宣伝家が現われた。日本古代史や考古学の専門家でもない、チベット密教の研究者・正木晃。正木晃のプロパガンダ本が『宗像大社・古代祭祀の原風景』（2008年、NHK出版）。

大道芸の正木晃〝歴史捏造の赤いマジック・ショー〟に、拍手でなくブーイングを

沖ノ島遺跡は、これまで三回の調査を行い、「1号～23号」にわけられている。また、巨岩13ヶも、AからMの記号が振られている。この17号遺跡から、鏡21面／鉄剣・鉄刀12振り／勾

玉・管玉の、皇室の〝三種の神器〟と同じものが多数発見された。それらは、福岡県糸島市・有田平原から発掘された「女王墓」副葬品の〝三種の神器〟とまったく同じ。

ところが正木晃は、荒唐無稽にも「17号遺跡」を**四世紀後半**の祭祀遺跡」と断定する（注1、42頁）。四世紀後半の遺物も含まれている事実をもって、「全部、四世紀後半の遺物だ」にデッチアゲ、「17号遺跡からの弥生時代遺物」を抹殺する。

17号遺跡では、**「紀元前1**

表1；有田平原「女王墓」の鏡と沖ノ島17号／18号遺跡の鏡

有田平原「女王墓」副葬品の鏡	沖ノ島17号祭祀遺跡の鏡	沖ノ島18号祭祀遺跡の鏡
・内行花文鏡(八咫)×5面、国産	・左に相当するもの無し。	——
・**内行花文鏡**×2面、前漢製	・**内行花文鏡**×3面、国産	——
・**方格規矩鏡**×32面、前漢製	・**方格規矩鏡**×7面、国産	・**方格規矩鏡**片×1面、国産
・四螭文鏡×1面、前漢製	・三角縁神獣鏡×3面、国産	・三角縁二神二獣鏡×1面、魏帝国製
	・文鏡×1面、国産	・三角縁三神三獣鏡片×1面、国産
	・獣帯鏡×2面、国産	・三角縁神獣鏡片×1面、国産
	・画像鏡×2面、国産	・三角縁唐草文帯三神三獣鏡×1面、国産
	・鼉龍鏡×2面、国産	・夔鳳鏡片×1面、国産。
	・夔鳳鏡×1面、国産	
	（注1、42～3頁）	（注1、50～1頁）

00年～紀元後350年頃」の四百年以上にわたり、同じ祭祀が続いた可能性が高い。沖ノ島17号遺跡の鏡と、福岡県糸島市の伊都国《いつくに》の「女王墓」（有田平原）からの鏡のうち、内行花文鏡&方格規矩鏡を比較するだけでも（表1）、この同種性・近親性は鮮明に明らか。

沖ノ島祭祀の嚆矢は弥生中期。〝国産〟前漢鏡の内行花文鏡&方格規矩鏡で明らか

正木晃は、歴史偽造のプロなのか、真赤な嘘「**（紀元前一世紀に始まった）**沖ノ島祭祀は、古墳時代の四世紀後半に始まった」（注1、38頁、2行目）と、四百五十年以上も平然と歴史をずらす。17号遺跡／18号遺跡／19号遺跡（備考）から、前漢から輸入した内行花文鏡／方格規矩鏡を模造した、国産だがまぎれもなく弥生中期の、しかも福岡県糸島市の「高天原」で製作された内行花文鏡／方格規矩鏡が発見されている以上、沖ノ島祭祀は、記紀の記述通りに天照大神の三皇女（宗像三女神）の時代に開始されている。

（備考）19号遺跡からは、国産の内行花文鏡が発見されている。

紀元後100～150年、前漢や後漢の（当時の先進国である）支那帝国でも製作できない、技術的に高度さが要求される直径46・5㎝（＝八咫）という巨大銅鏡を、伊都国は独自製作した。伊都国は、紀元前100年頃に始めただろう、銅の生産や銅鏡製作を百五十年ほどかけ、技術

を積み重ねたようだ。紀元後57年に「那の津国」は金印を授与されたが、伊都国《いつくに》と同じく、銅鏡／鉄剣製造「技術」が支那レベルだったことも、授与審査に合格した理由だろう。

さて話を沖ノ島に戻す。「神」と崇める島への奉納だから、古い銅鏡であることはまずない。製作した直後の**「新鮮」な銅鏡**が奉納されたはず。第17号／第18号／第19号遺跡の、奉納された国産「内行花文鏡／方格規矩鏡」の奉納時期は、製作から二年は経っていないだろう。

表２；弥生中期の（有田平原以外の）「高天原」遺跡と鏡

	三雲南小路遺跡	三雲遺跡（1822年に発見）	井原遺跡（1781～8年発掘）
一号甕棺	銅剣×１	銅剣×１	
	銅矛×３	銅矛×３	
	銅鏡×31面以上、前漢鏡	**銅鏡×35面以上、前漢鏡**	**銅鏡35片（復元19面）、前漢鏡**
	ガラス（瑠璃）璧×８ヶ以上	ガラス璧×８ヶ	銅器×３ヶ
	ガラス勾玉×３ヶ	ガラス勾玉×３ヶ	
	ガラス管玉×60ヶ以上	ガラス管玉×60ヶ	
	金銅製四葉飾金具×８ヶ以上	（銅剣１＆前漢鏡１が現存）	
二号甕棺	**銅鏡×22面以上、前漢鏡**		
	ガラス垂飾×１		
	勾玉×13ヶ（硬玉１、ガラス12）		

（備考）上記三遺跡は、表１の有田遺跡とともに、市町村の再三の行政編成で現在は糸島市（←前原市）。

遠方からは真白に輝く沖ノ島は島全体が神域。長皇女をその斎宮にされた天照大神

閑話休題。弥生・日本人が沖ノ島に神性を感得したのは、彼らが命を懸けた〝鉄を求める〟韓半島への渡航にとり、島を覆う多くの岩が太陽に照らされ真白に輝く、沖ノ島が灯台の役割を果たした、だけではない。〝島に神が宿る〟〝島そのものが神〟という、縄文・日本人のアニミズム信仰を継承する弥生・日本人の宗教心性が（備考）、沖ノ島での宗教祭祀を「紀元前1000年〜紀元後1000年の一千年間」続けさせた原動力と考えられる。

（備考）奈良盆地でも**三輪山**の山全体に対し、神武天皇の統治以前から、紀元前の土着の弥生・日本人は、神性を感得し、その麓に「三輪神社」の始原的なものをつくった。紀元後200年頃までは原初的な社殿すらなかったようだが、「神社」は、磐座《いわくら》などを憑代《よりしろ》にして榊《さかき》などで飾る**露天の祭祀場**で存在していた。縄文人のアニミズム信仰は、沖ノ島や三輪山など一部に限るが、弥生人の祖先崇拝教やその「神」と融合していた。

沖ノ島信仰は、記紀によれば、高天原の天照大神に始まる。この記紀の記述を否定する歴史事実は存在しないから、これに沿って沖ノ島の考古学的遺物を検証するのが歴史学。『日本書紀』によれば、宗像神社に斎宮として「高天原」から天下った三姫君に対して、天照大神は

表3；宗像神社「斎宮」になられた天照大神の三皇女（年は仮定）

天照大神　ご生誕	紀元前150年
皇長女「たきり姫（備考）」ご誕生	130年
皇次女「いちきしま姫」ご誕生	128年
皇三女「たきつ姫」ご誕生	126年
三皇女、それぞれ沖津宮／中津宮／辺津宮の《斎宮》に天降り。	113年（17歳／15歳／13歳）
皇孫「ににぎ尊」、ご生誕	105年
天照大神、宗像《三斎宮》に、「ににぎ尊を援けよ」の神勅。	105年
天照大神　　崩御	90年

（備考）現代風の宛て漢字では「田霧姫（日女）」。“稲田を覆う霧”の意。タコリ／タゴリはタキリの転訛。

「皇孫《ににぎ尊》を助け奉（まつ）れ。皇孫のために祭（まつ）られよ」との神勅を下す（注2）。

表3で明らかだが、三姫君の宗像降臨のとき、（姫君からすれば甥の）皇孫はまだご生誕されていない。神勅は、皇孫ご生誕の直後、宗像神社の三姫君に伝えられた。なお、「祭（まつ）られよ」は、「宗像で多くの供物（寄進物）を受け取り、皇孫に送れ」という意味。宗像地方は、もとは出雲国の植民地。天照大神の御代に、伊都国の直轄地になったようだ。

宗像三姫君の邸（弥生中期なので茅葺《かやぶき》屋根で平床の上に筵《むしろ》）は、現在の宗像神社の社殿のあたりか。その日常の祭祀場は、宗像山の麓の「高宮祭場」か。

皇長女「たきり姫（おきつしま姫）」主宰の沖ノ島祭祀は、年に一回、梅雨前の5月末～6月上旬、玄界灘の波が最も静かな季節を選ばれ挙行されたと推定できる。このとき、伊都国（＝高天原）の国王や

表４；高天原から天降られた三斎宮（宗像大社にとっては「祭神」）

	古事記	日本書紀本文	宗像大社の祭神	書紀の一書（第一）
沖ノ島	たきり姫	たこり姫	たごり姫の神	おきつしま姫
中津島	いちきしま姫	たぎつ姫	たぎつ姫の神	たぎつ姫
辺津	たきつ姫	いつきしま姫	いちきしま姫の神	たこり姫

日向三代から送られてきた鏡を、勾玉・管玉や鉄剣と一緒に沖ノ島に奉納されただろう。なお、三皇女のお名前は、記紀でかなり異なる（注3、表4）。

【蛇足】

沖ノ島に弥生土器（＝食糧の入れ物）がほとんど発見されていない。祭祀や奉物の儀式は最長でも二泊の短期滞在で、（帰りの船上での食糧も必要だから、食糧入れだった）土器はすべてを持ち帰ったからだ。弥生・日本人が来訪しなかったからではない。

墓がない沖ノ島祭祀を〝狂〟「葬祭未分化」で論じる、井上光貞の唯物史観

劣悪な劣等生ばかりが屯する古代史学界に、学識や知性が水準にある学者は一人もいない。現に、正木晃は、古墳時代の皇族陵の副葬品と沖ノ島の奉納品とがほぼ一致する事実から、コジツケの妄想を膨らまし、「沖ノ島祭祀は、（沖ノ島に古墳は一つもないが）四〜五世紀の古墳時代だ」と大騒ぎ。正木晃は学者ではなく、詐言が得意な赤い妄想で

ヨタる大道芸人。彼の狂説を、正しい歴史学で解剖しよう。

第一。福岡県沖ノ島「17号遺跡の祭祀奉納品」の一部は、福岡県糸島市から発掘された弥生中期・後期の「有田平原／三雲／井原の王墓副葬品」と同一。真当な歴史家なら、同一文化・同一宗教を継承する同一血統の人間集団（連続する子孫）によって、「有田平原／三雲／井原《王墓築造》→沖ノ島《祭祀》」が営まれた、と解釈する。

だが、正木晃は日本歴史から、「有田平原／三雲／井原《王墓築造》」の歴史を抹殺し、この築造をなした人々もバッサリ抹殺する。正木晃は、日本史に、（天皇制度が誕生し発展した）弥生時代など「歴史に無かった」をデッチアゲたいのだ。

第二。「沖ノ島遺跡の祭祀奉納品」には、「四～五世紀の畿内・大和朝廷の皇族陵の副葬品」と一致するものが多い。真当な歴史家は、この事実から、「有田平原／三雲／井原《王墓の王・女王》」が「四～五世紀の畿内・大和朝廷の皇族」の祖先だったと考える。また、神武東征も歴史事実だったと考える。この推定を正木が拒絶するのは、正木が天皇制廃止の真赤な歴史偽造家として、神武東征の史実を抹殺したいからか。

第三。沖ノ島に（玄界灘の荒波を鎮める）神性を信仰された最初は、史書「記紀」によれば天照大神。この歴史事実を実証する証拠品は沖ノ島で発見されている。四世紀に朝鮮半島攻略と植民地化を果敢に遂行された神功皇后も、沖ノ島に相当な奉納をされている。神功皇后が天照大神に発祥する皇統に属し、天照大神の宗教信条を継承・共有されておられたからだ。

だが、正木晃は、四～五世紀の畿内・大和朝廷の奉納品が沖ノ島から発見された事実から、畿内・大和朝廷がこの四～五世紀に**初めて沖ノ島信仰を開始した**とのデタラメを吹聴する（注1、45頁）。沖ノ島は大和朝廷の畿内から遠い。どうして、四世紀後半以降になって突然、大和朝廷が、沖ノ島信仰という強度な宗教信条を持つことが可能か。全く不可能。自明。しかも、346年、神功皇后が新羅征討でご出陣の港は東松浦半島の呼子。沖ノ島は無関係。

奈良盆地だけでなく、大和朝廷の領域の大阪湾一帯そして敦賀でも、祖先代々からの沖ノ島信仰が継承されていた。だから神功皇后は、ご出陣に際し宗像神社に立ち寄り、沖ノ島に祈願する寄進をされた。宗教の大原則「宗教信条は一朝一夕に生まれることはない」を全否定するのは、正木晃が、無宗教の唯物論狂だからだろう。

正木晃は、唯物史観の過激共産党員・井上光貞がデッチアゲた〝反・歴史の詭弁〟「葬祭未分化」（1979年、注4）にも心酔。ために、謬説〝古墳時代の皇族陵の副葬品と沖ノ島祭祀奉納品が酷似するのは「葬祭未分化」だからだ〟、とぶち上げている。

井上光貞とは、IQが低く国語力を欠く〝赤〟東大教授。だから、国語的にナンセンスな奇天烈語「葬祭未分化」を造語した。彼の論文では、「葬」は葬儀を指し、「祭」は葬儀を除く一般祭祀儀だと、定義。が、葬儀のことを「葬祭」とも言うように、国語的には「葬祭未分化」

は、葬儀と一般祭祀儀との未分化を意味できない。が、ここでは、井上光貞の脳内〝発狂〟には目を瞑り、「葬祭未分化」を「葬儀と一般**祭祀儀**の未分化」だと仮解釈しよう。

さて、沖ノ島。ここには墓はいっさい存在しない。つまり、葬儀は徹底的に排除・排斥された。「葬儀と祭祀儀」が絶対分離した葬儀排除。一方、「未分化」なら〝葬儀もあった〟ことになる。井上光貞は、沖ノ島史を、荒唐無稽にも〝逆さ〟に捏造している。

縄文時代の日本人は、葬儀や墓祭りと、「神」信仰に伴う一般的な祭祀儀との区別（分化）が未発達だった。一方、弥生・日本人は、葬儀と一般祭祀儀を厳格に峻別し分化した。神社信仰の源流である祖先崇拝教において、神社やその神域から墓や葬儀の徹底排除は、この一つ。神社は、その境内では決して葬儀を行わない。世界の全宗教の中でも、神道は、特段に厳格な葬儀と一般祭祀を峻別する宗教ドグマ。沖ノ島信仰には、弥生・日本人の、**葬儀と一般祭祀儀の厳格分化（分離主義）**が強烈に貫かれている。

正木晃とは唯物史観狂である上に、古代日本人の祭礼知見が幼稚園児以下。

「（沖ノ島では葬祭未分化状態だから）儀式というものがまだ十分に確立していなかったと理解すべきだろう。とすれば17号遺跡は、祀るべき対象をどういう方法で祀ったら良いのか、まだよくわかっていない段階を示しているのかも知れない」（注1、46～7頁、丸カッコ内中川)。

沖ノ島祭祀の信仰対象は、「神」沖ノ島。祀る方法は、奉納物を捧げているのだから百%確立。自明。また、何らかの憑代《よりしろ》を設置した痕跡もあるから、それ相当な〝祀る方法〟に従った祭祀を順序よく執り行っていた。そもそも祀る方法がわからなかったら、沖ノ島に、(数回に一度は転覆して溺死する)命を失う覚悟で祀りに出向くことなどしない。

皇室の歴史七百年(紀元前100年~後600年)を消した〝悪の大詐言師〟井上光貞

〝反・歴史の巨魁〟井上光貞は、葬儀と一般祭祀儀を峻別する弥生・日本人の宗教観を歪曲し、「そんなもの存在しない」と捏造する。〝沖ノ島信仰の源流〟宗像神社の三女神(天照大神の三皇女)の伝承は、初期の記憶記録制度を開始された神武天皇の御代、正確に記憶記録された歴史事実と考えられる。宗像三女神と神武天皇ご即位の間は、わずか百二十年。

が、〝天皇殺戮教のテロリスト〟井上光貞は、「皇室を皆殺ししたい/二千年以上続く天皇を歴史学上の一人残らず処刑したい」が本心だから、天照大神の実在を立証する沖ノ島信仰を粉砕したくてたまらない。そこで、〝沖ノ島信仰の源流〟宗像神社の三女神を、「六世紀中葉から七世紀になっての創作だ」との、口から出任せを宣伝流布した（定年退官の最終講義）。

「（宗像《三女神》の神話は）記紀神話の一般的性質からすると、古く遡っても六世紀中葉以後、おそらくは七世紀になって記録（＝創作）せられ…」（注4、210頁、丸カッコ内中川）。

何とも啞然とするスーパー狂言。弥生・日本人の沖ノ島信仰は、紀元前100年前後の弥生中期に始まった。物証も発見されており、記紀の沖ノ島記述には創作が片鱗も漂っていない。

井上光貞は、「葬祭未分化」を、人を葬る古墳に納める物と神を祀る祭壇に奉る物が同じである状態のことだと定義する（注4、228頁）。詭弁以前の非・学問の極み。葬儀と祭祀儀の分離・分化の基準は、第一が祭儀方法の分離・分化。第二が、祭場の分離・分化。縄文・日本人の祭儀のほとんどは祖先の墓前で挙催され未分離。一方、弥生・日本人は、墓での祭儀と神への祭祀儀とは、場所も儀式も厳格に区別され、万に一つも混同を許さなかった。

棺に納める副葬品と神に捧げる奉納品とが、違っていようと同じであろうと、これは葬儀と祭祀儀の分離・分化とはいっさい無関係。葬儀に際し、副葬品は、死者の生前愛したものが選ばれる。一方、神への奉納物は、祀る側が最も大切にしている／価値が最高位なものが選ばれる。王侯貴族ならば、偶然に同じになる。それがどうしたというのだ。

さて、神武天皇に始まる天皇とは、天照大神を奉戴する〝祭祀王〟である。天皇や皇族にとって三種の神器は、肌身離さずいつもお傍に奉じていたもの。棺に三種の神器のコピーが納められるのは当然。また、神に捧げるに最高なものは必然的に三種の神器（のコピー）にならざるを得ない。このように棺内と祭壇に同一の品々が発見されたからと言って、「葬儀と祭祀儀が不分離だった」の根拠には決してならない。

井上光貞は、日本一の悪質な歴史偽造家。沖ノ島での奉納物がポスト古墳時代では安物になっていき、高価な〝三種の神器〟のコピーすら奉じなくなったことに井上は着目し、大詭弁「葬祭未分離」をデッチアゲた。ポスト古墳時代では、沖ノ島奉納物は、人や馬や船の形代《かたしろ》など葬儀専用物になった。理由は、斉明天皇の〝白村江の海戦〟の七世紀頃から造船技術が大発達し、平安時代に入ると、日本の船は玄界灘の荒波など何でもないほどに大型化した。沖ノ島（＝神）に航海の安全を祈る信仰は不要となり廃れた。それだけの話。

平安時代後期が始まる1000年頃、沖ノ島信仰は完全に消滅した。その予兆として平安時代に入ると、安物の奉納品で済ますようになり、祭祀の形骸化が進んだ。が、井上光貞は、安っぽい〝奉納物〟で済ます沖ノ島祭祀の形骸化をもって、「葬祭分化に進化した」と嘯《うそぶ》く（注4、228頁）。井上光貞とは、ホラ吹き芸人と言えても、学者とは言えない。

人間の歴史を扱う大学教授ポストから、〝反・人間の殺人狂〟共産党員を追放！

唯物論の共産党員とは、井上光貞らのように、宗教の絶滅を目指す〝反・人間の狂気の人々〟。人間と不可分な宗教がさっぱり理解できないのは、当然。つまり、宗教信仰と不可分な過去の人間の営みを扱う歴史学に、共産党員・共産主義者は、重大に不適格者ということ。日本の全大学の文系学部から共産党員・共産主義者を分限免職で一掃する立法を急ごう。

井上光貞が、祭祀の宗教問題に無知蒙昧を極める事例をもう一つ。井上光貞は、「葬祭分化」の条件として「神と霊魂の分離」（注4、229頁）を挙げる。が、まったくの逆。日本は、祖先の霊魂を「神」にして、**神と霊魂とを絶対に分離しない**。天照大神の霊を祀る伊勢神宮が典型だが、祖先の霊魂を神とする宗教が、日本の神道の骨格である。

学問の神様は、「天満宮」に祀られているが、実在した歴史上の菅原道真公の霊を「神」に祀っている。もう一度言う。日本人の神道とは、「神と霊魂が不分離」の「**祖**先の**霊**が**神**へと連続する」宗教。学術用語に（霊と神を一緒にした）「祖霊神」がある理由はこれ。これを「分離だ」と詭弁する井上光貞は、学者としては〝スーパー気狂い〟。

〝反・宗教の共産党員〟正木晃が捏造する、嘘八百の沖ノ島トンデモ祭祀論

正木晃は、井上光貞を崇拝するだけあって、口から出任せの法螺話を吹きまくる。例えば、縄文人が沖ノ島でニホンアシカ狩りをした痕跡があるが、この縄文人が魚の骨や貝殻を捨てた痕跡がないから、正木は〝狂妄〟「縄文人は、アイヌの熊送り（イオマンテ）と同じ〝ニホンアシカ送り〟祭りをやっていた」（注1、116～120頁）と、酔っ払いでもしない虚言を吐く。

縄文人は沖ノ島でアシカ猟をした場合、丸木舟の積載能力からアシカを解体し骨を捨てて重量の大幅軽減を図った。骨すべてが必ず捨てられたから、今、それを発掘できるのだ。また、気象が急変して海が荒れる前に帰る必要から、貝や魚を獲っている暇は一秒もない。いわんや、アイヌ的な〝ニホンアシカ送り〟祭などをやっている暇も一秒もない（注1、120頁）。

無学・無知をきわめる正木晃は、貝塚を墓代わりにする縄文・日本人の行動を、アイヌの再生祈願に同じとする（注1、117頁）。笑止千万。貝塚は、人骨の腐食を防ぎ、副葬品が土に埋もれないから、石棺に準じる合理的な墓だった。縄文人はこの科学で貝塚を墳墓に活用。

正木晃はなぜ、弥生中期に始まる沖ノ島祭祀に関する論文で、縄文人のアシカ猟から、〝非在〟が証明済みの〝嘘八百の与太話〟「縄文人の動物再生祭り」「縄文人の神」を展開したのか。

「高天原」の弥生・日本人（神武天皇のご祖先）によって開始された沖ノ島祭祀を全面的に改竄すれば、この神武天皇のご祖先を〝抹殺〟できるからだ。つまり、縄文時代を延々と「雑談」しておいて、次に四〜五世紀の古墳時代の皇族陵の副葬品問題に一気に飛べば、中間の弥生時代の祭祀問題（沖ノ島祭祀）をマジック・ショー的に消滅させることが可能になるからだ。

また、正木晃は、〝非・学者〟神道学界の、訳のわからぬ奇説「死者の魂を鎮める魂祀り（タママツリ）と神を祀る神祀り（カミマツリ）の完全分化は七世紀」を唐突に持ち出し、「沖ノ島の岩上祭祀は主に四〜五世紀で、魂祀りと神祀りとはまだ未分化だった七世紀以前。とすれば、沖ノ島では葬祭未分化だった」（注1、125〜6頁）と、気狂いでもしない大詭弁をホラ吹く。

沖之島は「**初めに分化ありき**」で、死者も墓も、初めから排除されている。だから、「死者の魂を鎮める魂祀り」など、万が一にもしていない。これが、沖ノ島祭祀の絶対不変の根本。この学的真実に叛旗して正木晃は、〝狂説〟「沖ノ島では葬祭未分化であった」を嘘宣伝する。この狂説は、次の正木晃の言説になると、もっと過激。

沖ノ島「岩上祭祀」は、「祀られる神と神を祀る者との未分化だった」（注1、128頁）、と述べているからだ。この「祀られる神と神を祀る者との未分化」の典型は天照大神。天照大神は、伊勢神宮に祀られているが、同時にみずからは太陽神を祀る日御子（ひみこ）。しかし、沖ノ島の岩上祭祀を行った者は、「沖ノ島（＝神）を祀る者」だが、この「祀る者」を誰も祀ってはおらず、**祀られる神**にはなっていない。が、幻覚と妄想に空中遊泳する正木晃には、この「祀る者」が「祀られる神」に見える。正木晃は重度な幻覚・幻聴を病んでいる。

ところで2008年の宗像神社は、天照大神が派遣された(＝天降りさせた)由緒正しき三皇女の史実に対し、嘘八百を爆発させ破壊する冒瀆行為そのものの奇説・狂論が満載の、正木晃の狂った沖ノ島祭祀論の執筆と出版に全面協力した。みずからが祀る三女神を〝冒瀆〟して抹殺した正木の〝反・歴史〟犯罪に、共犯した宗像神社の責任は重大。この責任の取り方として、宮司と権宮司は、自死を選択すべきだろう。

注

1、正木晃『宗像大社　古代祭祀の原風景』、NHKブックス。頁数は本文。

2、『日本書紀』上、108頁。

3、表4を参照のこと。

表4は、宗像大社(神社)の祭神が、『日本書紀』本文の伝承なのを明らかにする。『古事記』の方が史実を合理的に伝えていると考えれば、宗像大社は、中津宮と辺津宮の祭神を入れ替えるべきだろう。

4、井上光貞「古代沖ノ島の祭祀」『日本古代の王権と祭祀』、東京大学出版会、1984年。頁数は本文。

【補遺】

正語「天皇」「大和朝廷」復権！

共産党語「大王」「ヤマト王権」撲滅！

「大王」という異様な言葉に私が初めて接したのは、和歌森太郎編『大王から天皇へ』（毎日新聞社、1974年刊）。米国留学から帰国した1976年の秋だった。

和歌森太郎は、家永三郎とともに、東京教育大学の共産党員教授の代表。その悪名は全国に轟《とどろ》いていた。1970年代の日本では、1960年代に比すれば衰微していたが、〝保守の条件〟「反共」がまだ知識層には根強く存在していたから、多数の常識日本人に対する少数派の極左学者の〝天皇制廃止の学的捏造〟だと軽く見て、さほど気にも留めなかった。しかも本文では、「大王」には「おおきみ」と正しく平仮名が振ってあり（注1）、「だいおう」とは決して読めない歴史的事実と国語学には従っており、〝まあ、いいか〟と、油断した。

むろん、表紙には振り仮名がないから、「大王」を、間違って「だいおう」と読む次代の子供たちが増えるだろうと大いに懸念した。「大王　おおきみ」の使用目的が、〝天皇を貶め天皇制度の廃止を狙っている〟ことにも大いに怒った。

第一節　「大王」は、正語「天皇」を日本人から剝奪する〝言葉殺し〟

これまた過激な共産党員・網野善彦の『異形《いぎょう》の王権《おうけん》』が、コミュニスト下中彌三郎が創業した平凡社から、1986年、出版された。二文字「王権」の異様さに心底、驚いてすぐ購入した。読んでいる中に、〝コミンテルン歌人〟西郷信綱の『増補 詩の発生』（未来社、1964年）が、共産党語「天皇制」を、より毒性が強度な、新しい共産革命語「王権」に代えよ、と吠えていた記憶が蘇った。

「私がここで**古代天皇制**と言わず、**古代王権**と呼ぶことにしたのは、それを**客体化・対象化**する一つの操作として多少有効ではあるまいかと考えたからである」

「（古代王権と呼ぶと）、否応なく**古代エジプト**や**古代オリエント**や、今なお残っている**アフリカ辺境地帯**の神的王権などと、日本のそれとの類同や差別がどこにあるかという問題意識がよびさまされる」

「（天皇という言葉を用いれば、）天皇制（の廃止）研究に**情緒的・道徳的反応**が絡まり、分析が甘くなる」

「王権についての概念構成が欠け、（＝天皇とともに歩んできた日本人）その**経験的特殊性**に我々の意識が同化せしめられている……ことを私は私なりに痛感する」

「**魔術の符号**（＝語彙「天皇」のこと）は、まだ解き明かされていない点が多い」（注1、丸カッコ内中川)。

「西郷信綱→網野善彦→学界拡散」は、戦後日本が爆走する〝言葉殺しでの天皇制廃止〟キャンペーン

最高に聖なる「天皇」という文字を抹殺し、代わりに珍妙な奇語「王権」を用いる理由を、西郷ほど率直に説明した他の論稿を、私は知らない。「王権」とは、すでに死滅した過去の遺跡的な「王制」や未開社会の「王」を分析するときに用いる学術用語。つまり、天皇制度を「王権」で代置できるとの主張は、悪魔的な仮定〝天皇制がすでに死滅し、日本は、共産社会に革命された〟を、前提にしている。

新しい天皇制廃止語「王権」は、人類学者A・M・ホカートの『Kingship』(1927年、注2)や古代オリエントの神話研究者ヘンリ・フランクフォートの『Kingship and Gods』(1948年、注3)の、このkingshipから、共産党と西郷信綱が造語した。両書は当初、共産党員学者に限り熱読された。「王権」の流布・定着を図る共産党の狙いは、天皇や日本史を、ツタンカーメンなど古代エジプトの王(ファラオ)の遺骸と同列な、考古学的対象として扱うこと。

要は、言葉「天皇」を用いながら、「天皇制打倒」を目的とした個別の天皇や天皇統治についての歴史研究をしては、日本人として残忍になれない(=非・情緒的になれない)し、反・道

徳的にもなれない、精神的な制約があることを、西郷ら共産主義者は発見した。一方、天皇制度を「王権」という死体語に置換すると、ツタンカーメンのミイラやマスクを調査するのと同じく、天皇を唯物史観の〝物質〟に扱いうる。要は、天皇を（今すでに存在していないと仮構できる）過去の遺物化／遺跡化するための秘薬が、考古人類学の用語「王権」。

この主張は、文字「天皇」がコミュニスト日本人すら縛る聖で尊貴な語彙なのを逆証明している。現に、先駆的に「王権」を用いた西郷信綱は、文字「天皇」を魔術符号と考えた。共産党語「王権」は、共産主義者が自分らを非・日本人に改造する効果覿面《てきめん》な秘薬の発明だった。

網野善彦が「王権」という言葉を使用し始めたのは、１９８６年以前からだろうが、『異形の王権』（１９８６年）で、網野は、「王権」を「天皇の地位」だと定義している（注４）。

網野善彦『異形の王権』は、室町時代の初頭、穢多《えた》・非人《ひにん》を含め澎湃《ほうはい》として湧いてきた異類異形の輩の中心に後醍醐天皇の治世があったという意味。網野のイデオロギーとその史観を洗浄して、タイトルを一般通念の言葉に直せば、『中世プロレタリアートの出現と後醍醐天皇』。

網野善彦は、〝後醍醐天皇（の治世）〟を「王権」と称している。網野は文字「天皇」を極力使いたくない共産主義者特有の狂的な信条に従い、特定の天皇統治（の時代）を普通名詞「王権」で消し去った。読者にも、「天皇」という文字を使うな！ とのメッセージを発信した。

「大王」「王権」を伝染病的に日本中に撒布した網野善彦編集の講談社『日本の歴史』全26巻

本業の国際政治学の方が忙しく、一九八〇年代の私は迂闊にも、和歌森太郎「大王」や網野善彦「王権」を見た時のショックを、いつしか忘れた。天皇制廃止を狙う、正語「天皇」の消滅が目的の〝言葉殺しlogocide〟「大王」「王権」に、私が再び卒倒するのは、寺沢薫『**王権**誕生』（講談社、２０００年）と熊谷公男『**大王**から天皇へ』（講談社、２００１年）を手にした時。

コリアン熊谷公男は、学者性がまったくゼロの、犯意あらわに歴史改竄を職業とする天皇制廃止革命運動家。だから、「治天下大王」に、お笑いジョークどころでない、「ちてんかだいおう」と**嘘読み／捏造読みルビ**を振っている（注5）。「治天下大王」を、紀元後３００年代に漢字の読み書きを覚え始めてから今日までの一千七百年間、「ちてんかだいおう」と訓んだ日本人は一人もいない。「ちてんかだいおう」は、日本憎悪狂の悪質な朝鮮人訓み。

熊谷公男はむろん、音読み**「ちてんかだいおう」は真赤な嘘読み**なのを知っている。だから、左側に「あめのしたおさめたもう　おおきみ」と、ひとまず妥当に見える振り仮名を振っている。本居宣長は、これを「あめのした　しらしめす　おおきみ」と読んだ（『古事記伝』）ように、日本人なら宛て漢字「治」を「おさめたもう」と読むことはない。が、「治」を、「しらしめす」と読むか「おさめたもう」と読むかなどマイナーな問題。問題とすべきは、「あめのしたしらしめす　おおきみ」としか訓めない宛て漢字を、「ちてんかだいおう」と、真赤な嘘読みする学的犯罪者・熊谷公男（北朝鮮人）を〝学者〟に扱う日本の異常の方だ。

狂人でもしない熊谷公男のスーパー嘘読みは、三種の神器の一つ「天叢雲剣」を、「てんそううんけん」と読んでみれば、その狂気性が一目瞭然に判明しよう。「天叢雲剣」は、「あめのむらくものつるぎ」としか読めない。もう一つ、「天照大神」を「てんしょうだいじん」とは読めないことを考えてみればよかろう。我々の日常語でも、例えば「くれぐれ（もよろしく）」の日本語の宛て漢字は「呉呉」だが、これを「ごご」とは読まない。

しかし、2001年の私は、確信犯的に嘘読みを宣伝せんとする凶悪コリアン熊谷公男の、この狂った捏造読み「ちてんかだいおう」を、〝非・日本人〟熊谷公男に限った珍行動と考えた。が、念のため、開架式の筑波大学図書館で『岩波　日本史辞典』（1999年）を開いた。「おおきみ」で何度も引くのだが、〝無い〟。そこで、「まさか」と思いつつ、試しに「だいおう」で引いた。696頁にあった。この瞬間、頭が真っ白になった。それ以上に、日本はもはや日本国ではない／共産国に百％革命されていると、絶句し気絶しかけた。日本人から〝日本国民の生命〟たるその和語（日本語）を奪い正しく読ませない状態の常態化は、日本人が日本国の歴史と言語を簒奪されたことにほかならない。日本はすでに、万事休す的に日本国ではない。岩波書店版の辞典は、次のごとく真赤な嘘の巨大花火で、日本中を覆っている。

「大王　だいおう　天皇号成立以前の**倭王権の君主**の称号。卑弥呼から倭の五王までは**中国皇帝**から倭王に冊封されていたが、五世紀後半の雄略天皇（武）が**ワカタケル大王**と称したことが、稲荷山古墳鉄剣銘などに見えるので、この頃までに**大王号**が成立。**治天下大王**とも称し……」

「四～六世紀の朝鮮三国でも太王・大王号が使われ、東アジア世界で王に冊封された**君主が国内的に君主号として用いていた**」

「**和訓オオキミ**自体はキミの尊称としての和語にすぎず、中国からの王号賜与を根源とする**漢語の称号（の訓読み）**と考えられる」（注6、中国という国家は歴史上も世界にも存在しない）。

日本の歴史に「大王」号があったなど、真赤な大嘘詿釈の大爆発は、天皇制廃止の目的のためなら「嘘こそ正義」「嘘こそ真実」が社是の、〝赤い狂人〟共産党員しかいない岩波書店の真骨頂。「日本の歴史を全面改竄・捏造するぞ」の、大量殺人の暴力革命の凶暴性なしには書けない〝狂〟詿釈の極み。上記引用の嘘トリックを、ほんの少し暴いておく。

まず、471年に製作された（埼玉県の）稲荷山古墳鉄剣の銘に、「ワカタケル」などの文字は無い。トンデモナイ捏造・改竄である。カタカナの発明は奈良時代末期。それがどうして五世紀の日本にあるのだ。当該記述は「獲加多支鹵大王」。五世紀の日本国における〝文字なき和語〟「わかたけるおおきみ」に、漢字を宛て（漢字を借字し）文字化したもの。

岩波書店の辞典はさらに、五世紀の和語「わかたける」を、奈良時代晩期に発明されたカタカナで「ワカタケル」に改作しておいて、次の句「オオキミ」を抹殺する。後者は宛て漢字「大王」のまま。「わかたける　だいおう」と誤読させる犯罪意図あらわな悪質改竄。

「大王」を「だいおう」と読むなら、雄略天皇は「カクカタシシダイオウ」と音読みさせねばならない。そもそも「わかたけるおおきみ」は、**和訓**ではない。**和語**である。埼玉県や熊本県（備考）にいた臣下（豪族）は、当時の雄略天皇を、称するままの和語に漢字を宛て（学術的には「漢字の音借・訓借」）、剣に銘を彫った。当時の日本人には〝聞く／話す和語〟しかなく、読むための〝和語用の文字〟がなかった。漢字の音借・訓借ができる者は、後代の太安万侶など、特別に例外的な朝廷に仕える大学者やそれに準じる朝廷官吏だけ。数的には人口比で〇・〇一%よりはるかに少なかった。

（備考）熊本県の江田船山古墳鉄刀の銘に、漢文体で「**治天下……大王**（の）世」とある。

笑止千万な「**大王**」号など、記憶記録が始った弥生中期から、日本二千五百年の歴史のどこを捜しても存在しない。試行錯誤の「あめたらしひこ」号や「**天皇**」号が制定される前、天皇は「おほきみ」「すめみま」と呼ばれた。文字がないから、天皇位を表記する公式称号はなかった。「天皇」号の制度化は天武朝で、漢字の意味理解が日本で普及した後である。

（備考）『隋書』倭国伝の記録から、第一回遣隋使（600年）の上表文に（整備途上の）天皇号として「おほきみ　阿輩雞彌」を用いたことがわかる。翻訳を担当した渡来人／帰化人は、「おほきみ」の発音が「あはけみ」に聞こえたようだ。第二回遣隋使（607年）に際し、推古天皇と聖徳太子は、外交文書では漢字の天皇号が必要だと痛感し、上表文では「日いずる処の天子…」と、「**天子**」を対外的な（暫定）天皇号とした。和語「おほきみ」から、漢語「天子」への大転換。漢文や漢字の意味を日本も漸く理解したようだ。

岩波書店刊の『日本史辞典』に話を戻す。この辞典の監修者・編集者・執筆者には、正常な専門家や歴史家を全て排斥している。赤い狂人の共産党員のみ選別した。だから、四～六世紀の支那大陸に「中国」なる国家など存在しない。狂語「中国皇帝」も存在しない。それらは虚妄の捏造〝嘘語〟。なのに、これら偽造の言語を辞典に平然と書く。

（備考）現在の一般日本人も同じ。隣国の支那を、正語「中共」とせず、「世界の中心にある我が国」を意味する美称「中国」で表記する。日本人の、対中〝主権放棄〟の属国性は狂気そのもの。

また、「倭王権」なども、荒唐無稽な自虐語の極み。文字を持たない日本は、当時、支那に対し自国を「やまと」と称していた。ところが支那は、日本の国名「やまとのくに」に蔑視漢字「倭」を宛てた。「倭」とは、〝背が曲がって丈《たけ》の低い小人〟という意味。日本は、対支那の外交文書では「倭」と称せざるを得なかった（備考）。

（備考）『宋書』倭国伝は、雄略天皇が４７８年上呈の、「倭国王《やまとのくにのおおきみ》」と称した上表文を記録。

日本の古代史研究者は、対日侵略者然と威張り、日本国の滅亡を託された「絶対神（死神）」を自認する共産党員か北朝鮮人しかいない。ために彼らは、歴史学的な正語「大和朝廷」を使用せず、支那の中華思想に基づく対日蔑視語「倭」とホカート／フランクフォートの「kingship」とをグロテスクに結合させた珍語「倭王権」という、〝畸形の対日蔑視語〟を捏造し大宣伝し、次代の日本人子孫に強制・洗脳している。

正語「大和朝廷」「大和国」を消滅させ、〝日本国抹殺語〟「倭王権」「倭国」に置換すれば、日本国の消滅に一直線につながっていく。なのになぜ、日本人はこの重大に深刻な事態を真面目に直視しないのだろう。〝究極の日本国抹殺語〟「倭王権」に怒り心頭に発し排撃せんと行動してこそ、普通の健全な日本人。が、今や日本人は、最小限の祖国護持の精神も気概も失った。非人間の動物に成り下がった。

「大王」と聞けば、アレクサンドロス大王や閻魔大王を連想する。が、赤い学界・学校では「天皇」を意味する特殊不敬語

柿本人麻呂《かきのもとひとまろ》が、持統天皇（在位690〜9年）が奈良県明日香村の雷（いかづち）の丘に登られた時に歌った歌「おほきみは　神にしませば　天雲（あまくも）の　雷の上に　いほらせるかも」は余りに有名。柿本だけでなく、『万葉集』における多くの歌に「天皇」に関わる言葉がでてくるが、「おほきみ」の他は「すめらみこと」「みこと」など。〝非・日本語〟の珍語「だいおう」など、むろん決して出てこない。日本語には存在しないからだ。

柿本人麻呂のこの和歌の『万葉集』原文は、「皇者　神二四座者　天雲之　雷之上尒　廬為流鴨」である（注7）。ここで、意味が解る漢字（＝日本語となった漢字）は、たった三つ「神、天雲、雷」のみ。あとは皆、宛て漢字。「おほきみ」には「皇」を、「にしませば」には「二四座者」を、「る」には「流」を、「かも」には鳥の「鴨」を、宛て漢字にしている。つまり、これらの漢字は、漢字表記でもない。意味に無関係にローマ字を用いるのと同じで、符号。

ついでに舒明《じょめい》天皇の御製を例とする。まず原文。「山常庭　村山有等　取与呂布　天乃香具山　騰立　國見乎為者　國原波　煙立龍　海原波　加万目立多都　怜柯　國會　蜻嶋　八間跡能國者」。

この歌も有名で中学生が学ぶ。舒明天皇は実際には「大和には　群山《むらやま》あれど　とり

よろふ　天の香具山　登り立ち　國見をすれば　國原《くにはら》は　煙《けぶり》立ち立つ　海原《うなはら》は　鷗《かまめ》立ち立つ
うまし国そ　あきづ島　大和《やまと》の国は」と詠まれた（注7）。

舒明天皇（在位629~41年）の頃でも、その百年後の『万葉集』が編纂された頃でも、自国「やまと」を表記する〝日本語の漢字〟はまだなく、漢字は宛て漢字で符号だった。だから「山常　やまと」「八間跡　やまと」なのだ。つまり、漢字が符号から日本語化する平安時代にならない限り、漢字を訓読みしたり音読みしたりしてはいけない。「かまめ（かもめ）」の宛て漢字「加万目」を音読みすれば「カマンモク」となり、「かまめ」にならない。

だが、〝嘘日本語捏造狂の非・日本人〟熊谷公男は、五世紀の和語「おほきみ」の宛て漢字「大王」を、二十一世紀調で音読みして「だいおう」と読む。熊谷は正常の域にいない。

国名「やまと」の宛て漢字の一例に触れたついでに、第十二代・景行《けいこう》天皇の皇子「やまとたけるのみこと」の宛て漢字を思い出しておこう。宛て漢字では「日本武尊」「倭建命」など。熊谷公男に従えば、「にっぽんぶそん」とか「わけんめい」と読まねばならない。だが、宛て漢字など無関係で、古来より一千五百年以上、正名「やまとたけるのみこと」以外に読む日本人はいない。『古事記』の原文は「倭建命」（注8）。

日本武尊は薨去の直前、望郷に駆られ歌を詠まれた。「**やまと**は　國のまほろば　たたなづく　青垣　山隠（やまごも）れる　**やまと**しうるわし」。原文は「**夜麻登**波　久爾能麻本呂婆

多多那豆久　阿袁加岐　夜麻碁母禮流　**夜麻登**志宇流波斯」（注8）。ここでの大和＝「やまと」の宛て漢字は、「夜麻登」。

太安万侶が712年に完成させた『古事記』や、そのずっと後の『万葉集』での、「やまと」の宛て漢字＝符号は、日本製「夜麻登」から日本製「山常」「八間跡」になっている。すなわち、平安時代前の日本側史料であれ、考古学的な出土品であれ、対外的な外交文書であれ、平安時代以前の漢字はすべて符号。日本語だと解するのは大間違い。それなのに、詐欺師よろしく日本語だと強弁する学者は皆、血統的にも日本人ではない。

平仮名と片仮名は平安時代に発展したが、漢字の日本語化も、これと時期を同じくする。「ひらがな」「カタカナ」の発明・発達なしに漢字の日本語化は不可能だったことが、この事実からわかる。一方、凶悪コリアン熊谷公男のように、「おほきみ」の〝宛て漢字〟「大王」を、「だいおう」と嘘読みするのは、この歴史事実を犯意をもって抹殺するからだ。

熊谷公男が、反・学問の極みである日本語捏造に勤しむのは、彼の凶悪な天皇制廃止イデオロギーから、日本国の天皇を「アレクサンドロス**大王**」や十一世紀・北海帝国の「カヌート**大王**」など、地球から消え去った国家の「大王　だいおう」に同列化し、天皇・皇室を〝絶滅した過去の歴史〟に仮構するため。天皇に対する不敬をためらわない朝鮮からの侵略者・熊谷公男だから、天皇を深海魚の「**大王**イカ」や仏教の「閻魔**大王**」などに擬せることができる。

（補記） 私が初めて目にした奇天烈な珍語「大王」は、１９７４年刊の和歌森太郎の本。次が熊谷公男『大王から天皇へ』（２００１年）。後者に驚いて少し調べたら、１９７３年刊の上田正昭『**大王**の世紀』（小学館の「日本の歴史一」）や、１９７２年刊の『日本史研究』に岡田精司「継体天皇…―近江**大王家**の成立を巡って―」という論文などが、和歌森太郎のこの本より前に出版されていた。また、共産党員・上田正昭は、１９６７年の新書版『大和朝廷』の「はしがき」だけでも、「**大王**家」という言葉を三回も使用。この上田の本にある全てを数えていないが、「大王」を、どうも百回近く繰り返している。

実際にも、語彙「天皇」を〝言葉殺し〟し、対日蔑視語「大王」を流布する、過激な共産革命は、上田正昭によって１９６７年に始まっていた。学界に最強度の悪影響を放ったのは、和歌森太郎の『大王から天皇へ』よりも、上田正昭の『**大王**の世紀』の方。さらに、〝語彙「日本国」潰し〟が目的の蔑称語「倭国」の流布も、上田正昭『**倭国**の世界』（１９７６年）の阿片効果が絶大だった。共産党員学者の教宣の才とその伝播力を過小評価してはいけない。

注

1、和歌森太郎『大王から天皇へ』、毎日新聞社、9頁。

第一節

1、西郷信綱『増補　詩の発生』、未來社、1964年、73～4頁。

2、この書は、1986年に邦訳された。ホカート『王権』、人文書院。

3、H.Frankfort, *Kingship and Gods*, Univ. of Chicago Press, 1948. 1978年復刻、未邦訳。

4、網野善彦『異形の王権』、平凡社ライブラリー、200頁。

5、熊谷公男『大王から天皇へ』、講談社、2000年、18頁。

6、永原慶二監修『岩波　日本史辞典』、岩波書店、1999年、696頁。

7、『万葉集一』、日本古典文学大系、岩波書店、1957年、145頁、9～11頁。

8、『古事記　祝詞』、日本古典文学大系、岩波書店、1978年、210頁、221頁。

第二節　「天皇制は死滅した」にすべく、考古学語「王権」で正語「大和朝廷」を置換

現在の日本で最も妄執をもって過激に実行されている〝天皇制度の完全抹殺革命〟は、学術

的に不適切語「大王」「王権」を、学校教科書や市販の専門書などを通じて流布せしめ、次代の日本人を洗脳し、これによって正語「天皇」「大和朝廷」や正語「天皇統治体制」「皇室」を日本国から消す〝言葉殺し logocide〟で行われている。言葉が消えれば、実態は消える。正語「天皇」「大和朝廷」「天皇統治体制」「皇室」等が日本から消え去ったとき、天皇制度も消え去る。それは、当然に、日本の歴史が抹殺されて、日本国は死ぬ。

しかも、日本歴史の根幹をなす正語「天皇」「大和朝廷」「天皇統治体制」「皇室」を抹殺する〝言葉殺し〟キャンペーンとして、狂語「大王」「王権」が、1999年～2003年頃、最も激しく大宣伝された。その直後2004年、コリアン四世の小泉純一郎首相によって、直接的な皇統断絶革命「女系天皇／女性天皇／女性宮家」立法運動が開始された。狂語「大王」「王権」の日本人刷り込み運動と「女系天皇／女性天皇／女性宮家」立法運動とは、車の両輪だった。健全で正常な日本人なら、この事態に恐怖しなければならない。

共産党語「大王」「王権」は、2012年末～2020年9月の安倍晋三政権下でも、日本の教育界と出版会を猛威で増殖。この事実は、安倍晋三が天皇制廃止勢力にこっそり檄を飛ばしていたことを傍証する。それだけではない。1930年代に暴発し自国民大量殺戮の大東亜戦争の牽引車**〝昭和天皇を銃殺せよ／天皇制を廃止せよのスターリンの対日命令**（スターリン1932年テーゼ）**を崇拝する狂気〟**が、八十年を経ても、非暴力的な〝言葉殺し〟革命に姿を変え、日本の学界と出版界・テレビ新聞界を支配して大炎上し続けているからだ。

〝言葉殺し〟「大和朝廷（天皇統治体制）→大和王権→ヤマト（倭）王権」の司令塔は誰？

正語「天皇」を抹殺して〝天皇制廃止の革命語〟「大王」をキャンペーンするよりはるか以前、「天皇統治」や「大和朝廷」を日本語から抹殺して消すための〝狂語〟「王権」の宣伝流布は、1960年代に早々と開始された。西郷信綱の1960年初刊『詩の発生』（未来社）がその嚆矢。1967年の上田正昭『大和朝廷』（第二章）（角川書店）がそれに続いた。

「王権」が表題の主要書籍をリストすれば、言葉「天皇」「大和朝廷」「天皇統治」を抹殺する〝犯罪〟が、学界と出版界において白昼公然に展開されてきた実態が、一目で理解できる。

●角田文衛／上田正昭監修、初期**王権**研究委員会編『古代**王権**の誕生』全四巻、角川書店。この第一巻「東アジア編」は、**2003年**。

●『天皇と**王権**を考える』全10巻、岩波書店。このうち、「天皇」を「王権」なる言葉で抹殺する犯意の激しい第一巻／第二巻／第五巻は、**2002年**。

●寺沢薫『**王権**誕生』、網野善彦がリーダーの「日本の歴史」全26巻の第二巻、講談社、**2000年**。

●水林彪ほか『**王権**のコスモロジー』、弘文堂、**1998年**。

●吉村武彦『日本の歴史3 古代**王権**の展開』、集英社、**1991年**。

●網野善彦『異形の**王権**』、平凡社、**1986年**。

●井上光貞『日本古代の**王権**と祭祀』（歴史学選書7）、東京大学出版会、**1984年**。

●上田正昭『大和朝廷』、角川新書、**1967年**。この第二章が「**王権**の誕生」、第三章の第二節が「**王権**の拡大」／第三節が「**王権**の整備」。語彙「皇室」だけでなく「天皇家」すら抹殺せんとする上田正昭は、この新書の「はしがき」で、「**大王家**」という言葉を用いている。

……………………

日本の真赤な学界が犯意あらわに多用する「王権」は、元は考古学的・人類学的用語kingshipの直訳。が、この特殊用法のkingshipは、未開部族や古代エジプトなどの政治全般を明らかにする〝王による国家統治〟のことではない。未開部族や古代エジプトの政治の一部にすぎない「王の職」とか「王の権能」に焦点を当てそれを分析する用語。

現代に譬えよう。総理・安倍晋三の政治を語る場合、その主語は「安倍政権は……」「安倍内閣は……」。が、「安倍の総理職は……」「安倍総理の権能は……」に言い換える言語操作をすれば、安倍晋三の政治全般を述べられない。「王権」とは、これと同じ働きをする特殊語。

〝言葉殺し〟「ヤマト王権」「王権」は、統一国家・日本の政治・外交を行っていた「大和朝廷」とか、天皇を頂点とする日本政治の骨髄を貫いている〝歴史事実〟「天皇統治体制」を表すことが全くできない。実際にも、奇天烈な〝非・学術用語〟「ヤマト王権」「王権」は、〝大和朝廷の日本政治〟に関する知見を日本人から剥奪すべく導入された。こんな政治プロパガンダ語や非・学術用語は、急ぎ学界から排撃し、万が一にも存在させてはならない。

考古学にマルクス主義の発展史観を混ぜた狂語「王権」は、天皇制廃止へ駆り立てる高純度の猛毒阿片

このように、狂語「王権」は、マルクス主義の発展史観の上に構築された、彼らの宗教性が色濃く漂う教義（ドグマ）。歴史研究者をして「実際の歴史など無視してかかれ！」の、歴史事実など〝恣意的な摘み食い（arbitrary selection）〟で善しと信仰させ、エンゲルス『家族・私有財産・国家の起源』（注1）の公式枠組みに強引に嵌めこむ作業に駆り立てる〝麻薬語〟。

現に、ゴリゴリの共産主義者・寺澤薫が、『王権誕生』で掲げる「一般家族→有力家族→小共同体→大共同体（クニ）→大共同体群（国）→「国」連合」や「家長→オサ→小首長→オウ（大首長）→王→王の中の王」などのピラミッド型の階級構造図は（注2、143頁）、モルガン『古代社会』（注3）やエンゲルス『家族・私有財産・国家の起源』の模倣ではないか。

寺澤薫『王権誕生』は、発掘した古墳の出土品を〝歴史解明の万能薬〟だと狂信し、『魏志倭人伝』を唯一の物差しに、頭に浮かぶ妄想を延々と陳列する。だから、日本歴史とは程遠い〝虚妄の嘘歴史〟になる。彼の『王権誕生』はまた、これら出土品の研究成果を、詭弁や妄想で『家族・私有財産・国家の起源』に強引に嵌め込む、狂った研究方法を駆使する。

学問を弁えない寺澤薫は、日本の統一国家が誕生する歴史過程はマルクス主義により決まっており、考古学的な研究は、エンゲルス公式を証明する材料だとの信条を暴発させるだけ。

教条的マルキスト寺澤薫は、時間軸を正常に認識できない。奈良県纏向遺跡を二世紀末の建物だと大燥《はしや》ぎしながら、百年後の三世紀末から四世紀初頭の第十代・崇神天皇／第十一代・垂仁天皇／第十二代・景行天皇の御所（宮）だと、百年間もずれる（注2、255頁）。寺澤薫のこの歴史改竄は、〝幼児の妄想〟マルクス発展史観を狂信する、その狂気から生まれている。

また、纏向遺跡が二世紀末建築の大規模な建造物で、（伊勢に遷御する前の）神宮である可能性を検討すれば、皇女の斎宮がお住みになられているから、外国人が「女王」と見做す方が自然。が、〝妄想狂〟寺澤薫には、このような普通の学問的思考回路が存在しない。

「天皇」「大和朝廷」は生きている言葉／生かす言葉、「王権」は死んでいる言葉／死に誘う言葉。

学問は、通常、比較や差別化を通じて、より客観化を求める。が、学術的な比較には厳しいルールがあり、何でもかんでも比較すればいいわけではない。そんなことをすれば、多くの場合、研究目的とは縁もゆかりもない奇天烈な捏造を産む。

この意味で、古代史学界が、語彙「天皇」「大和朝廷」「天皇統治体制」を抹殺すべく導入した狂語「王権」は、「比較」の手法において極度に不適切。表向き、各国の王制と客観的比較をしているかにみせて、実は、今に生きる日本の偉大な天皇制度を死んだ王制に扱うからだ。

例えば、角川書店が大々的な組織で出版した『古代王権の誕生』（2003年）の第一巻（注4）を例とすれば、日本と対比・比較するのは、支那であれ朝鮮であれ、すべて古代で死滅して遺跡を残すばかりの残影の王朝。今に存続する王朝ではない。日本に対比させる支那については、古代で消滅した殷《いん》王朝、周《しゅう》王朝、始皇帝の秦《しん》王朝など。同書は、朝鮮の高句麗、百済、新羅、伽耶も扱うが、いずれも古代に消滅。

日本の天皇制度を外国と比較するとすれば、現在に生きている類似性の高い王朝に限られるべきで、当然、欧州の王制しかない。特に英国の王制とは、現在に存続していること、ともに自由社会の立憲君主制であること、ともに類似する封建時代を潜り抜けていることなど、比較の条件が備わっている。つまり、日本を英国と比較するのは学術的に意味がある。

歴史学とは、真実にこだわり連綿と連続する現在から過去や祖先を、敬して振り返る知的作業。なのに古代史学界は、（四世紀初頭に至る）統一国家・大和王朝の丸三百年史をばっさりと斬り捨て、闇に葬る。この**古代史学界の手法**は、犯意なしには発想できない。フランクフォート『KINGSHIP and GODS』からの、死滅して遺跡しかない古代エジプトの王を研究する考古学・人類学の特殊学術用語「王権」は、戦後日本を風靡したマルクス主義の邪教ドグマ「プロレタリアート（労働者）」とまったく同じ。

弥生時代から古代の大和朝廷の成立に至る過程は、（現代から過去を俯瞰《ふかん》する知性である）歴史学でしか解明できず、時間がその時点で止まっている考古学・人類学的な分析は、この歴史学に供される脇役。俳優にとっての演技力が歴史学だとすれば、俳優の着る衣裳の一部が考古学。だが古代史学界は、意図的に、衣裳が俳優の演技のすべてだと強弁する。歴史学から狂語「王権」を完全に排除しない限り、日本人から古代史が剥奪される。

注

第二節

1、エンゲルス『家族・私有財産・国家の起源』、岩波文庫、1965年。
2、寺澤薫『王権誕生』、講談社、2000年、頁数は本文。
3、モルガン『古代社会』上／下、岩波文庫、1958年。
4、『古代王権の誕生I　東アジア編』、角川書店、2003年。

第三節　「日本人／日本国」の〝蔑称語〟「倭人」「倭国」への置換は、日本国の死滅

「日本人」を「倭人　わじん」「倭族　わぞく」だと蔑称し、またそうはやし立て、正語「日本人」「日本民族」「大和民族」を、次代の日本人から失わせる、正しい言語／正しい語彙の抹殺・消滅という〝言葉殺し〟革命運動が、昭和天皇崩御の1989年の直後から、古代史学界（背後は共産党）で過激かつ大々的に展開された。その目的は、日本国を多民族国家の〝非・日本国〟への改造。次代の日本人が〝日本人のルーツ〟を嫌悪し日本人としての誇りや歴史をみ

ずから遺棄するのを促進し、最終的には日本人を〝根無し草〟の地球放浪（ディアスポラ）型ヒトに自己改造させる革命としての〝共産党語〟「倭人」「倭族」キャンペーンである。

弥生時代の日本に「日本人」「日本人の祖先」はいたが、対日蔑視史観〝捏造〟の「倭人」など一人もいない

一部を例にあげる。集英社が刊行した『日本の歴史』全21巻の、異様なタイトルの第二巻『**倭人**争乱』（1991年）や、中央公論社「日本の古代シリーズ」第一巻の『**倭人**の登場』（1985年）は、この代表。正語「日本人」を抹殺する〝言葉殺し〟は、正語「天皇」を抹殺する〝言葉殺し〟と共同歩調して、日本をすでに火消し不可能なレベルで巨大な炎に包んでいる。

- 『江上波夫著作集8　**倭人**の国から大和朝廷へ』、平凡社、**1984年**。
- 森浩一『**倭人**の登場』、中央公論社、**1985年**。
- 田中琢《みがく》『**倭人**争乱』、集英社、**1991年**。（備考）田中琢は支那人。
- 井上秀雄『倭・**倭人**・**倭国**』、人文書院、**1991年**。（備考）井上秀雄は朝鮮人。
- 村井章介『中世**倭人**伝』、岩波書店、**1993年**。
- 諏訪春雄編『**倭族**と古代日本』、雄山閣出版、**1993年**。（備考）この著の参加者全員、朝鮮人。
- 上垣外憲一『**倭人**と韓人』、講談社、**2003年**。

●出野正ほか『**倭人**とはなにか』、明石書店、**2016年**。（備考）出野正は支那人。

「倭人」の双生児語「倭国」も、共産党・在日朝鮮人・在日支那人の「倭人」教宣運動に歩調を合わせ、大宣伝されている。昭和天皇崩御を機に展開された、1990年代初頭の「倭人」キャンペーンから十年を経て、2002〜3年に第一波、2010年以降が第二波。小泉純一郎首相の「女系天皇／女性天皇」キャンペーンは、次にリストする第一波直後の2004年に始まった。この動きから、「女系天皇／女性天皇」革命は、天皇制廃止だけでなく、日本国死滅が互いの目標なのがわかる。

●白石太一郎編『**倭国**誕生』、吉川弘文館、**2002年**。「日本の時代史」第1巻。
●鈴木靖民編『**倭国**と東アジア』、吉川弘文館、**2002年**。「日本の時代史」第2巻。
●森公章編『**倭国**から日本へ』、吉川弘文館、**2002年**。「日本の時代史」第3巻。
●相見英咲『**倭国**の謎』、講談社選書メチエ、**2003年**。

なお、1970年代に、「倭国」をタイトルとする本を読んだ記憶をふと思い出した。上田正昭『**倭国**の世界』（講談社現代新書、1976年）。岡田英弘『**倭国**の時代』（文藝春秋、1976年）。直木孝次郎『日本の歴史1　**倭国**の誕生』（小学館、1973年）など。これらは、「倭国」

キャンペーンの前哨戦だった。〝プレ第一波〟と名付けておこう。

第二波の出版物は余りに大量。三十冊を優に超える。これでは、次代の日本人は、「日本は、日本国ではなく、倭国だった」とか、「倭国を、大和朝廷や天武天皇が簒奪・支配して、日本国に改造した」との〝お笑い〟誤解が、いずれ常識になる。

今では〝日本国死滅を祈禱し日本人絶滅に乾杯する悪魔語〟となった「倭国」「倭人」の元々の原義は、周辺諸国の民族を「南蛮・北狄《ほくてき》・東夷・西戎《せいじゅう》」と蔑視する中華思想に立つ支那が、キリスト教暦の紀元前後、日本国／日本民族を蔑称表記したもの。自国を「やまと」と認識していた、当時の日本側の日本語（和語）ではない。当時の日本人は、支那側が用いる漢字「倭」を見て、「やまと」を意味する（ローマ字表記「ＹＡＭＡＴＯ」と同じ）〝符号文字〟だと思い込み、「倭」が対日蔑視語だとは知らなかった。

後漢からの金印「漢委奴国王」も、那の津国の人々は、「からのやまと（大和）の なのつ（那の津）くに（国） の おおきみ（王）」と訓み、蔑視語「倭」「奴」の意味に気づかなかった。

話が中世／近世に飛ぶが、隣国の朝鮮は、特に李氏朝鮮国（１３９２～１９１０年）以来、この支那流蔑称語にさらなる軽蔑感情を濃くブレンドし、「倭」や「倭奴」をふんだんに用いるようになった。日本では漢字「倭」は、平安時代以降にすっかり消え死語なのに、李氏朝鮮の正史『李朝実録』には、〝対日蔑視語〟「倭人」「倭賊」「倭奴」が、無数に散見される。

日本の古代史学界は、**支那人の「中華」史観**と、朝鮮人の〝対日侮蔑感情〟に阿《おもね》り、日本を支那・朝鮮の属国にする自虐史観に立脚している。つまり、二枚重ね〝対日蔑視〟に叩頭する、日本のスーパー自虐は、今や日本古代史学界の絶対実態。この日本人の自虐は、在日の朝鮮人／中共支那人の暗躍で、その猛炎はもはや火消しできないレベル。

特に、1989年からの平成時代に入るや、学界はもとより日本全体が、ポスト・コロニアリズム（反転・植民地主義）を絵に描いた〝朝鮮人の植民地〟の傾向を色濃くし、朝鮮「対日」蔑視史観にどっぷりと呪縛され、今やどこにも主権国家・日本の視点や立場は存在しない。

支那製の蔑視語「倭人」を、便宜的にも「わじん」と発音するのは、学問的にも烏滸の沙汰

支那帝国が正史編纂で勝手に考案した蔑視語「倭国」を、平安時代までの訓み「やまとのくに」から武士訓み「わこく」と、日本人が発音したのは、明治時代に入ってからか。この日本語発音史について、「倭国！　倭国！」と連発する古代史学界は決して何も語らない。

支那の蔑視語「**倭人**」を、「**わじん**」と発音した日本人は、紀元前後の「奴国《なのつくに》」の日本人にも、「魏」と親密な交際をした「邪馬台国《やまとのくに》」の日本人にも、一人もいない。そもそも自国人を発音する必要などまったくない。国名の方は両国間の外交に不可欠で何らかの発音をしても、

「日本人」か否かなど、遭難者の送還協定などを締結しない限り必要性はない。「倭人《やまとびと》」とは〝我が日本国の人々〟を意味する記号文字だと理解しても、一度も発音しなかっただろう。

それなのに、1990年前後に突然、日本人はかつて「わじん」だったとか、「倭人《やまとびと》」を「わじん」と発音せよとか、荒唐無稽も度の過ぎた捏造〝反・国語〟が、富士山の大爆発かに日本中に大発生した。しかも、今や学校教育を通じ次世代に浸透した。これらは、共産党員と朝鮮人「支配」の〝悪の古代史学界の学者・研究者〟が、一斉の全国運動で展開した。

彼らの悪意を少し紹介しておこう。『漢書』「地理志」「燕地」条の一節「それ楽浪（郡、今の北朝鮮の平壌あたり）海中に**倭人**あり」について、〝非・日本国民〟田中琢は、次のように〝世紀の迷言〟を吐く。田中琢の血統は、赤い支那が祖国の支那人。

「**日本列島人**（日本人ではない）は、**漢人から与えられた**、この《倭》の文字を捨てる」「代わりに…《ひのもと》の自称に《日本》の文字を当てて使用する」（丸カッコ内中川）

「**日本列島人**が、**《倭》の文字を《ヤマト》と訓（よ）んで**、狭くは本州島の中央部にある奈良盆地の地域名に宛て、広くは本州諸島を指す言葉として使用するようになっていく」（注1、丸カッコ内中川）。

狂気というべきカルト宗教〝日本国抹殺〟の狂信者・田中琢とは、「漢人は存在するが、今も、**日本人はこの地球に存在しない**」という超・反日イデオロギーの持主。ために、「日本列島に住んでいるのは今でも〝住民〟であり、〝日本人〟ではない」と、過激に教宣する。だから「日本人」を、わざわざ「日本列島人」（＝「日本列島の住民」）と言い換える。

さて、日本人は、「やまと」を、漢字で「倭」と表記するものだと、紀元前100年頃から七百年間も誤解していた。漢語「倭」を和語「やまと」と訓読みしたとするのは、先と後とを転倒させた歴史偽造。和語「やまと」が先にあって、宛て漢字は後に宛てた。

が、〝お人好し〟日本人も、支那側が日本を指す国名として勝手に考案した「倭」が、極めつけの蔑視語だと知り（注2）、慌てて国名をみずから漢字で制定すべきと考えるようになった。「日出（い）ずるところの天子」との国書を書いた聖徳太子の暫定国名「日出（い）ずるところ」（607年）は、その一つ。が、日本人は超スローだから、この問題を百年間もあれやこれやと考え、国名を公式に「日本　ひのもと／やまと」と定めたのは、701年の大宝令。「ひのもと」「やまと」は紀元前はるか昔の日本語だが、これに漢字「日本」を初めて宛てた。

（備考）日本人が「ひのもと　日本」を、「にっぽん」と読むようになったのは明治時代以降か？

主権国家は国名を、みずから定めるがゆえに主権国家。が、古代史学界では、田中琢のように、日本は国名を、漢、後漢、魏など支那王朝が金印で「下賜」した通りを堅持せよと、「日本は支那大陸の属国」だと教宣する者が多数を占める。これは、「米英が日本国をJAPANと呼ぶから、国名をJAPANに替えよ」と同じ主張。田中琢の日本憎悪狂の狂気は底なし。

「日本国という国号制定以前、日本国はなく日本人もいない」――〝日本人絶滅〟革命運動

言葉「日本人」を憎悪する共産党や在日の朝鮮人／支那人は、「日本人」を無理やり「倭人」に置換えるだけでは〝まだ不充分〟とばかり、過激さ三ランク上の、語彙「日本人」の抹殺・消滅を図る〝言葉殺し〟キャンペーンをする。この方法の一つが、田中琢も駆使する、狂語「日本列島人」の流布宣伝。このキャンペーン、洗脳対象を日本の子供たちに絞っている。

例えば、共産党員・斎藤成也の『**日本列島人**の歴史』は、2015年、岩波ジュニア新書で出版された（注3）。岩波書店が共産党員だけを集めて2000～1年に刊行した『ものがたり**日本列島に生きた人**たち』全十巻も、「日本列島にいるのは日本人ではない」を前提とする、中高校生を標的とした「日本人」抹殺の洗脳書。

「日本人」意識を日本人から剝奪する特効薬として考案された〝言葉殺しの魔語〟「日本列島人」の嚆矢は、1980年の谷信一『**日本列島人**の造形意識』（玉川大学出版部）か。三浦佑之監修／益田勝実著『**日本列島人**の思想』（青土社、2015年）は、この後継だろう。

さらに、「倭人」「日本列島人」など、田中琢や斎藤成也に共通する、語彙「日本人」を〝抹殺しよう運動〟の一つに、「日本という国号が制定されていない以上、この制定以前には日本国は存在しないし、日本人も存在しない」という、恐ろしく馬鹿馬鹿しい詭弁もある。

「日本人」は、共通する**日本語の形成**において弥生時代に十分に誕生。よって、正しい学問は、弥生時代の日本人をもって〝日本人の発生〟と定義する。縄文人は、「日本人の祖先」「原・日本人」。そして縄文人のDNAは、現在の日本人の体内に、しっかと継承されている。

また、日本という〝国〟認識も、楽浪郡などの出現において支那の帝国の存在を知った時(紀元前100年)、十全に芽生えている。国際関係における自国・外国の、国の境界と区別の認識こそ国家意識の原点。博多からその南部一帯の小国「那の津国」(支那表記「奴国」)が、後漢から金印をもらって歓喜した時(紀元後57年)、**日本国は原初的に誕生**した。

大和朝廷が五世紀の413年から478年の六十五年間、(仁徳天皇／允恭《いんぎょう》天皇／安康天皇／雄略天皇など五天皇が遣使して)九回も支那に朝貢していることは、五世紀には〝日本国〟は(形式的には宗主国を戴くから完全な主権国家とは言えないが、〝独立国家として強固な外交行動〟をしている以上)国家として凛と確立していた。それを、701年の大宝令による正式な国号制定まで日本は国家でなかったなど、詭弁どころではない。反・学問きわめる対日侵略者の犯罪言辞。

島尾敏雄の珍なる造語「ヤポネシア人」を借用して大宣伝する斎藤成也の珍語「ヤポネシア

人」キャンペーンは、嗤うほかない。「ヤポネシア人」とは、「日本」をラテン語の「ヤポ」、「列島」を「ネシア」に置換し、「人」をそれにくっつけたもの（注4）。何と言うことはない、「日本列島人」をラテン語に直訳しただけの戯《たわ》け語。

斎藤成也は、語彙「日本」を憎悪する余り、「**日本**列島人」も気にいらず、これすら抹殺しようと、「ヤポネシア人」流布を思いついた。が、斎藤成也のこの〝お笑い〟狂気は、「うどん（日本人）」を「ヌードル（ヤポネシア人）」と称せば、「うどん」は〝より学問的になる〟との主張。正常喪失の斎藤成也には、頭部がない。

注

第三節

1、田中琢『倭人争乱』、集英社、1991年、14～5頁。

2、金関丈夫『日本民族の起源』（法政大学出版局、1976年）は、「中華の文明人であった漢族の…この**倭字**は決して無造作に当てられたのではなく、また好意的な当て字でもなかった。…**ワ人**を醜なりと決めたのであろう。倭は醜を表す字である。倭は委に通じる字であり、その醜さは委靡として、振わぬ、萎びた、委然として、委屈し、などと上から見下される形容である。短身の矮とも関連する」と説明（139頁）。

なお、支那側も「倭」を蔑視語と認めている。例えば、『宋史』「列伝第二百五十」「外国七 日本伝」（完成は1345年）に、「**日本国**はもと倭奴国なり。みずからその国　日出ずる処に近きをもってゆえに日本をもって名となす。……その**旧名を悪（にく）み**これをあらたむる也」とある。

3、斎藤成也『日本列島の歴史』、岩波ジュニア新書、2015年。これは二年後に出版『日本人の源流』と同じ内容。斉藤成也は学者としては重大な欠陥がある、珍語づくりの悪ふざけ屋。例えば、馬鹿げた珍時代名「ヤポネシア時代」「ヤマト時代」「ハカタ時代」を妄想ごっこする。また、日本列島は三人種「ヤマト人、オキナワ人、アイヌ人」が三分していたなど（2頁、18頁）、小学校一年生の算数ができない。

沖縄県の面積は、日本列島38万㎢の〇・六％しかなく無視してよい。しかし、沖縄人は南九州縄文人の血が濃いが日本人。一方、ケット人とコリャーク人の混血であるシベリア少数民族アイヌは、アムール川から北海道に侵入した外国人（拙著『侵入異民族アイヌの本当の歴史』（ヒカルランド、2022年）参照）。680～1230年の北海道では、約十万の日本人に対しアイヌは三千人以下。平安時代後期の全日本人を約一千万人とすれば、アイヌ三千人は〇・〇三％。限りなくゼロ。アイヌを無視するのが学問である。

日本列島には古来から今に至るも日本人しか住んでおらず、日本も日本列島も単一民族。日本列島は、人口の九十九・九％以上、すなわち全員が日本人。アイヌは定住権を付与された外国人で、元は不法入国者。ロシアのウクライナ侵略に伴い、アイヌが侵略国ロシアと通謀していることが判明した。アイヌの日本国籍は剥奪されねばならない。斉藤成也の日本列島三民族説は、日本人ジェノサイドを秘めた、スターリンやヒトラーの大量殺戮と同種の超・危険思想。

4、斎藤成也『日本人の源流』、河出書房新社、2017年、7頁。

あとがき

津田／井上／直木ら赤い曲学の〝殲滅〟に、剣を抜く最後のチャンス

私が神武天皇実在論を書かねばと漠然と考えるようになった最初は、井上光貞『神話から歴史へ』に怒り心頭、怒髪天を衝いた1965年の二十歳のときだった。が、宇宙工学の勉学もこれあり、いつしか忘れた。そこに神武天皇実在論を書かねばと痛感した事件がもう一つ起きた。天皇制度を憎悪し根底から覆さんと妄言狂気を大爆発させた〝噴飯〟林房雄『神武天皇実在論』（1971年）が出版されたとき。私は二十六歳になっていた。

この頃から私は、「神武天皇実在論は、神武天皇のご**生誕地**と東征**年**を具体的に提示することなしに真正の歴史学にはならない。この方法以外で〝赤い悪魔〟津田左右吉らの古代天皇〝小説〟論を粉砕することはできない」と、確信。1970年代末、自分の主張そっくりの論文、つまり、中山平次郎先生の『考古学雑誌』1931年論文を偶然に手にした。

が私は、ソ連軍のアフガン侵略（1979年12月末）の〝ザ・ネクストは北海道〟との某国の諜報機関の情報から、1980年に入るや核戦略理論に没頭した。（いずれ哲学思想や現代史に専

門を広げねばとは決めていたが）古代史まで手を伸ばすのは、無理なように思えた。

本書は、〝**反・歴史の害毒**〟津田左右吉／井上光貞／直木孝次郎の三人だけでも叩き潰さねばと、最初に考えた１９６５年から五十二年も遅れてしまった。日本国をお創り頂いた神武天皇に対し、不忠であったことにただただ恐懼《きょうく》するばかり。

中山平次郎は、１９３１年論文と１９５０〜1年論文（「考古学上より見たる神武天皇東征の実年代」）で、神武天皇は〝当時日本の最先進国〟「那の津国」にご生誕され東征の途につかれた、それは紀元後57年から１０７年の間（75年頃）、と推定。

「**後漢**（紀元後25年〜２２０年）初の頃と覚しき時代には、我が地方（福岡県）の剣鏡玉の文化の中心が近畿（奈良県）に移動し、爾来、古墳時代が、かの方面（近畿地方）を中心として起つており、これを我が古伝説（日本各地に残る多くの伝承）と対照すれば、この中心移動が（福岡県にご生誕の）神武天皇の東征でなくてはならぬ」（丸カッコ内中川）。

私は、後漢ではなく、王莽《おうもう》の乱で**前漢**が崩壊・滅亡する直前、「楽浪郡が大混乱」との報が伊都国にも伝わり、これも遠因となり、伊都国にご生誕の神武天皇の東征が敢行されたと推定。東征年は、孝昭天皇の後漢への朝貢１０７年から割り出し、前漢の紀元前10年頃と推定。

また、中山平次郎は、神武天皇のご出身地は「那の津国（奴国）」だとする。が、古事記に「那の津国」関連の伝承・地名が一つも出てこないので、「那の津国」ではあり得ない。この相違はあるが、私の古代史学は、中山平次郎論文に啓発された。中山先生への感謝は尽きない。

さて、歴史に厳に実在された神武天皇ほか古代天皇が、由緒正しき日本国の歴史の檜舞台《ひのき》に大手を揮《ふる》って闊歩《かっぽ》して頂く緊要性は、主権国家の歴史は真実を追求したものであらねばならぬとの学問ジャンルからの要請だけではない。正しい古代史か否かが、我が日本民族のこれからの生死と命運とがかかる、日本国が滅ぶか否かを左右するからである。

神武天皇ほか古代天皇が実在されることは、通常の日本人なら誰しもそう思っている。日本の皇室が、古来より決して嘘をつかないことを知り尽くしているからだ。当然、記紀は、枝葉は別にして、その根幹部分では完璧な真実を伝えていることは、常識の中の常識だろう。

が、〝スターリンの化身〟共産党が支配する古代史学界と学校教育で、「神武天皇ほか古代天皇は皇室がでっち上げた〝架空の天皇〟だ」との嘘を注入する洗脳が徹底的になされれば、次代の日本人の人格は正常性を維持できるか。否である。次代の日本人の人格は必ず自壊作用を引き起こし、記憶喪失の夢遊病者のごとき非人間に改造される。

神武天皇をテロル的に抹殺した共産党主導の古代史学界の狙いは、実はこれ。日本人から真善美と道徳と〝法〟を剥奪し、さらには古来からの宗教（神道）と科学も捥《も》ぎ取ってしまえば、ルソーが『人間不平等起源論』で唱道した、日本人を動物（家畜）化する人間改造に成功する。日本人が高級な人間から低級な人間に転落する以上の、日本人が人間以下に改造され、〝法〟たる国家を維持運営する能力も精神も喪失して、生物学的なヒトに堕する。この瞬間、日本人そのものが雲散霧消し、日本国もきれいさっぱり死滅する。

津田／井上／直木ら、赤い〝大嘘吐き〟古代史学者が目指したのは、このように、古代天皇の抹殺による天皇制廃止だけではない。日本国の地球上からの絶滅・死滅を見据えて、彼らはあらん限りに、虚偽歴史を捏造して次代の日本人の頭に摺り込むのを主眼とした。

すなわち、神武天皇の実在という真実の歴史の復権は、日本国がその生命を未来に永遠に紡いで存続するために絶対的不可欠の基盤を〝死守〟する以上の価値がある。真正の日本国民なら、剣を抜いて、津田／井上／直木に対する学的斬首を躊躇ってはならない。

本書では敬称を省略しており、関係各位におかれては大変なご無礼を致し、ここにご海容を頂きたく、枉《ま》げてお許しのほどお願い申し上げます。

最後になりましたが、本書は、株式会社ヒカルランドの編集長・小暮周吾氏の実に適切なご指導の下で完成することができました。同氏に対してここに深甚の感謝の意を表します。

令和五年二月十一日　著者

中川八洋　なかがわ やつひろ
筑波大学名誉教授。1945年生。東京大学工学部航空学科宇宙工学コース卒、スタンフォード大学政治学科大学院修了。筑波大学教授。定年退官2008年。専門は国際政治学および英米系政治哲学・憲法思想ほか。皇位継承学に関連する著作には、『皇統断絶』『女性天皇は皇室廃絶』『悠仁〈天皇〉と皇室典範』『天皇「退位」式は皇統断絶』『徳仁《新天皇》陛下は、最後の天皇』等がある。英米系政治哲学の教科書『正統の哲学 異端の思想』『保守主義の哲学』は、皇位継承学の基礎として必携。

カバーデザイン　赤谷直宣
校正　深谷薫
本文仮名書体　文麗仮名（キャップス）

神武天皇実在論
ご生誕〝糸島市〟、東征ご出陣〝唐津湾〟

第一刷　2023年3月31日

著者　中川八洋

発行人　石井健資

発行所　株式会社ヒカルランド
〒162-0821　東京都新宿区津久戸町3-11　TH1ビル6F
電話　03-6265-0852　ファックス　03-6265-0853
http://www.hikaruland.co.jp　info@hikaruland.co.jp

振替　00180-8-496587

本文・カバー・製本　中央精版印刷株式会社

DTP　株式会社キャップス

編集担当　小暮周吾

ISBN978-4-86742-238-0

ヒカルランド　好評既刊！

地上の星☆ヒカルランド　銀河より届く愛と叡智の宅配便

徳仁《なるひと》《新天皇》陛下は、最後の天皇
悠仁親王殿下の践祚・即位は、国民の世襲義務
著者：中川八洋
四六ハード　本体 2,222円+税

「特例法」は天皇制度を廃止させ、日本を破壊する悪法である。「皇室典範増補」の「特例法」は天皇制度廃止法に他ならない。「譲位」を「退位」に変え、皇太弟を認めないその法案を徹底批判。小泉政権以来、しばしば持ち出される「女性宮家」も皇統廃絶の時限爆弾にすぎない。日本が天皇を奉戴する立憲君主制度の国であり続けるためには、旧皇族を復籍させて最低八宮家（内堀）ならびに“皇室の藩屏”堂上公家団 (外堀) で囲まなければならないと説く。内堀と外堀の無い“裸の天守閣”など、守り切れるものではないからだ。さらに将来的な課題として憲法第一～七条の改正と第八条・第八八条の削除の重要性に言及。来年に迫る天皇ご譲位をめぐって、天皇制度を破壊しようとするあまたの謬論を退け、皇統を護持できる日本のあり方を問う全国民必読の書。